古人这样过日子

《国家人文历史》 编

四川人民出版社

图书在版编目（CIP）数据

古人这样过日子/《国家人文历史》编.--成都：
四川人民出版社，2022.8（2022.12重印）
ISBN 978-7-220-12731-1

Ⅰ.①古… Ⅱ.①国… Ⅲ.①生活方式—中国—古代
—通俗读物 Ⅳ.① D691.93-49

中国版本图书馆 CIP 数据核字 (2022) 第 093222 号

GUREN ZHEYANG GUO RIZI

古人这样过日子
《国家人文历史》编

出 版 人	黄立新
出 品 人	柯 伟
总 策 划	周 斌
监 制	纪 彭　詹茜卉　郭 健
责任编辑	魏宏欢
特约编辑	宋 鑫
装帧设计	今亮後聲 HOPESOUND 2580590616@qq.com ·小九
责任校对	林 泉
责任印制	周 奇

出版发行	四川人民出版社（成都三色路 238 号）
网 址	http://www.scpph.com
E-mail	scrmcbs@sina.com
新浪微博	@ 四川人民出版社
微信公众号	四川人民出版社
发行部业务电话	（028）86361653　86361656
防盗版举报电话	（028）86361653
照 排	天津星文文化传播有限公司
印 刷	北京盛通印刷股份有限公司
成品尺寸	166mm×235mm
印 张	21.5
字 数	339 千
版 次	2022 年 8 月第 1 版
印 次	2022 年 12 月第 2 次印刷
书 号	ISBN 978-7-220-12731-1
定 价	88.00 元

目录

第一章

古人这样买买买

没有花式购物节的时代，
古人会不会疯狂买买买？

古代有没有购物狂欢呢？

清代得舆的诗词集《京都竹枝词》中的一首诗或许可以给出答案：

西城五月城隍庙，滥贱纱罗满地堆。

乡里婆娘多中暑，为穿新买估衣回。

诗中描写的正是清代北京庙会的情形，为了买到便宜的衣服，就算中暑也在所不惜，倒与今人电商购物节期间熬夜蹲点秒杀的架势相差无几。

庙会由何而来？

庙会是一种依附于特定的宗教场所和宗教仪式而发展起来的民俗活动，集宗教祭祀、文化娱乐和商贸交易于一体，一般会在固定时节举行，商贸活动繁盛的庙会正是古人通过营销活动打造的购物节。

庙会最早可以追溯至先秦时期的祭祀活动，源自祖先崇拜和自然崇拜的文化。人们经常在特定的时间聚集，来祭祀自然神灵和氏族祖先，玉器、象牙、青铜器等常被用作为祭祀器具。《左传》中记载着这样一句话："国之大事，在祀与戎。"也就是说，祭祀活动和军事行动就是当时的国家大事。

▲ 良渚文化神人兽面纹玉琮

至汉代，佛教传入中国，发展到魏晋南北朝时达至"南朝四百八十寺"的盛况，寺庙集会逐渐成为一种约定俗成的广泛性活动，在与本土道教及民间信仰的交汇中，衍生出名目繁多的宗教活动。

南朝梁人宗懔撰写的《荆楚岁时记》就提及："荆楚以四月八日诸寺各设会，香汤浴佛，共作龙华会，以为弥勒下生之征也。"时至今日，"龙华会"在许多地区仍是重要的庙会活动。

隋唐时期，相对稳定和统一的社会环境为庙会文化的兴盛提供了有利条件。到了宋代，庙会在酬神、求神等功能之外，已经衍生出许多文娱和商贸活动。如都城汴京中著名的相国寺每月就会有五次开放，在当时的人看来，甚至有"万姓交易"的壮观场面。李清照在《金石录》后序中所写的"步入相国寺，市碑文果实归"，指的就是她的丈夫赵明诚到相国寺购买碑文等物事。

明清时期，随着手工业和商品经济的发展，商贸活动也成了绝大多数民间庙会中不可或缺的一环，所以庙会也常被称为庙市或香市。《谈往》就记述了当时庙市的繁盛情形，庙会上不仅有着琳琅满目的珍奇货物，还有外国客商往来买卖，"碧眼胡商，飘洋番客，腰缠百万，列肆高谈"，想必定是热闹非凡。

明朝大力提倡守护城池的城隍神，洪武年间，明太祖朱元璋就曾大封天下城隍，还直接下令各级官府比照其官衙规模来建造城隍庙。作为地方官民共同参与的大型庙会，城隍庙会成了明清两代影响最大的集会活动。在一定语境下，"庙市"甚至特指城隍庙会。明代孙国敉在《燕都游览志》中就写道："原庙市者，以市于城西之都城隍庙而名也，西至庙，东至刑部街，亘三里许，其市肆大略与灯市同，第每月以初一、十五、二十五开市，较多灯市一日耳。"

到了清代，城隍庙会繁盛依旧，"西城五月城隍庙，滥贱纱罗满地堆"的描述想来也不算夸张。除了城隍庙，都城北京的其他寺庙也同样有十分壮观的庙会活动。《京都竹枝词》中便有这样一首描写庙会商贸活动的诗：

> 东西两庙货真全，一日能销百万钱。
> 多少贵人闲至此，衣香犹带御炉烟。

其中，东庙指隆福寺，西庙指护国寺。前者在当时就有"京师隆福寺，每月九日，百货云集"的记述，后者的庙会活动中更是诞生了如今驰名全国的小吃品牌——"护国寺小吃"。

庙会上卖些什么？

在庙会的市场上能买到些什么呢？《谈往》中这样写道："庙市乃为天下人备器用御繁华而设也，珊瑚树、走盘珠、祖母绿、猫儿眼，盈架悬陈，盈箱叠贮。紫金脂玉、犀角、伽俑、商彝、周鼎、秦镜、汉匜、晋书、唐画、宋元以下，物不足贵。又外国奇珍，内府秘藏，扇墨笺香，幢盆镜剑，柴汝官哥，猊犻氍毹，洋缎蜀锦，宫妆锦绣，世不常有，目不易见。诸物件应接不暇……"

由此来看，这样聚集天下奇珍异宝的盛会恐怕不比当今的购物节逊色。当然，并不是所有的庙会都是如此，庙会自身的规模与所售商品的种类也与所处地域和场所大小有着直接关联。由于城乡庙会满足的群体需求不同，庙会商品也存在差异。

城镇庙会上的日常用品居多，还包括金银玉器等奢侈品和花鸟虫鱼等消遣品。隆福寺庙会就曾是北京规模最大的庙会，自光绪年间庙内失火后，隆福寺甚至成了"百货俱备，游人甚多，绝不礼佛"的地方，售卖的东西包括珠玉、

▲ **明代·佚名 《上元灯彩图》**（局部）
　描绘的是元宵灯市与古董贸易相结合的集市活动。南京夫子庙门口自古就是古董市场

绫罗、衣服、饮食、古玩、字画、花鸟、虫鱼以及平时的日用品等，可谓是应有尽有。

乡村庙会则以生产和生活必需品为主，有着较强的实用性，比如耕地的牲畜和农具。地处郊区的昌平关帝庙每年五月都会举行庙会，商品就主要以农民的生产用具为主，有碾子、猪槽、磨等石制用具，锄镐、犁铧、铲子、锯子等铁制用具，还有箩筐、簸箕、筛子、扁担等竹制或木制用具等。除此之外，也有雨伞、草帽、梳子、镜子、头饰、鞋样等生活用品。同时，关帝庙会正值杏子成熟的时间，因此也有许多杏摊，庙会也被称为"杏秋庙会"。

除了常见的货物品类繁多的庙会，民间也有以专门交易某类商品为主的庙会，如北京的花市火神庙。火神庙始建于明代，因庙会中主要以售卖假花、头饰等女子饰品而闻名，故称"花市"。清人震钧的《天咫偶闻》中就这样写道："每月逢四日有市……其北四条胡同，则皆闺阁妆饰所须。"

五台山的骡马大会因主要交易牲畜而得名。五台山位于山西，是佛教四大名山之一，相传为文殊菩萨的道场，在唐代便有三百多处寺庙。到了清代，五

台山会在每年六月举行庙会。因为此地水源充足、天气凉爽、牧草优良，所以附近的农民便会赶着骡马牛羊等牲畜前来放牧，当地称之为"寄坡"。同时，当地人也会趁庙会期间进行牲畜买卖，长此以往就形成了骡马大会。

河北安国市的药王庙庙会则是药材行业中响当当的交易市场，甚至有着"草到安国方成药，药经祁州始生香"一说。这里的药王庙始建于东汉，药王是指汉武帝刘秀部下的二十八宿将之一的邳彤，相传他精于医术，常在民间行医，深受爱戴，死后葬于此地。后世在此祭祀和求药的人渐多，各地药商也在庙会期间赶来交易，逐步发展成一个庞大的药材市场。

在一般的庙会中，还有着坐商和行商两种经营方式。坐商的摊位基本固定，按时缴纳租金，不论是否处于庙会时节都可以营业，只是庙会期间生意更好。行商则是流动性的商贩，哪里有庙会就去哪里搭棚售货，经营相对灵活。

▼ **清代·丁观鹏 《太平春市图卷》（局部）**
描绘的是新春节日里河岸旁边的集市的场景。下图画面中有演出傀儡戏、跑旱船的民间艺人，有卖玩具、卖金鱼、卖糕点等的市贩

如何在庙会上招揽生意也是一门巧活儿，主要靠的是商贩的吆喝叫卖。大多数叫卖歌简短精练，往往就是重复所卖货物的名称，但讲究音调有起有伏、有长有短。如新乡城隍庙会上卖醋的商贩就这样吆喝：

谁——灌——醋——咧！

谁——灌醋！

谁灌——醋咧！

谁——灌——醋！

就如今来看，这种以简单重复的文字和起伏有致的音调来进行营销的方式仍不过时，无限的"洗脑循环"往往能给顾客留下深刻印象。

庙会上吃什么，玩什么？

在古代逛庙会，要是饿了又该怎么办呢？正如现在的购物商场中大多都会入驻餐饮店铺一样，古代的庙会中，小吃摊位前也总是热热闹闹。

庙会中售卖的主要是当地当季的食物，对外地人而言，这是一个品尝地方特色美食的绝佳机会。在北京隆福寺庙会上，就有茶汤、豆汁、扒糕、灌肠、馄饨、面茶、艾窝窝、豌豆黄、年糕、炒肝、爆肚、卤煮小肠、火烧、白水羊头肉、烧饼、螺蛳转、豌豆粥、炸豆腐、萨其马、棉花糖等，可以说是几乎集齐了京城的代表性小吃。

当今的电商购物节往往会有相应的文艺晚会为之宣传造势，而在古代的庙市中，除了有各式商品，也有着层出不穷的文娱演出活动，由此形成了我国民间艺术中的一大文化景观。

庙会中的文娱演出活动，最原始的功能是娱神，最基本的项目是唱戏，正所谓"高搭戏台过庙会"。有的地方，民间戏曲演出俗称"唱神戏"，往往包含着民间故事、民间音乐、民间舞蹈和民间信仰。在实际生活中，看戏成了民众难得的集中性娱乐活动，人们借此娱神娱人。

不同地方的剧目内容各有差别，一般而言，多与相应的场所或时节有关。如关帝庙会上多是演出以关公为主角的三国故事；佛教庙会中主要是关于佛教故事的戏，常见的就是"目连戏"；土地庙会上唱的就是"土地戏"，又称"平安戏"和"社戏"；龙王庙会上多有"五方圣贤会戏"。

赶庙会是民间艺人的重要谋生方式，除了最基本的戏曲，庙会上还会有各种曲艺表演和武术杂耍，皮影戏、木偶戏、唱小曲、说评书、讲相声、舞狮子、踩高跷……可谓是听觉和视觉的极致体验。

在庙会上，既有文艺表演这种可以集体围观的娱乐活动，也有可以满足个人取乐的各式小玩意儿。比如在隆福寺庙会中，售卖的小玩意儿就有噗噗噔儿、琉璃喇叭、空竹、风筝、泥人、走马灯、小火轮、竹木刀枪、面人、糖人、鬼脸毛猴等。尤其是对小孩子而言，古时的庙会就犹如现在的玩具城。商贩们

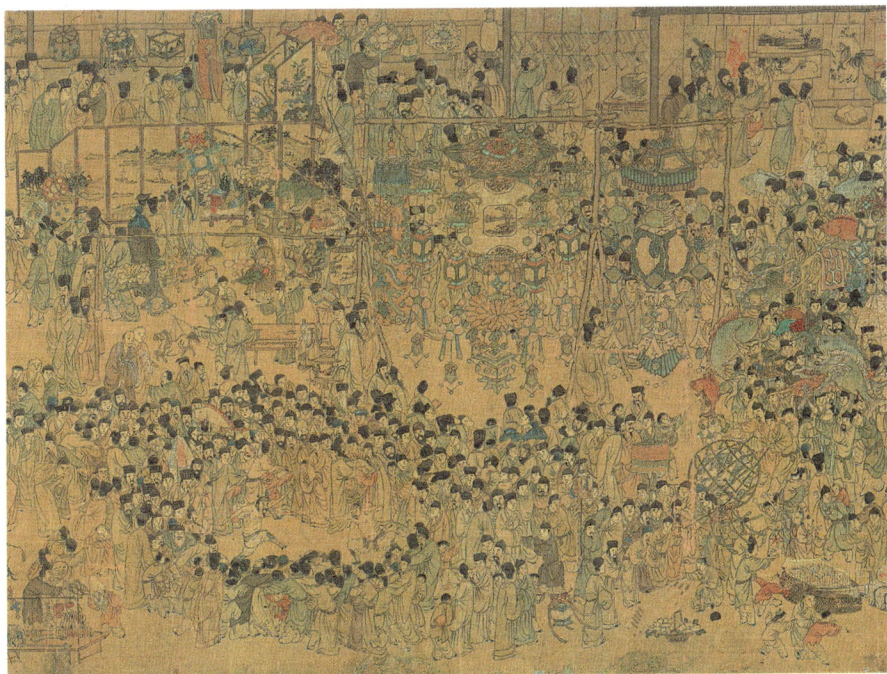

▲ 明代·佚名 《上元灯彩图》（局部）
画面中的武术表演吸引了很多人围观

往往还边玩边卖，既示范了玩法，也让路过摊位的人跃跃欲试。

"民俗终岁勤苦，间以庙会为乐。"在休闲娱乐方式比较贫乏的时代，庙会使人们拥有了集中性的群体狂欢。

时至今日，各地还保有规模不一的庙会，北京的妙峰山庙会、山东的泰山东岳庙会、上海的龙华庙会等在 2008 年还被列入了第二批国家级非物质文化遗产名录。随着时代演变，庙会的社会功能不复从前，但仍然是民俗文化的一个重要载体。

（南麓）

参考资料：

[1] 高有鹏. 民间庙会 [M]. 郑州：海燕出版社，1997.

[2] 高有鹏. 庙会与中国文化 [M]. 北京：人民出版社，2008.

[3] 华智亚，曹荣. 民间庙会 [M]. 北京：中国社会出版社，2006.

[4] 赵世瑜. 狂欢与日常——明清以来的庙会与民间社会 [M]. 北京：北京大学出版社，2017.

[5] 仲春明. 中国的庙会市场 [J]. 上海经济研究，1987（5）：59-63.

[6] 赵世瑜. 明清时期华北庙会研究 [J]. 历史研究，1992（5）：119-131.

[7] 吉发涵. 庙会的由来及其发展演变 [J]. 民俗研究，1994（1）：56-62+102.

[8] 武立贵. 五台山骡马大会 [J]. 文史月刊，2001（3）：20.

[9] 刘铁梁. 庙会类型与民俗宗教的实践模式——以安国药王庙会为例 [J]. 民间文化论坛，2005（4）：18-24.

[10] 宁欣. 乡村的庙会与庙市 [J]. 文史知识，2007（1）：118-121.

[11] 岳永逸. 精神性存在的让渡：旧京的庙会与庙市 [J]. 民俗研究，2017（1）：87-98.

古代没有商场，人们都会去哪儿逛街？

东市买骏马，西市买鞍鞯，南市买辔头，北市买长鞭。

按照《木兰辞》的描述，决意代父从军的木兰干的第一件事，就是走街串巷一通买买买，把自己出征的行头置办齐全。千百年后，再念起这段，除了为木兰的孝顺和勇敢叫好，或许也会感慨几句——古时的市场商品还真丰富，随便一逛，上到坐骑下到装备都能尽收囊中。

事实上，早在几千年前，逛街就成了古人必备的休闲选择。逛铺子，买好物，听小曲儿，看杂耍，品香茶，下馆子……

别说，老祖宗们逛街，不仅有逛头，更有说头。

逛哪里？

有一个成语——"各得其所"，专门形容每个人或事物得到了恰当的安排。有趣的是，这一板一眼的解释背后，还蕴藏着古人的休闲密码——老祖宗们的生活远比咱们想象的丰富。

"各得其所"最早出于《周易》："日中为市，致天下之民，聚天下之货，交易而退，各得其所。"照这个描述，早在西周时期，专供交易的场所"市"便现身于大家的生活中，最早的逛街活动也渐渐开始。太阳升到中天，四面八方的百姓带上各自的货品聚集一处，你买我卖，交易结束，揣着心爱的商品或者满兜子的钱币，高高兴兴地回家。听着不错，然而根据考证，这个时候人们逛街多半不大能尽兴。虽说无论城池大小，官府都会集中设置"市"，但这些场所面积通常不大，不受重视，还基本只为官贾服务，很少面向普通百姓开放。

真正意义上的逛街始于春秋战国时期。这时候，诸侯攻城略地，打得不可开交，大大小小的动乱和分裂随时都在发生，原有的城市的旧格局、旧体系逐渐土崩瓦解，在此缝隙中，手工业和商业反而找到了宝贵的发展机会，越来越繁荣。商贸活动开展得越来越红火，大伙儿"买买买"的热情越发高涨，自然迫切需要一个功能完备的场所，这时，便轮到"市"真正登场了。

所谓"匠人营国，方九里，旁三门……左祖，右社；面朝，后市"，"坊（里）市"开始出现。简单来说，城市的结构基本成形，"市"成了独立的场所，专门供大伙儿买卖贸易。这时的"市"不仅面向老百姓开放，且彻底区别于居住区的"里"（也称为"坊"），更占有专门的地界，在地图上看，像豆腐块儿一样方方正正，四周都有围墙。

不过，那时想逛街，还有不少规矩要守。比方说，"市"的开放时间有严格的规定，早晨属于商贾大家，专干大买卖，老百姓们买卖生活用品，得等到中午，至于傍晚便是小商小贩们卖点零碎玩意儿、赚点零碎钱财的时间了。

两汉时期，情况有改观，逛街变得更加有趣。据记载，西汉时期都城长安设有九市，东汉洛阳城外还有专门的马市、南市，老百姓们不仅有街可逛，还有繁华的商业中心可逛。有多繁华呢？来看看四川博物院收藏的一块画像砖，此砖出土于新繁（今新都县），高40.5厘米，宽47.5厘米，砖面上绘制的，正是汉时人们逛商圈、买买买的真实图景。照此来看，今人若是有幸穿越回去，大概率能看到这样的"商圈"——四四方方的"市"周围有着高墙环绕，三面设有大门，正中间耸立着一座"五脊重檐市楼"，专作市场管理场所。以楼为中心，四条大道向四方延伸，直接把这块地界分割成了"田"字，四角上整整齐齐地排布着各种列肆（贸易区），中间还有小道，唤为"小隧"。每一块区域可都不简单。比方说，东北方有四排列肆，大大小小的生意开展得红火不说，还专供汉夷同胞攀交情、打交道，西北方有三排列肆，还坐落着两座货栈驿馆。街道上更是热闹非凡，有人行走在列肆间的长廊之上，有

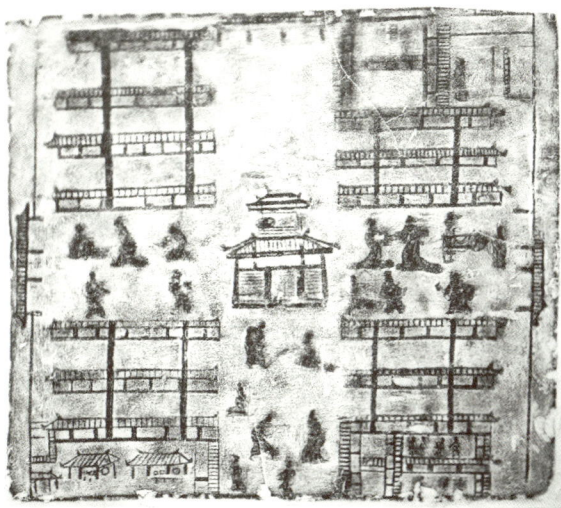

▲ 东汉《市井画像砖》

人沿街推着独轮车行走，有人当街摆地摊儿招徕顾客，还有佩剑的官吏四处巡逻保障秩序……

当然，光这些商圈还不够提升大家的幸福指数，有街可逛不算啥，随时都有街可逛才叫厉害。这不，东汉时，个别城市还真就搞起创新，兴起了夜市。这下，除了白天的车水马龙、熙熙攘攘，大家伙儿还能趁着日落西山，呼朋唤友，伴着晚霞和夜风继续逛街，在嘈杂的买卖声里尽享人间繁华。

"相如与俱之临邛，尽卖其车骑，买一酒舍酤酒，而令文君当炉。相如身自著犊鼻裈，与保庸杂作，涤器于市中。"若是借此描述再来重温昔日司马相如和卓文君"当垆卖酒"的典故，除了这酿满"粉红泡泡"的你侬我侬、情比金坚，咿巴咿巴这画面，我们或许也能捕捉几分早就渗透在字里行间、充盈在街头巷尾、弥漫于市里坊间的那些温暖的烟火气。

逛什么？

"落花踏尽游何处，笑入胡姬酒肆中。"太白笔下的这份肆意潇洒，不知勾去了多少人的心魂。还别说，对当时的百姓而言，如此幸福生活，真不是说说而已。

如果说，先前统治者们追求的只是让大家有街可逛，那后来，让大家享受逛街，则成了历代统治者实打实的奋斗目标。随着愈来愈响亮的叫卖声一起出现的，是各式各样的繁华商业区以及琳琅满目的商品，还有丰富精彩的消遣选择。

回一趟大唐盛世，逛东、西两市就是再平常不过的事了。两市分列皇城的左前方、右前方，中间隔着一条朱雀大街。虽说两市都不大，换算下来还不到一平方千米，却是真正的"五脏俱全"。

唐时，勋贵们多半住在朱雀大街东边，由此形成的东市自然"四方珍奇，皆所积集"，放到现在来看，活脱脱一条高档奢华购物街。据记载，东市里行业多达二百二十行，里头一逛，除了铁行、笔行、肉行、锦绣彩帛行之类的常规选择，还有不少的酒肆饭馆，服务设施那叫一个齐全。各色店铺一个挨着一个，里头多的是各种珍奇异宝和高档消费品，铺子多到啥程度呢？据说公元842年，东市曾经惨遭一场大火，烧毁的铺子有四千多家。

东市繁华异常，西市也不落后，虽说商品不大名贵，但逛街体验绝对管够。在这里，不仅能逛到珠宝、纺织品、茶叶、药材等寻常铺子，还不需要找代购，就能买到从中亚、南亚乃至新罗、日本远渡而来的"外国货"。嘈杂的市间人来人往，酒旗林立，各国的胡商们穿着"花里胡哨"的服饰，带着各类新奇的珠宝、药材、香料当街贩卖，往那一站，别提多抢眼球了。若财大气粗的，嫌逛街购物不过瘾，还能找地方大办筵席。据史料记载，即便是三五百人的大筵席，不多一会儿，就能筹备开席。长安的集市奢华热闹，东都洛阳的"南市"和"北市"也不甘落后。光一个南市，里头就有差不多三千个商摊，还有四百多个仓库和旅店，各种胡商开设的"外贸"店铺更是数不胜数，认真逛起

▲ 唐代彩绘胡商俑

来，要想逛完，怕也要花些时日。

　　逛街的选择多不说，对百姓们而言，还能逛得安心、放心。一方面，每个集市都设有市令官，分别在午时和日落前击鼓和击钲三百下，作为开市和散市的"号角"；另一方面，这里面的买卖，准保"童叟无欺"。当时有专门的"市署"每日负责辨别货物的真伪，按照律法规定，商家要是胆敢制造、销售伪劣产品，商品统统没收，还得受六十杖。市场内所有的度量衡器每年八月都得送到太府寺进行校勘，有一点不准都不行，校勘后，还得加盖印鉴后才能使用。还有专设的"平准署"掌控物价，要是物价涨得厉害，政府便会出面"掺和"买卖，让价格回落，一点空子都不愿留给垄断市价的奸商。除此之外，上到市令下到仓督的专职人员也会提供管理服务，基本上保证各个环节都能有人把关。百姓们只管甩开手，开心逛街就是了。

　　不过，先别急着羡慕大唐时代的购物体验，两宋时期，逛街的幸福指数又翻了好几番。所谓"市列珠玑，户盈罗绮，竞豪奢"，这时候商业荟萃的繁华街道遍布，河道旁、桥上、城门内外，但凡有人气的地方，都能成为热闹的商

▲ 清代·谢遂 《仿宋院本金陵图卷》（局部）

描绘的是宋代南京的城市风貌，此为清朝时的仿本。画面中，粮店、车轮加工厂、当铺等各种店铺鳞次栉比，街上还有形形色色的小商贩在兜售商品

业点，什么行业街市、综合商业街更是管够。夜市盛况尤其空前，按照《梦粱录》的记载，要逛完临安夜市可不是件容易事——街上有的是衣帽扇帐、盆景花卉、鲜鱼猪羊、糕点蜜饯、时令果品……若是走着走着饿了，到处都是风味小吃，什么孝仁坊的澄沙团子、寿安坊的十色炒团、太平坊的糖蜜糕、市西坊的鲍螺滴酥……晚上逛不完怎么办？别担心，临安的夜市往往接着早市，只要乐意，任君玩个通宵达旦，穿梭在街里巷间，"篝灯交易，识别钱真伪，纤毫莫欺"。

　　除了"买买买"，这时的逛街还有了新玩法。勾栏瓦舍，成了新的好去处。

　　瓦舍，也被称为"瓦子"，是当时固定的娱乐中心，因"来时瓦合，去时瓦解"而得名。据考证，瓦子形似方形市场，四周围绕着满满的酒楼、茶馆和商铺，中间则是定期的集市。瓦舍中，还有一个别样场所——勾栏。此场所兴起于北宋仁宗时代，里面设有戏台、戏坊以及供观众就座赏乐的"腰棚"，四周围着栏杆，中间最多可容纳千人。

　　照今天的标准来看，如此勾栏，规模不亚于一个大型综合剧院，里头更是花样多，说唱、戏剧、杂技、武术，想看啥有啥。就拿说唱举例，就包含说话、杂说、演唱等各类表演。光是说话，就能听到艺人们讲经论道、谈古论今。更不必说其中的"小说"，天上地下，都能成为说书人的素材。铜锣声一响，艺人们摆开架势，观众席里头坐了个满满当当，说书人不紧不慢，先来一段精彩的诗词或引人入胜的小故事，待到观众来了兴趣，立马连说带唱、绘声绘色地细讲慢解，什么灵怪、烟粉、传奇、公案、神仙……要啥有啥，故事怪诞，情节离奇，临了还得再附上一首诗词才算结束，起承转合间，准保叫人"牵肠挂肚"。戏剧的看头就更多了，傀儡戏、木偶戏只算开胃小菜，运气好了，还能看到艺人们的绝活儿——戏法。据称，宋神宗时，就有艺人擅长藏舟，招来数十人抬舟，眨眼之间，大舟便不见了踪影，博得满堂喝彩。难能可贵的是，勾栏里座位多，而且往往不分贵贱，碰上精彩节目，拍掌叫好的有贩夫走卒，也有达官勋贵。

据史书记载，宋徽宗时，开封府有一个村民跑来看戏，实在入迷，回去的路上看到一箍桶匠，二话不说，拿起他的桶戴在头上，模仿着戏中造型问："我比刘先主如何？"

逛累了，看饿了，便是享用美食的好时光。据载，当时，光是东京汴梁，就有着七十二户酒楼正店，还有不计其数的小店。人们既可以跑到"八仙楼""乳酪张家"饱餐一顿，也可以随便寻着香味儿钻进街边的小商铺，品尝些小食饮料。总之，又能逛，又能买，还能看戏、约饭、寻友，哪怕放到现在，也算是高端逛街体验了。

若以为这样便到头，怕是小瞧了老祖宗们享受生活的愿景。明清时期，随着社会经济的繁荣，兼具吃喝玩乐购的商业街区综合体已然不是什么新鲜选择，戏院、饭馆、茶楼、棋社不胜枚举。这时，不仅大都市繁华兴旺，农村集市也悄然发展起来。清朝时，光一个华北平原，每一百平方千米间便有一两个大型集市，农人们想要正儿八经地去逛一趟集市，加上往返只需半日光景。除此之外，在少数民族地区，还出现了新的"逛法"。比方说，黔东南，就有了专供男女对唱山歌的"歌场"，一些集市还专拿十二生肖做场期，比如"子日场期谓之鼠场，丑日场期谓之牛场，由寅卯以次推之"，场场都有新花样。

这时候，甭管都市还是乡野，走上街道，小贩们的叫卖声层出不穷，林立的铺子里飘散着诱人的饭菜香气，人们挑着担子走街串巷，茶馆里大家伙儿天南地北地聊得火热，一旁还有靠卖艺赚钱的能人们表演杂耍，引得满街叫好声不断……

人们说，悠闲自在是刻在中国人骨子里的情怀，繁华兴盛是生根在华夏血脉中的追求。

或许，不用看享誉中外的《清明上河图》，也不用翻那些经典小说论著，而是在那一个个晨光熹微的早间，商铺陆续开门，人们慢慢上街，集市渐渐被嘈杂声填满时，这份闲适安乐，便已然酿好。

怎么逛？

于古人而言，光是通晓了以上情形，还不能把街逛好。这里头的门道，远不止此。

这头一条是，不同时间，得逛不同的街，囤不同的货。

《成都古今记》就清清楚楚地写着"指南"——"正月灯市，二月花市，三月蚕市，四月锦市，五月扇市，六月香市，七月七宝市，八月桂市，九月药市，十月酒市，十一月梅市，十二月桃符市。"要是还不满意，两汉时，还有专供文人雅士们买卖书籍的地方，称为"槐市"。

逛对了市，还得买对货。首先，得学会看"幌子"。所谓"千里莺啼绿映红，水村山郭酒旗风"，这里说的"酒旗"，也叫"幌子"，古代店铺专门用来招徕顾客的商品标记。古时百姓大多不识字，这也难不倒商家，干脆在店铺门前悬挂一个形象标记，好多时候卖鞋就挂鞋，卖帽子就挂帽子，直截了当，清楚明白。还有些商家大开脑洞，比方说，有的面铺会用罗圈彩带做幌子，"带子"寓意面条，颜色上多采用高纯度和高艳度的红色，绝对地清晰醒目，让人老远就能瞅见。

看了"幌子"，还得学会听商贩们的叫卖声。不同的卖家可有着不同的"带货习惯"。布贩子们多半喜欢拨浪鼓，卖油贩更青睐敲油梆子。宋朝的酒贩们更有情趣，喜欢鼓乐齐奏，当街来一段《梅花引》帮自己招引顾客。喊声、乐声、鼓声、锣声……这叫一个声声入耳，也难怪文人们叹其"叫卖出奇声彻宵"。

都说精打细算过日子，进对了铺子，选好了商品，就得开始砍价了。古人

▲ 清代·徐扬 《姑苏繁华图》（局部）
描绘了苏州"商贾辐辏，百货骈阗"的市井风情

砍价也有专门的玩法。比方说，宋朝就出现了"扑卖""博卖"等"砍价"形式。其中"扑卖"方式多，掷铜钱、摇签、扔飞镖都行，只要顾客能按照要求赢得游戏，比如用飞镖钉住圆盘上卖主指定的动物图像，就能赢得商品或者折价购物，那力度，还真能媲美当今的各类购物节。

选好货，有时便轮到商家称重。不用担心缺斤短两，别说上文提到的那些严苛律令，光是这称重的秤就有讲究。十六两一斤的秤杆上往往有十六颗星，分别为北斗七星、南斗六星以及福、禄、寿三星，星星多是黄色或白色，告诫商家做生意要公平，不可以黑心。要是胆敢缺斤少两，那自然会伤害这些星星，有损德行，少一两就是"损福"，少二两就是"伤禄"……

今天，成都城内还坐落着一条特别的街道，叫作肥猪市街。据说，这里曾是屠宰行、肉铺的聚集地。明代时，屠宰业的商贩们相约，每宰杀一头猪，就提一个银圆，专门请先生来给街坊邻里的子女上课。为了纪念此事，便有了保存至今的"肥猪市街"。

当然，这样的街道还有很多。

它们散布在全国各地，城里乡间，悄悄地，注视着时光流转间的风云际会，讲述着千百年前的"逛街"故事，见证着百姓们走街串巷的热闹繁华，记忆着那一幕幕鲜活的人间烟火。

这就是我们的日子，带着那一声声昂扬的吆喝，让人心生暖意，目中含光。

（念缓）

参考资料：

[1] 白寿彝. 中国通史 第 4 卷 中古时代 秦汉时期 上 5 修订本 [M]. 上海：上海人民出版社，2007.

[2] 虞云国. 黎东方讲史之续·细说宋朝 [M]. 上海：上海人民出版社，2019.

[3] 四川省文物志编辑部. 四川省文物志征求意见稿（第二集）[M].1986.

[4] 史东梅. 中国历代文化知识精粹 [M]. 呼和浩特：内蒙古人民出版社，2009.

[5] 王永鸿，周成华. 慧海拾珠丛书：中华文化千问 [M]. 西安：三秦出版社，2012.

[6] 廉清远，周自恒. 搜翻民俗：1000 个趣味民俗知识全知道 [M]. 北京：中国妇女出版社，2011.

[7] 江文. 中国文化知识精华 [M]. 北京：中国戏剧出版社，2007.

[8] 刘金陵，周咏才，洪暄苑. 中国商业谚语词典 [M]. 北京：中国统计出版社，1993.

[9] 初德维. 简述唐代的集市贸易及其管理 [J]. 青海师范大学学报（哲学社会科学版），1993（1）：46-52.

[10] 彭亚茜，陈可石. 中国古代商业空间形态的变革 [J]. 现代城市研究，2014（9）：34-38+54.

[11] 李良品. 明清以来西南民族地区集市习俗及成因——以贵州省为例 [J]. 中南民族大学学报（人文社会科学版），2011（2）：91-95.

歪戴帽子、脚蹬公屐：
古代名人"带货"能力哪家强？

　　"带货"一词，是从 2017 年开始火的，它特指明星、网红、社会名人或公众人物对某一商品有意无意的助销，继而引发大范围流行、热销。不过，"带货"可不是现代人的专利，古代一样有不少"带货红人"，没有网络，照样掀起一波波爆款流行风潮。

洛阳纸贵

　　"洛阳纸贵"的典故相信大家都听过，西晋文学家左思的《三都赋》当时被称颂，引得许多人竞相传写，导致纸价上涨。那么左思是如何凭借卓越才华写下《三都赋》，间接带动了洛阳城的纸张供不应求？

　　其实，正儿八经被"带货"的不是纸，而是《三都赋》，虽说《三都赋》能流行有左思的功劳，但从带货的角度看，功劳是属于皇甫谧、张载等当世名人的。左思用十年时间一点点磨出来的《三都赋》，在刚写成时并没有被时人重视。他没什么名气，相貌又丑，口齿笨拙，本没什么人关注他。但左思自认《三都赋》并不输给班固的《两都赋》和张衡的《二京赋》，应该被人看到，就向当时威望很高的皇甫谧自荐，希望能获得认同，如果皇甫谧可以帮忙推荐就再好不过了。

　　于是，以《三都赋》为对象的"带货"开始了。左思的文章确实很好，皇甫谧读后大为称道，还为他写了序文。一个"小透明"的作品得到了行业名人

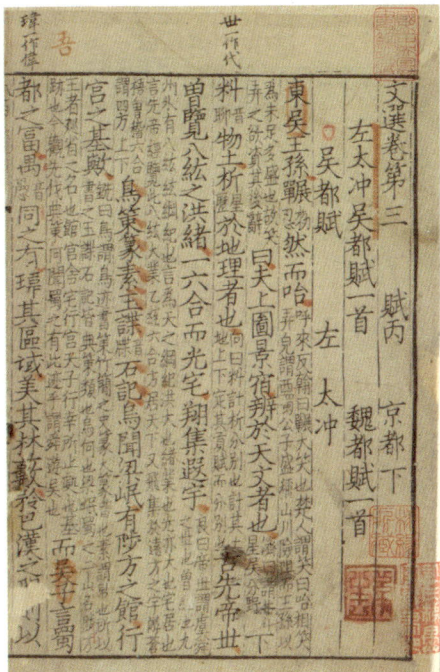

《五臣文选注（宋刻本）》中的《吴都赋》（部分）

的推荐（作序），这宣传效应和现在的明星代言、直播带货没什么太大差别。于是，越来越多的人知道了他的文章并称誉推崇。当时以文学著称的"三张"（张载与其弟张协、张亢）之首——张载为《三都赋》之《魏都赋》作注释；经学渊博、文才美茂的刘逵则为《吴都赋》《蜀都赋》作注，还作序说："秦汉以来作赋的人太多了，司马相如的《子虚赋》在前代享有盛名，班固的《两都赋》义理胜于文辞，张衡的《二京赋》则是文辞重于立意。而《三都赋》比拟诸家，在辞藻运用和阐发义理方面都颇有情致，如果不仔细研读，根本无法理解这篇赋作蕴含的意旨；不通晓博物的人也无法统摄赋作中涉及的殊物异闻。世人皆崇古，看不起当世之人的创作，不肯用心了解作品的实质情况。"

这序文就像是宣传文案一样，对比了众家作品，然后对《三都赋》予以肯定，可见刘逵对其评价非常之高。其后还有陈留卫权、司空张华也都叹其出众。而在名人效应以及优秀的"宣传文案"的帮助下，左思的《三都赋》名气

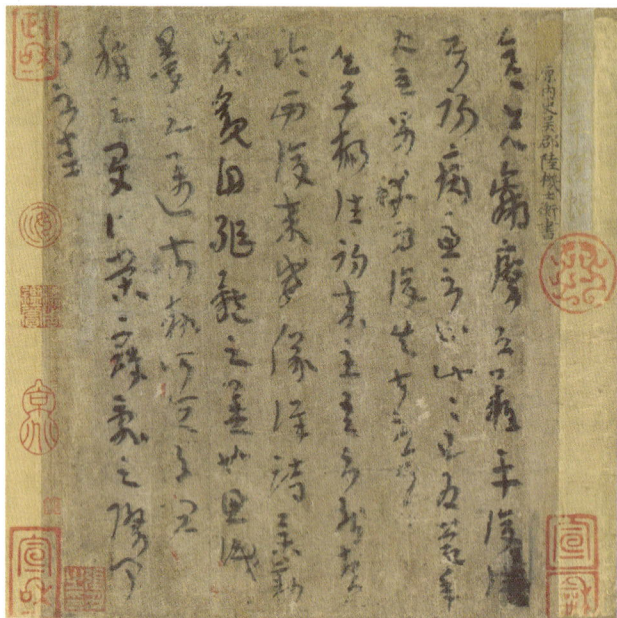

▲ 西晋 · 陆机 《平复帖》

大涨，豪贵之家竞相传写，以至洛阳的纸张都供不应求，价格大涨。可见古代威望很高的人"带货"效果非常不错。《三都赋》从流行到带动相关行业的发展，可能连左思本人都没有想到。这个故事后续还有段"打脸"的结尾，当然"打"的不是左思和皇甫谧等人的脸，而是后来被誉为"太康之英"的陆机。他和弟弟陆云被誉为"二陆"，时有"二陆入洛，三张减价"之说。事情就发生在陆机入洛阳前后——陆机从南方来到洛阳时，有创作《三都赋》的打算，听说左思正作此赋，拍手大笑，给弟弟陆云写信说：这儿有个粗俗之人想作《三都赋》，等他写成了，那些纸应该只能拿来盖酒坛子。结果左思之赋传出后，"打脸"来了——陆机赞叹不已，佩服至极，认为自己无法超越他，于是停笔不写了。

陆机最初的表现就像左思一开始担心的那样——"恐以人废言"（担心别人因为看不起他这个人而废弃他的作品），等到名人"带货"效应发挥作用后，陆机看了他的作品才改变想法，认同了他的才华。可见皇甫谧为其"带货"的作用不可小觑。

侧帽风流

北朝时候，有位将军叫独孤信，本名如愿。一生仕北魏、西魏、北周三朝，官至大司马、柱国大将军，镇守陇右近十年，属民皆称其善，敌人秋毫不敢犯。说他政治上的成就可能大家并不熟悉，换种介绍方式——他被戏称为"天下第一岳父"：长女独孤氏，是北周明帝宇文毓的皇后，谥号明敬皇后；四女独孤氏是唐高祖李渊之母，追封元贞皇后；七女独孤伽罗，是隋文帝杨坚的皇后，谥号文献皇后。

《北史》记载："信美风度，雅有奇谋大略。"意思是，他容貌俊美而又胸有韬略，受百姓爱戴，且军功卓绝，这在当时想来必是风流人物。他年轻时候的一桩事充分体现了他的"带货"能力。当时他在秦州，有一次出城打猎，大约是沉迷其中忘记时间，等他反应过来时，天色已晚，他快马加鞭飞骑入城，帽子被风带偏。他本身就俊美，侧偏的帽子可能给他的丰姿增添了独特的韵味，当时有不少人目睹了这一幕。第二天早上，城里的百姓官吏，凡是有帽子的人，都模仿他将帽子侧戴，侧帽一时间成了潮流。独孤信未曾料到自己一时没注意形象竟掀起了一股着装风潮……满城跟风，可见其"带货"能力一流。正如清人褚人获在《坚瓠集》中所说："若信武官，处偏安之世，而能风动如此，为尤奇也。"独孤信作为一介武将，在战乱四起、偏安一隅的时代，依旧能够引得时人风动如此，可谓风流之至。虽然是无意之间的"带货"，但能靠脸或靠人格魅力掀起全城跟风，也是独孤信在"带货"方面的天赋和优势。而与侧帽风流相似的大型跟风现场还有东汉时候，"（郭泰）身长八尺，容貌魁伟，褒衣博带，周游郡国。尝于陈梁闲行遇雨，巾一角垫，时人乃故折巾一角，以为'林宗巾'。其见慕皆如此"（典出《后汉书》卷六十八《郭符许列传·郭泰》，郭泰，字林宗，名重一时，当时的人都很推崇他。他曾周游郡国，有一次往来于陈、梁两地时，在路上遇到大雨，头巾的一角折起来了，当时的人为了效仿他，故意折起头巾一角，称作"林宗巾"。）

东坡IP

有关苏轼,其文学家、美食家等多重身份大家都有所了解,同时,他也是讨论古人"带货"时无法跳过的角色。他与其他"带货"的古人相比,才能多且完备,甚至成就了自己的"美食IP"。

与独孤信依靠颜值无意中掀起爆款风潮不同,苏东坡是凭借自身经验累积出的名声和美食文案有意取胜。"经验积累出名声"是什么说法?其实就是说苏轼不仅爱吃,还是出了名地会吃,是名副其实的"老饕",他的诗词书稿中也有很多与美食有关的佳文,《菜羹赋》《食猪肉诗》《豆粥》《鲸鱼行》以及著名的《老饕赋》都是他品评美食的经验积累。他名下的"东坡IP"包含东坡肘子、羊蝎子等多种美食,不管是后世附会命名的美食还是当时就有流传的,都体现了大家对苏东坡在美食方面的信任。所以但凡是苏轼点名说好吃的店家,都会受到广泛关注,并且在"苏轼都说好"的号召下,被迅速"扫荡"一空。而苏轼点名说好的方式是通过诗词,也可以理解成文案。

绍圣四年(1097年),六十二岁的苏轼,被朝廷一贬再贬,被贬到边远的儋州(海南岛)。而乐观豁达的苏轼,在儋州的日子虽然艰苦,却也丰富多彩,这一时期留下了很多诗篇。庄绰撰写的《鸡肋编》中就记载了苏东坡在海南时期的一段逸事:苏轼遇到一个卖环饼(也称馓子)的老妇人,见其因为生意不好而发愁。苏轼有意帮她,便挥笔为老妇人作了一首广告诗:

> 纤手搓来玉数寻,碧油轻蘸嫩黄深。
> 夜来春睡浓于酒,压褊佳人缠臂金。

这首诗不仅生动地描绘了环饼的口感、色泽和味道,还形容环饼形似美人的环钏,可谓是调动"五感"的优秀广告文案。老妇人把诗贴到了门上,"广告"很快就收效了,环饼店顾客盈门,收入喜人。

苏轼的这个"文案"(诗)可以说既贴合商品特点,又具有可读性,引发了人们要尝试环饼的欲望，一代文豪的"带货"对象——"环饼"的销量突飞猛进。除此之外，苏轼还给黄州的猪肉写过"文案"——《猪肉颂》，顺利将当地滞销的猪肉打造为"爆款"。"净洗锅，少著水，柴头罨烟焰不起。待他自熟莫催他，火候足时他自美。黄州好猪肉，价贱如泥土。富者不肯吃，贫者不解煮。早晨起来打两碗，饱得自家君莫管。"这"文案"写成后，来自苏东坡的认证推荐也公之于众。一群美食爱好者、文学爱好者追随苏轼，蜂拥而上，让原本严重滞销的黄州猪肉迅速脱销，可见苏轼"带货"实力之强。同时，苏轼还将原创的东坡肉也通过这首诗的第三句带出来了，其中记录了东坡肉的部分做法，后来这道菜成了一道闻名海内外的菜，一直流行至今。

苏轼的一首诗虽无华丽辞藻，却让人感受到"带货"的真诚。苏轼扮演的是一个经验丰富、有资历、威望高的人，他的品位受到人们的广泛认可，所以他的评价总能成为风向标。同时苏轼本身就是创造者，以东坡在美食方面受欢迎的程度，他的东坡肉等美食在当地必然也备受追捧，一直被传承至今。他仿佛创造了个人品牌，走的是品牌效应路线。

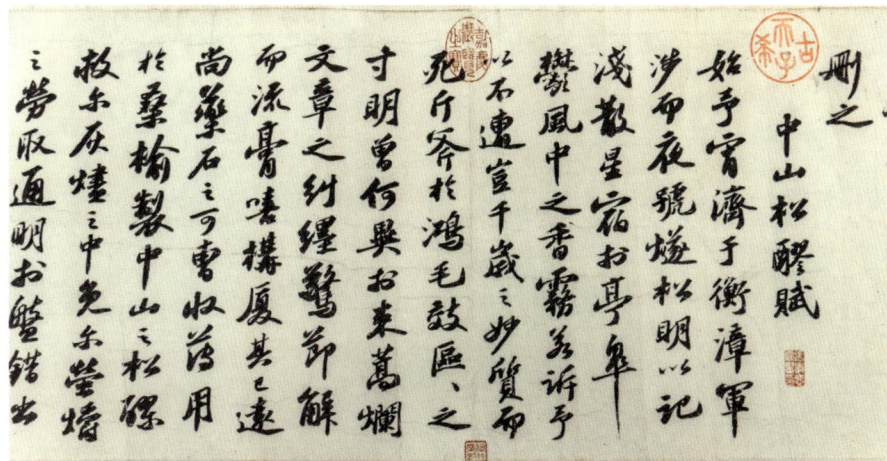

▲ 北宋·苏轼 《中山松醪赋》（局部）

书于苏轼被贬谪岭南途中的襄邑，"中山松醪"为酒名。其出任定州太守期间，根据当地的松醪酒酿造工艺，亲自收集材料改良工艺，以当地的黑龙泉水自酿松醪酒，为示对此酒的喜爱而作《中山松醪赋》

碍于篇幅，这里只讨论三位"带货牛人"，其实还有很多古人做过与"带货"相关的事。比如魏晋时期谢灵运和他改良的木屐——

　　脚著谢公屐，身登青云梯。
　　半壁见海日，空中闻天鸡。

李白的《梦游天姥吟留别》作为必背古诗词，让不少人认识了谢公屐。魏晋时期，男士爱木屐爱到疯狂，当时有个叫阮孚的人，爱木屐成狂，家里来人也不招呼，自顾自地给木屐打蜡，还一边打蜡一边感叹："也不知道这辈子能穿几双木屐。"而这一切都归结于谢灵运，是他的改良和示范作用，让谢公屐成为魏晋"爆款"男鞋。

再如王羲之为卖竹扇的老婆婆题字，并将自己的名号授权给她，之后，果然集市上的人争抢着买，不好卖的竹扇一会儿就卖光了……

无论古今，"带货"的牛人们都会给大家带来"拥有同款""爆品不亏"的体验，只是古人带的货范围更广，不只是商品，他们带的还有文章、穿衣方式……这些"爆款"、潮流体现了古代仕人文化生活与百姓日常生活的丰富性和趣味性，也说明名人效应、名人"带货"在我国自古就有很不错的发展空间。

（李媛）

参考资料：

[1] 房玄龄，等 . 晋书 [M]. 北京：中华书局，1974.

[2] 李延寿 . 北史 [M]. 北京：中华书局，1974.

[3] 范晔 . 后汉书 [M]. 李贤，等，注 . 北京：中华书局，1965.

[4] 予文馆 . 说典：侧帽风流独孤郎 [EB/OL]. (2018-07-21) [2020-10-21].https://www.sohu.com/a/242586513_100173193.

[5] 刘永加 . 古代名人"带货"哪家强 ?[J]. 农民文摘，2020（10）：52-53.

[6] 全岳 . 木屐收藏家阮孚 [J]. 西部皮革，2014（9）：58-60.

古代银子怎么花?

离我们最近的中国古代王朝——清朝,当时人们的消费日常是怎样的?他们外出怎么花钱?你肯定会说"用银子呗"。事情当然没有这么简单。

买东西最好用银子

据说,清朝的同治皇帝喜欢背着自己的母亲——慈禧太后出宫,一个人在北京城里闲逛。有一次,他逛到北京城的文化市场——琉璃厂。琉璃厂的店铺里,卖的都是书籍、文房四宝等东西。同治进入一家店铺,看看拣拣,看到这家店卖的宣纸很是不错,于是就买了些"玉版宣"。然而,付账的时候,同治一摸身上,不禁有些懊恼,原来没带银子!

虽然没有银子,但还有一些金瓜子。所谓的金瓜子,就是用黄金打造成的小型金锭,专门用于宫中赏赐之用。同治就拿出金瓜子来付账,不料掌柜平日里收的都是白银和铜钱,根本没见过金瓜子,于是坚辞不受,把眼前的这位皇帝赶了出去。

从这个故事可以推测,在清朝,白银和铜钱才是社会上通行的货币。

自古以来,中国的白银产量就很少,历代政府铸造的金属货币都以铜为主要原材料。正因为白银产量少,白银的价值才非常高。

1023 年,北宋成立"交子务",第二年正式发行官方货币——交子,并以盐钞(领取和运销盐的凭证)为准备金,这就是最早的纸币调控制度。

从明代中后期的 16 世纪中叶到 19 世纪初,中国保持巨额贸易顺差达三个

▲ 清咸丰七年江海关元宝锭

半世纪之久，日本白银产量的绝大部分和占美洲产量一半的世界白银流入中国，数量十分庞大。葡萄牙学者马加良斯·戈迪尼奥因此将中国形容为一个"吸泵"，形象说明了明清时期我国吸纳了当时全球的巨量白银。

海外白银大量流入后，中国明清两朝金银比价出现了一个明显的变化趋势，16 世纪 30 年代开始从 1：6 左右逐渐上升，17 世纪初基本上稳定在 1：7 到 1：8 上下，17 世纪 30 年代后上升至 1：10 到 1：13 上下。也就是说，明清两代，白银的价值一直在下跌。

由于白银增多，价值大幅降低，从明朝后期开始，"朝野率皆用银"，市场上大小买卖都以银计算。

普通老百姓的消费

消费的前提是收入，不然哪有钱花呢？

根据清朝《大清会典则例》卷五十一《户部·俸饷》记载，文武官员每年俸银：一品 180 两，二品 155 两，三品 130 两，四品 105 两，五品 80 两，六品 60 两，七品 45 两，八品 40 两，正九品 33.1 两，从九品 31.5 两，京城普通老百姓的月收入大部分为 2—3 两银子。

乍一看数字，你会觉得天子脚下的老百姓，收入也不过如此。

但我们来比较一下，在明代，一个平民一年仅维持吃穿生计，折合白银约需要3—4两，而戚继光的士兵军饷一日只有3分银子，一月不足1两。再看清朝的物价水平，乾隆十三年（1748年），北京内城四间瓦房价值约70两，四间房面积大概就是80平方米，也就是说，当时1两银子可以买约1平方米的房子，一个京城普通老百姓的月收入，可以买2—3平方米。

不说房价，再来看看日常消费品。

吃的方面，清代康熙雍正年间的大米每升或为7文，或为9—10文；肉蛋价格清初便宜，清末较贵，差不多上涨一倍。嘉庆、道光年间，鱼每斤25—40文；猪肉每斤50—60文，高价时70—80文；牛羊肉每斤30—50。鸭蛋每个2文，熟鸡蛋一个4文。道光年间，黄瓜每斤2文上下，白菜每斤1—3文，葱每斤5文，蒜薹每斤8文。康熙年间，枣子每斤16—25文（道光时每斤约40文），桃子每斤6—10文，梨每斤10—20文。康熙时，豆油、花生油、菜

▲ （法）菲尔曼·拉里贝／摄　清末时期的北京

油每斤为 30—40 文，道光时上涨至 70—80 文。康熙时，食盐酱醋每斤最少 3—5 文，以 10 文左右居多。

不想在家里做饭的，可以出去吃。在清代，非富即贵的、喜好奢华精致的人，可以选择饭庄，比如聚贤堂、会贤堂等。一般以某某堂为名的饭庄，多是一座很大的宅院，里面有数进的院子，还有用来表演的戏台，室内外的陈设和餐具都很雅致精美，无论是招待亲朋贵客，还是自我享乐，都是非常有排面的。

比较讲究又手头阔绰之人，可以去饭馆，比如庆云楼、东兴楼等。这种多数以某某楼为名的饭馆，一般以一两进院子或是两层的铺面为营业场所，格局和我们今天的大多数餐饮场所差不多。菜品多数以炒菜为主，因为有自己的拿手菜供食客品尝，所以用来招待宾客和自己饮食，也比较拿得出手。

可如果手头不宽裕又想果腹，可以去饭铺。饭铺是在晚清时期从饭馆中分离出来的，主要针对中下层平民的餐饮店，也被称为"二荤铺"，营业规模一般不大。稍微小一点的饭铺，以卖主食为业，如包子、馅饼、烙饼、面条等，基本不供应炒菜，是实实在在的"饭"铺。

而囊中羞涩之人，则可以去饭摊，也就是如今的路边摊，一般卖的都是价格便宜点的小吃。

穿着方面，顺治、康熙年间的丝绸制品价一般每尺 50—100 文，每匹 1.23—2 两纹银，以当时纺织品宽幅多为 0.6 米算，单单一身长袍至少要用 21 尺的纺织品，也就是说差不多要用 6.5 米左右的纺织品，即使用最便宜的 18 文 1 尺的帛来做，不算手工支出，单单布料也要 378 文。

可以看出，清朝的食品价格还算中等水平，但是丝绸这种好布料的衣服依然比较贵。

那么，精神食粮的价格如何？乾隆以前，书价平均每册在 6 钱左右，如顺治十八年（1661 年）《明史辑略》10 册，每册售 6 钱（600 文）；乾隆三十八年（1773 年），朱筠椒华吟舫刻《说文解字》8 册，封面钤有"每部工价纹银五两"朱文方印，每册 6 钱 2 分（220 文）。

当然，比起看书，绝大多数老百姓还是更喜欢看戏。以广东为例，乡下演戏通常会在庙宇的戏台或临时搭建的戏台举办，戏班从筹办酬神的绅商、耆老处获得报酬。老百姓去看戏，基本都是免费的。当时的戏剧主要有《胡迪骂阎》《绣襦记》《羊叔子杜元恺平吴擒孙皓》《梁山伯与祝英台》《辕门斩子》《四郎探母》等。

在北京，除了看戏，还可以饲养花鸟鱼虫、收集文玩，春天逛庙会、看花灯、游春，夏天游园、端阳耍青、粘雀捕虫，秋天七夕乞巧、重阳登临，冬季

▲ 清代·佚名 《苏州市景商业图册》内页之一

图中描绘了市集上在空地表演杂技走钢丝的场景

里写九九消寒图、玩冰嬉等。"玩"对北京人来说，是非常神圣严肃的文化活动，他们也舍得在"玩"上花钱。

而对于那些经济条件不太好的人，就可以去天桥下听人说书、讲相声。天桥在老北京的文化娱乐中占有重要的地位。因为收费便宜，天桥便成为当时普通百姓活动的固定场所。在当时的天桥戏棚里，因为人数太多，许多站在后面的并不能看清戏台，所以看得多了，就不在于看而在于听，也就随之有了个说法——听戏。

比去天桥更便宜的娱乐活动，就是听数来宝。数来宝是一种中国传统曲艺，又名顺口溜、溜口辙、练子嘴。因乞丐走街串巷，演唱索钱，把店里的货品极尽夸赞，"数"得仿佛"来"了"宝"，因而得名。

这么看来，日常用铜钱，大事用白银，是明清以来的主流消费习惯。

（柏舟）

参考资料：

[1] 万明.明代白银货币化的初步考察 [J].中国经济史研究，2003（2）：39-51.

[2] 贡德·弗兰克.白银资本——重视经济全球化中的东方 [M].刘北成，译.北京：中央编译出版社，2001.

[3] 冯尔康.生活在清朝的人们：清代社会生活图记 [M].北京：中华书局，2005.

[4] 李红雨.清代北京旗人的休闲生活 [J].满族研究，2011（4）：23-26.

[5] 杨原.会玩儿：老北京的休闲生活 [M].北京：中华书局，2017.

[6] 谭文熙.中国物价史 [M].武汉：湖北人民出版社，1994.

古人该怎么把钱安全地藏起来？

古代中国自然是没有银行的。第一家具有近代特征的银行在清朝光绪年间才成立。漫长悠久的岁月当中，从贝壳到铜钱，再到金银，古人都使用着稍显笨重的媒介充当钱币。

可以设想如果古人要购置房产，那得拿出多大体量的货币才能顺利完成交易。试想，海昏侯出土的汉代五铢竟重达十几吨，光是掩埋都得耗费多少人力。

大家可别忘了，"勤俭持家"是中华民族的优良品质，古人的存钱意识比之现代人只强不差。只不过没有千姿百态的理财方式与存储手段，古人只能使用一些单纯朴素的办法。

那么，古人究竟如何保存积攒下来的资产呢？这当中究竟又蕴含了多少故事与智慧？且往下看。

贮贝

首先不得不说到最原始的货币——贝币。它出现在距今3000—4500年前。汉字中的"货""购""贩"，以及许多与产品交换有关的字，都是以"贝"作为部首。

所谓"存钱"，在当时就是"贮贝"。由于人们对待贝币的态度十分珍重，便特意制作了许多精巧的器物用以盛放。流传至今最为典型的例子就是云南一带广为发现的青铜贮贝器了。

贮贝器的造型直观地体现了其实用功能，而装饰工艺则是附着于造型之上的点缀。最早的贮贝器通体呈竹筒形，盖子以子母口合于器身。盖子与器身又单独附有小耳，用以穿绳联结。其他的部件，都是后来才逐渐发展出来的。器耳的焊接为提携带来便利，而贮贝器由提筒形到束腰形再到鼓形的演变过程中，造型和实用性都在一步步趋向完善。

贮贝器的器盖往往是最重要的"艺术表现舞台"，上面的塑造极具典型性、情节性和故事性，以众多的立体雕像进行装饰。表达的主题，既包括动物形态、狩猎、驯马，又含有战争、祭祀、纺织、纳贡等，可谓丰富多彩。

比如在这件虎牛搏斗贮贝器中，器耳的造型就相当引人注目。两只老虎攀附在器身左右，四肢健美有力，虎口大张怒视前方。而器盖处雕饰有弯腰、伸角同猛虎展开生死搏杀的牛，器盖正中树上有因惊惶而爬到树之最上端的两猴，甚至还有因惊恐而展开翅膀、准备飞离这是非之地的两只飞鸟。

令人惊奇的是，考古发现证明这些存放在贮贝器当中的贝壳，竟然来自遥远的地方。这是一种叫作"环纹海贝"的贝壳，它的产地主要在热带地区，如太平洋和印度洋等低纬度地区，亦分布在中国的海南岛与西沙群岛。西南地区绝不可能出产此类贝壳。因此，若要获得这些海贝，只可能通过贸易往来接触到沿海地区的居民。也难怪这些海贝会被视为珍宝，被存放在无比精致的贮贝器当中。

扑满

随着货币更替，小巧的铜钱登上舞台。如果说贮贝器算是"存钱桶"的话，那么一直沿用至今的"存钱罐"则更令人感到亲近熟悉。古代的"存钱罐"更有一个意味深长的称谓，叫作"扑满"。

不过得先解释一下，"扑满"在更早的时候叫"缿"。著名的《睡虎地秦简》中有一篇《秦律十八种·关市律》，其中记载："为作务及官府市，受钱必辄入其钱缿中，令市者见其入，不从令者赀一甲。"东汉的《说文解字》解释为："缿，受钱器也，从缶，后声。古以瓦，今以竹。"隋唐时期的颜师古加了一条注释："若今盛钱藏瓶，为小孔，可入而不可出。"从造型上而言，"缿"与

▲ 西汉虎牛搏斗贮贝器

▲ 唐褐彩圆圈纹瓷扑满

"扑满"如出一辙，所以晚清考据大家王先谦直接点破："扑满者……即缿也。"

扑满几乎是家家必备之物，其外形一般呈圆体、平底、中空，有陶、瓷、竹、木等材质的分别，多数朴素简约，也有的做成或小猪或小虎或小牛等动物造型。由于中国古代通行"天圆地方"的铜钱，古人为了防止频繁取钱，仅在顶端留有一条能投放铜钱的狭长开口。有的扑满在腹部还开有小眼，好让绳子插系，悬吊在房梁上。如此一来，扑满的主人积攒铜钱，聚少成多，到了必要之时打碎扑满，就能一解燃眉之急。

其实，"扑满"的得名正是由于这一颇具仪式感的使用方法。"扑"有"击""打"的意思；"满"即是对其造型饱满浑圆的描述。往往只有存满了钱，才会将其一把击碎，取出钱来——"满则扑之"，所以这种存钱罐被形象地称为"扑满"。

"扑满"一词在西汉时期的《西京杂记》中便已出现。与此相关牵引而出的是西汉名臣公孙弘的故事。公孙弘少时做过狱吏，因犯罪被罢免。后因家贫，不得已以放猪为生。年到四十才发奋读书，待六十高龄才以"贤良"之名被举荐入京。当他即将走任京城之时，一个叫邹长情的乡友送给他一个扑满，并留下临别赠言："入而不出，积而不散，故扑之。士有聚敛而不能散者，将有扑满之败，可不诫欤？"这是让公孙弘在荣华富贵之后也不要忘记幼年的寒苦生活，应当恪守清廉操守。日后，公孙弘步步高升，位列九卿。但他牢记告诫，并未因身居高位就穷奢极欲，而是一直保持勤俭，盖布被，食粗粮，生活俭朴甚至粗陋。他还用富余的钱财开设东阁客馆，招纳贤才，深得士人爱戴。"水满则溢，月满则亏"，但是公孙弘却能避开"满则扑之"的命运，还留下了"后来居上"的万古美名。

自此之后，扑满就具有了"戒贪"的寓意。唐代辅佐君主开辟盛世的贤相姚崇就曾写过一篇《扑满赋》，批判贪婪和自满的恶习。其中名句"谦以自守，虚而能受"既写出了扑满的特点，也传达了"满招损，谦受益"的道理。

南宋诗人陆游也曾写过扑满："钱能祸扑满，酒不负鸱夷。"说明过度聚敛钱财必会招致灾祸。民国时期，更有一首《扑满歌》写道："腔细口小腹便便，溪壑日填邓通钱。不思蕴利生祅孽，讵防瓦裂碎难全。"以此告诫人们切莫过度贪财，以扑满"碎裂难全"的下场警示世人。

由此可见，扑满已经从用于储钱的工具逐渐升华为一种用以教寓的符号。人们世世代代通过扑满领悟立身处世的道理，得到乐极生悲的启示。小小的器物，蕴含了一个民族、一种文化的精神瑰宝。

窖藏

古人贮藏财产的方式多种多样，形形色色。但一般也就分为罐藏和窖藏两类。上文已经介绍过罐藏，接下来我们来说说窖藏。

我们都知道"此地无银三百两"的故事。古时，有一个叫张三的人，把银子埋藏地下，又害怕别人来偷，于是留字写道："此地无银三百两。"邻居王二偷走了银子，也留字写道："隔壁王二不曾偷。"

这个故事，就涉及古人存钱的一种方式——窖藏。

所谓窖藏，就是先把金银财宝封装在坛坛罐罐或箱子、盒子里，再在地上挖出深坑进行埋藏。由于其手法隐秘，富豪往往青睐窖藏这种保存财富的方式。

窖藏的风气甚至影响到古人对房产的购置。由于熟知这种储蓄习惯，后任

▲ 盱眙马湖店村出土西汉金兽

房主往往都会对自家院落掘地三尺，试图寻得秘宝。

唐代官府对此出台法律条文，《杂令》规定："诸官地内得宿藏物者，听收；他人地内得者，与地主中分之。即古器形制异者，悉送官酬其值。"该条文十分慷慨：在公地里获得埋藏物，让发现人取得完全的所有权；在私人地里获得埋藏物，发现人与地主各得 50% 的所有权；若系古代文物之类，则由官府收购。

不过，到了宋代，卖主往往倾向于预先向买主收缴购房的额外费用，作为将来可能挖到金银财宝的预估补偿。这笔花销被称为"掘钱"。

沈括的《梦溪笔谈·异事》中就记载了一则买房遭索"掘钱"的故事。当时，宋代左丞相张文孝看中了洛阳一栋古宅，卖家一而再，再而三地向他追加"掘钱"。无奈张文孝实在喜欢，只得忍痛多付 1000 多缗钱。朋友都认为付这笔钱太吃亏。哪承想张文孝后来翻修，还真在地下挖出一个石匣，内有黄金百余两，总数正好与房款和"掘钱"相抵，张文孝相当于白得一处房产。

由于一般窖藏手段太过常规，容易引起他人觊觎。所以古人在窖藏时，总会想方设法让外人找不到。按照常理，犄角旮旯足够隐蔽，应是保全之所。可实在敌不过窃贼搜寻。于是，一些大户人家想出更为极端的举措，把钱财藏匿于粪堆茅厕这类常人想不到的污秽之地。

1982 年，在江苏盱眙马湖店村发现的西汉窖藏便属此例。当时生产队分片挖水渠，却突然发现几十斤重的金器财宝。其中最有价值的是一只金兽，竟然有 18 斤，是目前全国考古发现的金器中最重的一件。金兽下盖着一个精美奇特的铜壶，壶内装满了金器，其中 9 块半金饼重达 2864 克，15 块马蹄金、麟趾金重达 4845 克，11 块金版"郢爰"重达 3260 克。黄金总重量超过 20 千克。

出于防盗考虑，古人窖藏时一般会采取逆向思维，其中真真假假、虚虚实实，是与盗贼的一场精彩智斗。鸡蛋不能放在同一个篮子里。同理，财宝当然也不能聚集在一处。一般来说，需要采用上下分层的放置方式，先放一层，掩埋后再放上一层，再掩埋再接着放，多者达三四层。各层之间，往往用石板、砖块叠压，土层之间则用糯米熬成的液汁和石灰夯实密封，有时其中还会拌上碎石子和瓦片之类，以增加盗挖难度。

民国时期上海名医陈存仁，曾亲眼见到家中这种分层窖藏的手段。当年陈家分家析产，记载窖藏有二十缸银子。不过，后人最初只挖出八缸，之后扩大挖掘面积，竟然也未找到。幸亏有经验老到的长辈出面提醒，众人继续在原先寻得财宝之处深挖，果不其然找到了剩下的十二缸银子。

钱票

使用金银实物不仅携带不便，也容易露财在外招致危险。在唐宋年间商品经济高度发展的状态下，国家的经济想要更好地发展，就必须对大量的钱财进行集散处理。就在这一时期，特别是在宋朝，纸质货币应运而生，这就是大名鼎鼎的"交子"。

随后，在商人集散地点出现了专门存储与兑换这种纸质货币的机构，这就是"票号"的前身。在这里只需要凭借一张票据，就可以进行大规模的整存整取。一般而言，这种场所都有专门的几大商人联名保证，因此信用价值较高，富人能够得到更好的货币存储与运输服务。

明清商业勃兴、分工专业化、贸易空间扩大，不仅借贷关系频繁，而且大量使用代替金属货币流通的信用工具，许多大宗交易都用票据进行偿付和结算。票据未到期前，持票人只要在票据的背面签字画押，即背书后就可以转让给第三者，第三者需要时，亦可背书后再转让于第四人，如此辗转流通。与此同时，初具雏形的各类金融机构都接受工商企业或个人、家庭的银钱存储。

小说《红楼复梦》中写道：贾家将房子卖给了刘大人，还房价之际，刘大人"在身边取出几张银票来，说道：'这一张是恒泰号的三万两，这是义兴号的三万两，这是合泰号的二万两，这是祥茂号的二万两，其十万两。这一张是口儿外钱店里的五百两，他是义合字号，这是众位二爷的茶钱。这一张是资顺布字号的二千两，是送老主管的劳金。'"

这里刘大人家的银子分别存在了五家银号之中。从这行文中可见银号的功能也约等同现代银行的基本效用了，而这钱票就好比存折。有此方便，古人再也不必费尽心思纠结如何贮藏资产了。

结语

储蓄行为，其实从货币诞生之时就出现了。只是随着社会经济不断发展，生产水平不断提高，人们才因时制宜思考出了不同的存钱模式。从笨拙地将货币存放在器具中，再到小心翼翼地隐藏在地底下，最后终于换成钱票替代了实体资产，存钱的手段终于走向现代化。

古人虽然不太懂存钱与经济发展的联系，但却通过脚踏实地的存钱实践，为后世子孙留下了质朴却受益无穷的储蓄观念。

（郁则）

参考资料：

[1] 潘春华 . 说"扑满"[J]. 月读，2019（3）：84-86.

[2] 沙伟 . 贮贝器：古滇国的"存钱罐"[J]. 东方收藏，2018（10）：36-44.

[3] 钱伟 . 话说存钱罐的先祖 [N]. 语言文字周报，2017-08-16（4）.

[4] 李靖轩 . 没有银行古代百姓如何储蓄 [J]. 国学，2013（7）：58-59.

[5] 倪方六 . 中国古人是如何存钱的 [J]. 新长征（党建版），2012（8）：59+58.

在遍地高利贷的古代，
老百姓怎样能安全借到钱？

我们在看警匪片、悬疑片时，经常会看到绑架人质的情节，凶狠、横暴的歹徒抓住恐惧又无抵抗之力的妇孺，以此威胁警方，好达到"以物易物"的企图。在这样的场景中，我们一般称那个被绑架的人为"人质"，然而，人质为什么被叫作"人质"呢？

实际上人质的概念，早在春秋战国时已经出现，《左传·隐公三年》便记载了郑庄公与周平王交换人质的事。由此看来，人质是以交换为前提才成立的，"人质"中的"质"字本身就有交易、抵押的含义。

参考《说文解字》的阐释，"质"即"以物相赘"之意。

那么我们可以推断，"质"显然与中国古代的商品经济相关，例如西周的买卖契约称为"质剂"，而管理契约的称作"质人"。若我们想与古人借贷，第一步，便是要找到质人。

质人与质库从救济到暴利

根据《周礼》，中国早在西周便出现了契约制度，其中《地官》篇章记载，"质人"其实是一个职业，他们相当于现代的市场管理者，负责处理西周官方的买卖。所谓"大市以质，小市以剂"，质人的业务除了小件物品，也包括牛马、田宅等大额交易，买卖的契约称为"质剂"，而借贷契约称为"傅别"。

质人作为官方的市场管理者，我们可将其视为西周经济管理体系中的一员。根据《周礼·地官》记载，西周政府设有"泉府"这一机构专门"掌以市之征布，敛市之不售、货之滞于民用者"，即负责控管国家税收，收购市上的滞销物资，收发贷款与利息。

那么，若我们想找古人借贷，西周实际上为我们提供了一个相对安全的官方途径。一般而言，西周政权的借贷形式分为"赊"和"贷"："赊"主要针对祭祀、丧纪之类，只要求按期归还并不计利息；而"贷"专门针对劳动生产者，则需要计息。《周礼》说道："凡民之贷者，与其有司辨而授之，以国服为之息。"实际上，西周为了稳定民情、巩固政权，时常发放无息贷款于民，相当于一种救济与帮助，计息贷款是相对少的。不过，若我们想借计息贷款的话，利息又怎么算呢？

西周计息的首要考量是地域的远近程度，若住在城市中，国家征赋二十分之一，即年利率为5%，按距离增加，住在远郊则征赋十分之一，由此类推住在远郊的年利率为10%—20%不等。参考我们现今国家的法律规定，基本上年利率超过20%便是高利贷，若住在西周远郊地区，相当于向周天子借高利贷了。然而这之于古代中国，20%的利息仅仅是个开始。

春秋战国时期，随着金属货币——黄金的出现，中国古代高利贷的魔爪由此伸入民间。战争所带来的动乱、灾荒及诸国统治者横征暴敛的情况，击垮了毫无抵御能力的平民百姓，借贷的需求高涨，与此同时，掌握大量财富的富商大贾和官僚等成了主要的放贷方。放贷主要有货币和谷物两种形式，以齐国为例，《管子·轻重》记载齐国南部地区的谷物借贷利率"其出之，中伯伍也"，即年利率50%，而西部地区更是高达100%的利率。

一般而言，战争、灾荒等紧急情况下的借贷多为高昂的倍称之息，哪怕到了政治相对稳定的汉代，高利贷问题始终没有得到缓解，汉代甚至出现了专门从事高利贷的商人集团——"子钱家"。《史记·货殖列传》记载，汉景帝三年（前154年）时，吴楚七国叛乱，长安城中列侯、封君为从军出征向子钱家借贷，子钱家以汉廷胜败未知而拒绝借贷，只有无盐氏一家"出捐千金贷，其息什之"。三个月后，七国之乱被迅速平定，而无盐氏在一年之中获利十倍，利率高达 1000%。

显然，在上述局势下，借贷成了富商、地主等累积社会财富的重要手段，相反的是，无力偿还高利贷的平民百姓往往落入流离失所、家破人亡的困境。为改变这样的局面，《秦律》中曾有服役以抵债的规定，平民百姓可通过抵押或是服役等方式还债。魏晋南北朝时，北魏开始发布禁止收利过本的规定，而中国最早的抵押机构——质库也在此时随着佛教的盛行应运而生，质库通过抵押、放款、收息，暂缓了平民的经济压力。相对于民间高利贷，显然质库的权威性和稳定性为借贷人提供了更高的安全保障。

那么在质库出现以前，若想安全地向古人借贷，第二步需要注意的是，请不要出现在上述任一朝代。

质举与指质，隋唐寺院经济的鼎盛

在中国古代，唐朝是相对昌盛、繁荣的社会，其商品经济已基本脱离早期自然经济的形态，进入一个蓬勃发展的阶段。我们从敦煌、吐鲁番地区保存的借贷契约中，可以发现隋唐的契约制度显然有更高的保障意识，譬如详尽记录了债权人身份、债务人身份、立契时间、借贷原因及总额、还款期限等细节。然而这里也衍生出一个小问题：为何借贷契约会保存在以佛教藏经闻名的敦煌、吐鲁番呢？

实际上，隋唐借贷制度的发展与佛教寺院有直接的联系。

魏晋南北朝是中国古代宗教大流行之时，尤其北魏盛行佛教，自孝文帝起便掀起一股建寺热潮。随着寺院增多，寺院这股宗教势力也逐步发展起来，直至隋唐时期，在统治集团的扶植下寺院迅速发展出自身独具一格的经济体系——寺院地主庄园，简称"寺庄"。

寺庄成立的关键在于田地，而寺院作为重要的精神圣地，皇室常赏赐寺院田地，而贵戚、富豪等信徒也会捐赠田园为寺，由此寺院拥有的土地面积增大，逐渐形成一种庄园式的经济形态。一般而言，大型的寺庄内多有农田、菜园、林果园，有的还有水渠和各种手工作坊等。另外，还有诸多庄客会依附于寺庄，承担劳动生产工作，一般被称作"净人""部曲"。

在这个体制下，寺院形成一种自给自足的经济形态，寺院僧侣拥有优渥的财富基础，足以向平民提供救济和借贷。《十诵律》中曾记载："以佛塔物出息，佛言：听之。"这说明佛教古律是允许僧侣以佛门财物"出息"的，意即举贷取利。由此，自魏晋起，寺院的寺库也发展出自身的高利贷资本借贷形式，主要是典当，亦称"质举"。《南史·甄法崇传》记载的一则故事揭示了南朝佛寺已普遍有寺库典当的现象存在："法崇孙彬。彬有行业，乡党称善。尝以一束苎就州长沙寺库质钱，后赎苎还，于苎束中得五两金，以手巾裹之，彬得，送还寺库。"

由此看来，寺库的典当是隋唐时普遍存在、相当有规模的一种抵押制度。实际上，唐朝对于借贷业已有一套较为完善的规定。首先，对于利息，唐朝朝廷进行了一定程度的管制，如《杂令》记载了计息借贷"每月取利不得过六分，积日虽多，不得过一倍……又不得回利为本"等限制条规。

其次，唐朝还有一些针对借贷风险的保障制度，分别保障了债权人或债务人各自的权益，譬如借贷契约需要增设一保人，在违约时有所代偿。另外，还有役身折酬、掣夺家资的规限等。值得一提的是抵押制度，抵押称作"指质"，债务人的不动产、动产均可作为抵押物，甚至能以人为质作为借贷契约的担保，若债务人无法清偿到期的债务，那么该人质就成为债权人的奴婢。

显然，比起战乱年代，隋唐时期确实是一个相对适合借贷的好选择，但是需谨记，尽管隋唐的借贷制度已颇有规范，其借贷利率相比现代社会仍然属于高利贷，尤其还存在着许多"任依私契，官不为理"的民间借贷。举个例子，根据《中国历代契约粹编》对唐代民间借贷的货币利率调查，其中一则说"举取银钱拾文，月别生利钱壹文"，即年利息高达 120%。

由此，若想在隋唐时期借贷，显然还是要谨慎避雷、严防高利贷，尤其要注意民间不靠谱的私营机构。

那么，向古人借贷的第三步，我们需要找一些相对权威规范的大型机构。

北宋官营借贷机构，王安石变法之成败

熙宁二年（1069 年），王安石为改变北宋建国以来积贫积弱的局面，以"理财""整军"为目的实施一系列政治措施，推动了宋代借贷业的发展。宋代独有的官方借贷机构——检校库、抵当库和市易务由此成立。

宋代借贷机构看起来比其他朝代还要规范，那么我们是否能安全又顺利地向宋人借贷呢？检校库、抵当库和市易务三者看似承担着不同的职务，究竟要上哪借？值得注意的是，三者的业务重叠性其实很高，并且它们之间的发展有着紧密的承接关系。

首先，检校库是宋代为保护孤幼财产继承的一种检校制度。宋神宗熙宁四年（1071 年），随着王安石变法的展开，为了使孤幼财产保值、增值，检校库同时开展了放贷收息业务，以"依常平仓法贷人，令入抵当出息"的方式，通过抵押借贷，官府以息钱补贴孤幼儿童日常生活开支。这么看来，针对孤儿的检校库看起来不像是适合我们借贷的地方，然而，这实际上却是官吏借机放贷生息的地方。

检校库开放放贷收息的同时，开封府所在的中央各部门见检校库可生息获利，于是陆续将各自部门的经费存入检校库，委托放贷生息。于是在熙宁五年（1072 年）正月，随着检校库贷放本钱的增加，宋神宗下诏特置一局专管息钱支给，于是专门管理贷放业务的机构——抵当所出现了。

根据《宋会要》记载："京师置四抵当所，许以金帛质当现钱，月息一分。"即年利率12%，相比当时民间的私营质库年利率一般在 30%—50% 之间，这似乎是西周以后最低的计息，显然向抵当所借贷是一个较为划算又安全的选择。

然而，生活不会总让你轻易得偿所愿。

熙宁六年（1073 年）抵当所被划分到都提举市易司属下管辖，基本上与市易务合并，其业务也逐渐被市易抵当取代了。市易务是在王安石市易法的安排下成立的一个抵当机构，它相当于一个官方的大型交易平台，政府每年拨内藏库钱百万贯充当市易本钱，市易务根据行户的需要从客商处收购货物，再赊贷给行户分销。由此大客商可以在此贷钱，中小零售商可以赊货，不管贷钱、赊货均以地产或金银等其他产业为抵押，其利息均是年息二分，相当于年息20%，另还需缴纳利息10%的市例钱用于吏禄开支。

这么说来，若我们到市易务借贷，尽管是官方平台，但计息都快赶上私营质库了，可怕的是还有一个巨大的漏洞——吏禄的"额外开支"。以市易务来举例，市易务的批零收入实际上不归国家财政管理，而是由市易务官吏支配，那么官吏的品行成了大客商与零售行户之间最关键的纽带，而北宋的现实情况是，大部分的官吏动用市易务本钱从客商处"贱买"货物，再"贵卖"给零售商。于是，此过程中本应由市易务承担的赊贷本息全都转嫁到中小零售商身上，而贱买贵卖所赚取的利润差价则任由官吏中饱私囊。

实际上，类似的问题也在王安石的青苗法中出现过，官吏强行贷款贷粮，各户都被抑配青苗钱、强制纳息。王安石变法像是一把双刃剑，一方面抑制了民间高利贷之猖獗并为政府赚取了利润，另一方面却沦为官吏满足其贪念的工具，但无论如何，这场斗争中，受难的始终是平民百姓。

看来，想在宋代安全又顺利地借贷也是不容易，那么元代是否有可能呢？并不。

1279 年，元朝彻底击溃了南宋流亡政府，建立了少数民族为主导的统一政权，同时带来了高利贷的大魔王——斡脱钱。

斡脱钱由元朝一批专门发放高利贷的回族商人经营，这种高利贷高到什么程度呢？关汉卿在《窦娥冤》中有一幕描述了窦娥的父亲向人借银子二十两，一年之后需还四十两，父亲无法偿还，只得将窦娥送作童养媳。斡脱借贷之凶恶便在于其年利率往往高达 100%，除利率达到倍称之息以外，放贷人的任意性太高，大量的民间借贷还存在严重的复利计息问题，即把利息计入本金后重新计息，这称作"羊羔息"。

元代高利贷像是滚雪球一样，越陡峭的山坡，雪球越滚越大、越滚越快，在粉身碎骨以前，似乎永远看不到尽头。无论如何，只要高利贷存在，便证明了平民始终无力逃离封建体系下的经济困境。纵览中国古代的借贷情况，即便

感天動地竇娥冤

元 關漢卿 撰

第一齣

（冲末扮卜兒上）花有重開日，人無再少年。不伏老，身榮貴。婆婆是也，楚州人氏，嫡親的三口兒家屬。不咋夫主亡逝已過，止有一箇孩兒，年長八歲，俺娘兒兩箇過此日月。家中頗有些錢財，這山陽郡有箇竇秀才，從去年間曾借了我二十兩銀子，如今本利該銀四十兩數。次索取他，他則付不起。竇秀才有箇女兒，今年七歲，生得可喜，長得可愛，我有心看上他，與我做箇媳婦。就准了這四十兩銀子。他說今日

▲ 元杂剧《感天动地窦娥冤》中开篇
主要描写的是秀才因借钱无法偿还，以女儿抵债

▲ 《元曲选图》（明万历时期刊本）
元杂剧《感天动地窦娥冤》插图，描绘的是窦娥即将被蒙冤处斩

管控再严厉、借贷机构再完善、利率再低，平民也困于苦难之间，无从逃脱。

回过头来仔细想想，向古人借贷确实挺冒险的，总体说来古代借贷机构管制太不成熟、安全保障太低、利息太高，尤其债主来讨债的时候，借贷者实在不太可能活着逃过一劫了。

那么，若仍想安全又顺利地向古人借贷，请参考古代借贷指示的第二步：

"请不要出现在上述任一朝代。"

（清原）

参考资料：

[1] 刘秋根 . 试论中国古代高利贷的起源和发展 [J]. 河北学刊，1992（2）：95-100.

[2] 刘秋根，王文书 . 宋朝的抵当所与抵当库 [C]// 宋史研究论丛·第 9 辑 . 郑州：河南大学出版社，2008.

[3] 刘秋根 . 论元代私营高利贷资 [J]. 河北学刊，1993（3）：75-82.

[4] 刘秋根 . 元代官营高利贷资本述论 [J]. 文史哲，1991（3）：12-16.

[5] 隆奕 . 中国古代契约制度演变轨迹分析 [J]. 牡丹江大学学报，2014（12）：6-8.

[6] 雷彦强 . 中国古代民间借贷利率研究 [D/OL]. 郑州：郑州大学，2017.

[7] 罗莉 . 论寺庙经济 [D/OL]. 北京：中央民族大学，2003.

[8] 林立 . 南北朝时期质库的起源分析 [J]. 重庆科技学院学报（社会科学版），2009（12）：176-177.

[9] 王文书 . 宋代借贷业研究 [M]. 保定：河北大学出版社，2014.

[10] 魏天安 . 宋代市易法的经营模式 [J]. 中国社会经济史研究，2007（2）：20-29.

[11] 方宝璋 . 略论宋代青苗法的弊端 [J]. 江西财经大学学报，2008（5）：93-96.

第二章

生活满满仪式感

古人送礼都有哪些讲究？

作为以"差序格局"为特征的中国社会，人们以物寄情、以物达意、以物敬奉天地自然的背后，是一种对社会运转良序的尊崇，也是对人情礼俗的传承发扬。所谓"礼尚往来，往而不来，非礼也，来而不往，亦非礼也"成为国人心中的约定俗成。

而作为传统节日之首的春节，古人送礼可谓讲究颇多，趣味盎然。

礼物·花样千百出

三国时期，每逢大年初一，南方家家户户用大蒜、韭菜等味道辛辣之物制作"五辛盘"赠予亲友食用，一来发五脏之气，二来迎接新春的到来。李时珍在《本草纲目》中也有记载："五辛菜，乃元旦、立春，以葱、蒜、韭、蓼蒿、芥辛嫩之菜杂和食之，取迎新之意。"

宋朝一到腊月，路上便随处可见挑担者送酒肉菜肴，称为"送年盘"，不计数量多少、价格高低，主要目的是祝贺新春。到了大年初一，亲王、百官进宫给皇帝拜年，皇帝便赏赐每人一朵由

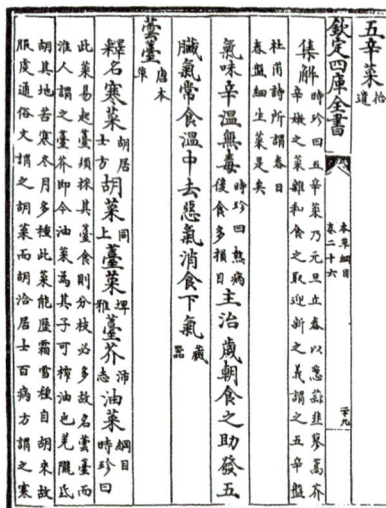

▲ 《文渊阁四库全书·本草纲目》中关于五辛菜的记载

绢纱丝帛制作的帽花，众人戴在帽上，回家后还要戴着举办家宴。

元代，被称为楷书四大家之一的赵孟𫖯在春节送给总管的礼物是：松雪斋墨二笏、杨日新笔廿枝；赵夫人管道升送给她娣娰的礼物则是：蜜果四盏、糖霜饼四包、郎君鲞廿尾、柏烛百条。虽都是一些常见的日用品，但也充分寄托了赵氏一家的体念与情谊。

明清时期，临近春节，各地官员都要给大小京官送红包，称为"炭敬"，也就是冬天的取暖费，夏天也送，叫"冰敬"，即防暑费。炭敬的金额不等，最低八两银子。装着不同面值银票的信封上各有一个文雅的名称——四十两的写着"四十贤人"（古书名），三百两的写着"毛诗一部"，一千两的写着"千佛名经"。

清朝，春节前皇帝会赏赐大臣一块鹿肉，上写"福""寿"二字，谐音"福禄寿"，同时还会赏赐御笔亲书的"福"字，当然这些"福"字绝大多数由近臣代写。清朝过年也会送荷包，因为当时荷包是必需品，类似现在的手提包，用来放散碎银钱、熏香、零食等。

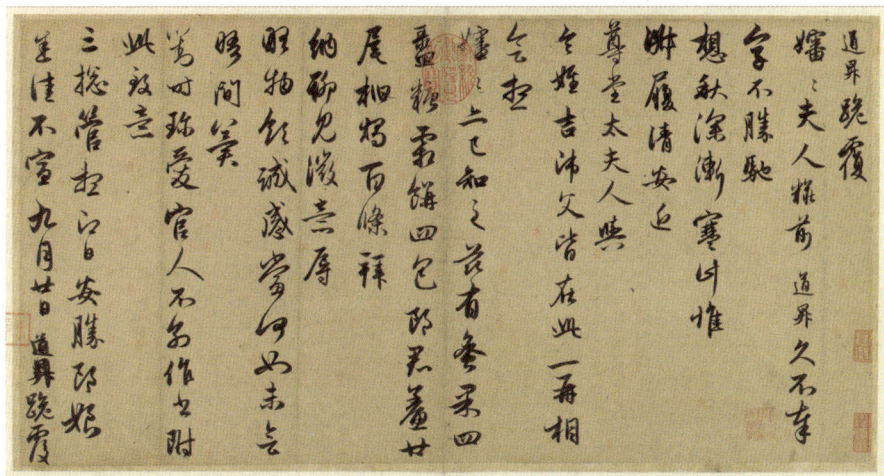

▲ 元代·赵孟𫖯 《秋深帖》

此帖是赵孟𫖯之妻管道升给娣娰问安、馈赠的家信，实为赵孟𫖯所书

▲ 清代·苏六朋 《簪花图》
　　描绘了宋真宗赏花后，侍女给大臣簪花的场景

▲ **清代五帝亲题福字**
从右往左依次是康熙、雍正、乾隆、嘉庆、道光五人所写

送礼·借物以明志

中国自古讲究有礼有节，送礼不是一件随随便便的事。古人送礼，有时甚至比今人更创意非凡，比如千里送鹅毛，或是用白雪和浮云作为礼物，联系感情之余颇能看出主人的浪漫情怀。

唐朝贞观年间，一个叫缅伯高的西域回纥国使臣，背了只天鹅去长安进贡。路上鹅毛弄脏了，他就在沔阳湖边打开笼子，让天鹅下湖洗洗羽毛，不料天鹅就此展翅飞去。缅伯高遂倒在湖边大哭一场，后来急中生智，捡了根羽毛用洁白的绸子包好去长安进贡，又在绸子上题了一首诗："天鹅贡唐朝，山重路更遥。沔阳河失宝，回纥情难抛。上奉唐天子，请罪缅伯高。物轻人意重，千里送鹅毛！"唐太宗看了那首诗，又听了缅伯高的诉说，非但没有怪罪他，反而觉得缅伯高忠诚老实，不辱使命，就重重地赏赐了他。"千里送鹅毛，礼轻情意重"从此传为佳话。

民国广益书局编辑的《古今笔记精华》卷四《风俗》中，有两篇关于送礼的笔记。其一录自明朝张岱《西湖梦寻》："五云山去城南二十里……宋时，每每腊前，僧必捧雪表进。"这是拿山上的雪送官。清朝戴延年的《秋灯丛话》："天都黄山之云海，相传为第一奇观。山中人往往以盒收之，纸固其口，作土物馈送。"这是拿空中的云做礼物。这些今人听来"匪夷所思"的礼物，在古时却能寄托主人的高洁情怀。

圣人孔子曾说过："自行束脩以上，吾未尝无诲焉。"这句话的字面意思可理解为：只要自愿拿着十余条腊肉为礼来见我的人，我从来没有不给他教诲的。后人据此认为十余条腊肉是向孔子学习的学费和见面礼，并戏说古代没有冰箱，腊肉一方面不易腐坏，一方面也便于孔子周游列国时作为干粮随身携带。孔子还留下一句话，可以看成是送礼需秉持的原则：己所不欲，勿施于人。

清代诗人袁枚和他的老师——两江总督尹继善经常吟诗唱和，各显其能。某年除夕，袁枚派人在临近子时之际给老师送去一首诗："知公得句便传笺，倚马才高不让先。今日教公输一着，新诗和到是明年。"大意是，您看到这首诗时已经快到新年了，即使您才思再敏捷，写好诗也是第二年的事了，您就认输吧。老师看完哈哈大笑。可见，文人墨客之间，诗作篇章，亦是丰厚礼遇。

礼物除能借以明志、联络感情，还能用以报恩。晚清名臣左宗棠每年春节都要给军机大臣潘祖荫送一千两银票，外加一份厚礼，以报答其救命之恩。这是由于咸丰年间，左宗棠在湖南巡抚幕府中襄理军务，因恃才傲物得罪了其他官员而被告上京城，说其违制。潘祖荫虽与左宗棠不相识，但素闻其能，遂不计祸福，上疏为其辩白，并力荐其能，才保得左宗棠免去一死。

发展到今天，我们新春佳节访亲送礼已不必像旧时宫廷一样囿于繁文缛节，但另一方面，比起古人的婉约内敛，现代人更懂得也更愿意，用言语和行动直接表达感情。于是在当前，"送礼"也成为温情的代名词，因为它的背后，寄托了主人真诚的关注与深切的祝福。

（樵榥）

参考资料：

[1] 张凡．清宫剧热，历史感冷 [N]．光明日报，2018-08-19（2）．

[2] 滕慧群，熊忠辉．现实与幻象——对清宫剧流行的分析 [J]．视听界，2003（4）：72-75.

[3] 佚名．古人送礼的故事 [J]．故事会，2015（9）：68-71.

[4] 沈国娣．古人送礼趣事多 [J]．雨花，2012（3）：30.

[5] 何映宇．古人是怎么送礼的 [J]．发现，2011（2）：58-60.

[6] 萧洪恩，王娟，马丹．礼物的话语：春节场域下送礼演绎模式的文化解读 [J]．中南民族大学学报（人文社会科学版），2010（5）：1-6.

古代文人的高奢定制

中国古代文人的书房里，东西从不嫌多，许多还能成规模。《水浒传》一开篇，当时还没成为宋徽宗的端王，在小王都太尉家看见一对镇纸，说好，小王都太尉就派高俅送去府上，高太尉就此发迹。一个小镇纸都能成就一个人呢。

然而万变不离其宗，古代文人书房里千奇百怪的东西，最后都是为四样东西服务的，曰：笔墨纸砚，文房四宝。有趣的是，大文人一般不喜欢普通版，非得限量版，甚至自制的，才好。

中国励志传说里，多有大贤人少时穷困，买不起笔，用柳树枝画沙子来学字的故事。古代文盲率甚高，能不能握管执笔，是否认字，就决定了出身品第，之后的人生遭际便可能是两个世界。《鹿鼎记》里，韦小宝就不会握笔，被陆高轩逼着写字，结果用握杀猪刀的手法握笔，真是辱没斯文。

人们都说蒙恬始创毛笔，因此成为笔之祖，其实从商朝开始，已有毛笔，只能说蒙恬以柘木为管、鹿毛为柱、羊毛为被，升级了毛笔。《齐民要术》里说了，青羊毛做笔芯，兔毫毛做笔被，才能成好笔端呢。画家潘天寿认为羊毫圆细柔驯，很好使。苏轼被贬谪到岭南，就嫌那里的笔不得用——应该是岭南气候不同，动物的毛发硬度不一样了。

比较传奇的玩意儿，是所谓的鼠须笔。王羲之说，传闻钟繇就用鼠须笔，于是笔有锋芒。《法书要录》则说《兰亭序》是王羲之用鼠须笔写的。究竟鼠须笔是什么？真是用老鼠胡须做的？不知道。须知后世有名的湖笔，为了保证笔尖，即"湖颖"的整齐，大概每只山羊身上，只找得出六钱羊毛可以当锋颖的。山羊恁大，只得六钱可用的，老鼠才多大，要捉多少老鼠，才凑得齐一根鼠须笔所用的胡须呢？也有传闻说，鼠须笔是黄鼠狼的毛制成，如是，工程还小些。当然，你也可以说：反正钟繇是魏国太傅，一声令下，自有人满世界给他捉老鼠、拔胡须来做笔。

"墨"这个字，上黑下土，意思一望可知。上古制墨，是磨石炭；秦汉之后，用松烟、桐煤来制墨。所以汉朝时，松树多的地方容易出墨。然而单是烧了松木，取了煤灰，写字很容易尘灰飞扬一脸黑，变成卖炭翁的样子。所以呢，需要工艺来精制了。《齐民要术》里，烟末、胶和蛋白要一起混合。《天工开物》里，就得用桐油、清油或猪油来烧了。

话说还是苏轼，动手能力强。晚年被贬到海南岛去，闲居无事，恰好有制墨名家潘衡来访。苏轼大为惊喜，二人就钻进屋里，埋头制起墨来，真正是"黑科技"！烧掉松脂，制黑烟灰，搞到乌烟瘴气，家人也不好管。结果到大半夜，房子起火，没伤人命，但也把大家熏得灰头土脸。次日，从满是焦黑的屋里，扫出来几两黑烟灰，苏轼奉为至宝，觉得这就是自己制出来的墨了。只是当地没有好胶，于是苏轼又有了新主意：使用牛皮胶，将黑烟灰凝固了，然而凝得太差，最后散成了几十段指头大的墨，根本不堪使用。苏轼豁达，黑着脸仰天大笑。潘衡就此告辞了。

妙在潘衡回了杭州，自己制了墨——当然比苏轼那烧了房子做成的墨质量好了万倍——却说是苏轼秘法制的墨。那时杭州人民怀念给他们建了苏堤的苏轼，

◀ **安徽省祁门县北宋墓出土"文府墨"**
该墨历经千年，在水中浸泡而不损，被定为国家一级文物，是难得的徽墨珍品

纷纷来买。苏轼自己在海南岛，还不知道自己冠名的墨那么畅销呢。

宋朝苏易简《纸谱》说："蜀人以麻，闽人以嫩竹，北人以桑皮，剡溪以藤，海人以苔，浙人以麦面稻秆，吴人以茧，楚人以楮为纸。"古人造纸总是绕着植物纤维打转儿。蔡伦改良造纸术，用的是树皮、破布、渔网——还是纤维。

左太冲写《三都赋》，导致洛阳纸贵，可见公元 3 世纪时，纸书已经很流行了。到唐朝，中国人已经有闲心在纸里头掺杂各类花色印纹，做出各种各样的信笺来传情达意了。宋朝人把纸推广到了床上：朱元晦拿用纸做的被子，寄给陆游盖。陆游认为纸被和布衾差不多，而且"白于狐腋软于绵"。

苏轼喜欢婺源龙尾山的罗文砚，于是写了篇《万石君罗文传》，把砚叫成万石君了。至于其他墨海、墨侯、石友等，不一而足。批《红楼梦》的那位，还叫脂砚斋呢。文人可以多喜欢砚呢？当年米芾被宋徽宗召去写字，米芾见天子桌上有个好砚，喜欢上了，就着砚磨了墨，写完字，抱着砚台说："这个砚台经臣濡染过，不能再侍奉陛下了，请让我拿走吧。"宋徽宗也是好脾气，答应了。米芾喜出望外，抱着砚回去，手舞足蹈，宋徽宗只好叹气："都说米芾是米颠，名不虚传。"

好砚需要好石头。张岱说过一个故事：他托朋友秦一生为他找好石头，自己外出了。秦一生得了块好石头，请北方朋友看，北方朋友指了指石头上的白眼说："黄牙臭口，只配支桌子。"秦一生放弃了，北方朋友趁夜花三十两银子，把这

▲ 唐代青釉辟雍砚

▲ 五代·周文矩 《文苑图》

描绘了四位文士赏诗雅集的场景，有展卷品读者，有持卷回首者，有倚松构思者，有持笔觅句者，还有童子在一旁研墨，中国文人与文房四宝的关系格外紧密

石头买了，制成了一块好砚，上头五小星，一大星，注道"五星拱月"。张岱自己去看时，燕客捧出砚来：只见那砚赤红色犹如马肝，酥润如玉石，背上隐着白丝形如玛瑙，面上三星坟起如弩眼，着墨无声而墨沉烟起——真是好砚台。可见为了好砚，连朋友都骗呢。到后来，砚台也不是为了实用，比如吕留良收藏了二三十方砚，估计也未必都用。这方面，苏轼颇为豁达。黄庭坚打算给他买些新砚台，苏轼说："我只有两只手，其中一只会写字，要三个砚台干吗呢？"

（张佳玮）

参考资料：

[1] 施耐庵. 水浒传 [M]. 北京：人民文学出版社，1997.

[2] 贾思勰. 齐民要术 [M]. 石声汉，译注. 石定枎，谭光万，补注. 北京：中华书局，2015.

[3] 徐光启. 天工开物 [M]. 潘吉星，译注. 上海：上海古籍出版社，2016.

[4] 脱脱. 宋史 [M]. 北京：中华书局，1985.

我们的合餐习惯，就是从这儿来的

　　现代人喜欢拿穿越说事，就美食而论，宋代大约能划作一道分界线——穿越回此时开始不会吃得不习惯。首先不会难受地跪着进餐，我们习以为常的围坐一桌的合餐制也成主流，煎、炒、烹、炸越发普及完善，在各地饮食风味差异基础上形成的菜系渐成气候；因为土豆、玉米、辣椒、番茄、红薯、洋葱等尚未引进，那么不点土豆炒肉、松仁玉米、辣子鸡丁等就是了，其他今日有的差不多都齐备、够吃；倘若有幸穿到汴梁或临安这样的一线大城市，食物种类之琳琅满目恐怕会引发选择困难症，夜市通宵营业，如果是懒宅人士，亦有外卖可送；素食主义者也不必发愁，宋代发达的素馔使蔬果不再甘作配菜，而成为一道道精美绝伦的主菜，现在素菜馆子里的仿荤食品也在此时遍地开花；甚至如果想边吃边坐而论道，探讨饮食玄妙哲学，也有喜谈性理的文人雅士作陪，所谓"人间有味是清欢"，吃也要讲究淡泊超脱的流风余韵。

　　今人常说开门七件事"柴米油盐酱醋茶"的说法出现于宋代，众多中国饮食文化史资料，往往也把两宋300多年看作是形塑中国味道的转折时代：口味形态接近近代饮食面貌，政权南迁带来南北饮食交流融合，民间饮食热情高涨，泛览宋人笔记十九皆涉饮食……学者葛兆光提出过，"唐文化是古典文化的巅峰，而宋文化则是近代文化的滥觞"，放到饮食文化上，这点同样成立。

从分食制到合食制

中国人口在宋代大幅度增长，从三千万翻了两番首次破亿。这与粮产量的稳定、充足莫不相关。宋代主粮仍为粟、麦、稻，占城稻即在此时被引种推广，占城即今天越南中南部，历史上盛产水稻。据《湘山野录》记载，宋真宗重视农业生产，取得占城稻种后，亲自在皇宫后苑中种植，并将收获之稻米让王公大臣品尝。占城稻具有耐旱、早熟的特点，对宋以后稻麦两熟和双季稻的发展产生了深远影响。

南方食稻，北方多食麦。宋代北方小麦生产消费已远超小米，以小麦为主的中国面食体系基本成形，馒头、包子、饺子、面条、饼为代表的五大品类，沿承至今。从宋代的食谱史料来看，这一时期的烹饪技法变化多端，仅从菜肴名称观之，就有炸、炒、炙、煮、蒸、烤、煎、煨、熬、烧、焐、焙、撺（即"汆"）、拌、泡、涮等二三十种，现代烹饪的不少用语从宋代开始出现。现在中国人最常见的炒，广泛兴盛也始于宋代。观宋人笔记，炒制之食物屡见不鲜，炒兔、生炒肺、炒蛤蜊、炒蟹、旋炒银杏、炒羊，蔚然可观。

首先是燃料上的改进。宋代煤炭业相当发达，庄绰《鸡肋编》写道："昔汴都数百万家，尽仰石炭，无一家燃薪者。"虽不无夸张成分，但烧炭比烧柴薪确是先进不少。另外，在宋代，植物油使用比例大大提高。宋人用植物油时通常不会特指，用到动物油时，一般称为肉脂、羊脂、猪油等，会专门予以说明。动物油甘香美味，但不适应高温爆炒，容易煳。宋以前，芝麻油在植物油中长期占据主导地位，但生产成本太高（原料为白芝麻，黑芝麻通常直接吃），宋人一般用麻油来凉拌。产量高成本低的菜籽油在大众油料中占据主角，大规模压榨豆油的工艺还得再等等。皇家常用紫苏籽压榨的荏油，也就是亚麻油。油料大家族中还包括蔓菁油和莱菔油等成员。莱菔就是萝卜，用萝卜种子榨油是宋朝人的发明。植物油的不饱和脂肪酸和甘油酯，使之优于动物油脂，这已为营养学家所公认，有助于提升健康水平。

唐代中后期，古老的分食制开始向众人围坐进餐的合食制转变。分餐制虽

▲ 北宋·赵佶 《文会图》（局部）

　　此图描绘文人雅士在园林中雅集宴饮的场景。围坐一桌的合餐制在宋代已成主流，士大夫的旨趣也引导了全民的品位，带来了宋代市井饮食与隐逸品位和谐并存的美食盛世

然卫生，但主要是为了显示等级差别，地位越高者的食案上，饭菜数量越多。随着技术进步，生活丰富以及观念的转变，加之宋代家具也变为高桌大椅，都促成共器共餐的合食制成为宋代主流饮食方式，延续至今。分餐制在宋朝有一点遗留，一是寺院里和尚仍坚持分餐，现在依然如此；二是皇帝大宴群臣，臣子们共餐，但皇帝本人还是独据一张餐桌。

市井饮食的盛世

　　据学者考据，北宋东京与南宋临安人口最盛时都在百万以上，是当时世界上最大的城市。不同于唐代，宋代都城废除了坊市分割，"开封成了中国古代

▲ 宋代三彩陶厨炊俑

第一个敞开型的城市"，热闹的夜市有时持续通宵。在东京开封，无论贵胄还是平民，都能各得所需。著名的酒楼有七十二座，号称"七十二正店"。

中型店铺虽无大饭庄那般气派，但专攻单一类型，也能凭独当一面的美食招徕顾客，如曹婆肉饼、薛家羊饭、梅家鹅鸭、曹家从食、徐家瓠羹、郑家油饼等。像武成王庙前"海州张家饼店"一家就有五十只烤炉同时运转，也是规模惊人了。若觉囊中羞涩，还可去"打碗头"的散酒店消费，一些小店"专卖家常"，如虾鱼、粉羹、鱼面等快餐，"欲求粗饱者可往"。

宋代饮食平民化的倾向，还表现在正餐之外极为繁荣的点心果子。面条、馄饨、饺子之类的小食，茯苓饼、桂花糕等糕点，酥、酪、乳团、乳饼等各式乳制品，契合不同时令季节享用。宋代民间藏冰兴起，一度曾是奢侈品的冷饮，走入了寻常百姓家。

发达的商业文化，使得社会分工很细。在汴梁、临安若是想自办宴席，也有"四司六局"可选。包括专掌布置打扫事项的"帐设司"，专掌切配烹调的"厨司"，专掌送菜及清洗盘碗的"台盘司"，专掌送迎招待的"茶酒司"；掌管桌椅和酒扫、擦抹、插花挂画的排办局，掌管醒酒药的香药局，以及果子局、蜜饯局、菜蔬局、油烛局。这种一条龙服务，就是如今请客吃饭也没有这般完善的。

北宋都城汴梁已出现三大菜系：北食、南食、川饭。宋初朝中以北人为

▲ **北宋·张择端**《清明上河图》（局部）

描绘了北宋汴梁街道人头攒动、商铺鳞次栉比的繁华景象，画中挂着"正店"招牌的正是汴梁最高档的酒店，共有七十二家

多，中叶以后，南人大量增加，不少还官至宰相。汴梁开设的南食店，就为南人服务，后成饮食风尚，主要经营"鱼兜子、桐皮熟脍面、煎鱼饭"等。川饭即川菜，则有"插肉面、大煠面、大小抹肉、淘煎煠肉、杂煎事件、生熟烧饭"等。川饭当然与现在的川菜大异其趣了，辣椒明清时才传入，但也是麻辣厚重的风味。宋代人如何吃辣？主要靠生姜、胡椒、芥末和芥菜。

北宋初年，宋太宗问大臣苏易简："食品称珍，何物为最？"苏易简说"食无定味，适口者珍"，然后揭秘对他来说的无上美味"齑汁"——把姜、蒜、韭菜切碎捣泥，再兑上水，加胡椒、盐混合，这有点像喝作料汤了。苏易简是四川德阳人。

士大夫雅俗共赏的饮食

两宋时偃武修文，一批出身低微的"寒俊"通过科举制，占据世袭贵族留下的席位，比如范仲淹、欧阳修等人，既是一流学者，也是出色的政治家。士大夫阶层的崛起，将他们的人生修养、美学趣味，注入饮食文化中。君子不用远庖厨，饮食同样无小事。

宋代的知名大厨不少都是女性。"京师厨娘"的美名一度让民众不重生男而重生女，技艺精湛的厨娘是高收入人群。宋人笔记《江行杂录》中写到，某离休郡守一心聘回一位京师厨娘，厨娘气质容貌俱佳，带来的厨具全由贵重白金制成，试厨宴会上做了家常菜羊头签和葱齑，味道不凡，宾客一致称好。但第二天郡守却借故将她辞退了，因其用料太精，昨儿两道菜共耗费十只羊头、五斤细葱，每次大宴后还要索取一笔"绢帛百匹或二三贯钱"的赏金，他掂量了一下，长此以往，实在是吃不起。

不少人将火锅的诞生追溯到宋朝，与《山家清供》的作者林洪联系起来。他自称是"梅妻鹤子"林逋的后人，受士林圈排挤索性隐逸山林。《山家清供》堪称一本文人雅士的饮食指南，在讲解技术性的煎炒烹煮的菜谱前，要讲诗文、掌故和做菜故事，让人清楚每道菜的来历。话说林洪某年冬天到访大雪后

▲ 南宋·佚名 《春宴图卷》（局部）

的武夷山，有人捕到一只野兔，六曲峰的道人止止师建议，不妨因地就简，用山野之法烹制：野兔剥皮去骨，肉批成薄片，加酒、酱、花椒稍微腌渍；同时燃起小风炉，炉上置少半锅水烧沸，围聚桌旁，夹肉浸入沸汤烫熟，各自蘸酱汁佐味，果然味道令人叹绝。五六年后，林洪又邂逅了这种别致吃法，唤醒了曾经的美味记忆，在酬唱娱乐环节，忍不住吟道："浪涌晴江雪，风翻晚照霞"——正是后来菜肴"拨霞供"名字的起源。热汤翻滚如雪白浪头，短短几秒，殷红肉片便化作晚霞般的浅粉色，可以说将涮肉片形容得很是诗意了。"拨霞供"和今天的涮锅异曲同工，确能保证食材鲜嫩的口感，只是今天肉片往往不做前期处理，只一烫一蘸而已。

在宋代，饮食还有一大变化，便是重视素食，这是宋代士大夫饮食生活的重要特点。爱吃肉的苏轼也写过《菜羹赋》，把素食写得非常富于诗意，并与安贫乐道、好仁不杀联系起来，"不用鱼肉五味，有自然之甘"。他还有一道用新鲜蔓菁、萝卜等混合白米煮的"东坡羹"传世。唐代士人饮食古风犹存，粗犷豪放，"唐代与唐之前皆以肉食为美……唐代诗人中也有赞美笋、莼菜、葵菜、春韭的，但不普遍……宋代士大夫几乎没有不赞美素食的，苏轼、黄庭坚、陈师道、洪适、韩驹、朱熹、楼钥、陆游、杨万里、范成大无不如此"。宋代士人把食素提到修身从政的高度，黄庭坚画蔬菜题词云："可使士大夫知此味，不使吾民有此色"，还有宋人进一步发挥说："人咬得菜根，则百事可做。"宋人还将素食吃出理论水平，所谓"自然之味"就是蔬菜的本味，现代人追慕返璞归真的"本味论"，就是在宋代产生的，后被清代的李渔在《闲情偶寄》中发扬光大。

这一时期传入的瓜果有西瓜，大约在南宋时推广种植，诗人范成大出使金国时写过两句诗："碧蔓凌霜卧软沙，年来处处食西瓜。"比较主流的说法是，西瓜最早从埃及传入希腊，再传到中亚细亚，而后传入我国的新疆、内蒙古，最后从内蒙古传到中原。水果种类丰富了，鲜花同样走上餐桌，宋代出现了十来样花卉入菜，比现在常见的茉莉花炒蛋更精致，皆为文雅趣味的精制餐点。宋高宗的吴皇后喜吃牡丹花，将生菜拌和现摘的牡丹花瓣生食，这相当于今天吃的素食沙拉了。

如果评选美食代表，北宋首推苏轼，南宋则陆游不遑让。翻开陆游的《剑南诗稿》，写饮食的诗为数不少，其中讲素食的占了大部分。这当然与他官运不济，晚年生活清贫有关，七十六岁时连常用的银酒杯都变卖了，日食二餐，"始知天地有穷人"。一写起吃素，陆游笔下就活络起来，"生菜入盘随冷饼，朱樱上市伴青梅""青菘绿韭古嘉蔬，莼丝菰白名三吴""黄瓜翠苣最相宜，上市登盘四月时。莫拟将军春荠句，两京名价有谁知"，皆脍炙人口。

陆游最喜欢吃荠菜，曾作《食荠》《食荠十韵》等诗，称颂备至。"荠糁"，是陆游的厨艺绝活，其"烹饪有秘方"，"候火地炉暖，加糁沙钵香"，"啜来恍若在峨岷"。陆游亦推崇食粥，有诗云："世人个个学长年，不悟长年在目前。我得宛丘平易法，只将食粥致神仙。"他最后也确实长寿，活了八十五岁，据说晚年依然耳聪目明。药食同源的理念在宋代盛行，药典中益精明目的枸杞、健脾润肺的黄精、和胃安神的茯苓、滋阴补肾的熟地黄，都以普通食材的形式现身餐桌，现在这类食物统称为养生药膳。

对宋代的评价观点常常两极化，有传统的"积贫积弱"说，也有不少外国学者认为宋代是中国历史上最辉煌的时期，许多近代城市文明的特征"比西方提早500年"。宋代确是一个亦俗亦雅的时代，"平民化、世俗化、人文化"，世俗文化大放异彩，升斗小民也能有温热丰富的食物慰藉劳生，士大夫的旨趣引导全民的品位。市井饮食与隐逸品位和谐并存。追溯如今中国人审美与生活通融的美学源头，也许都要回到宋朝。

（黄薇）

参考资料：

[1] 王学泰. 中国饮食文化史 [M]. 桂林：广西师范大学出版社，2006.

[2] 徐鲤，郑亚胜，卢冉. 宋宴 [M]. 北京：新星出版社，2018.

[3] 李开周. 食在宋朝：舌尖上的大宋 [M]. 成都：四川文艺出版社，2019.

[4] 李开周. 宋朝饭局 [M]. 北京：东方出版社，2014.

[5] 李开周，王东. 宋茶 [M]. 郑州：河南文艺出版社，2016.

[6] 朱振藩. 食家列传 [M]. 长沙：岳麓书社，2006.

[7] 史泠歌. 宋代皇帝的疾病、医疗与政治 [M]. 保定：河北大学出版社，2013.

[8] 维舟. 人间有味是清欢 [J]. 三联生活周刊，2018（50）：150-151.

古人过寿为什么仪式感那么强？

中国成语中一个有趣的现象是，有许多都与"礼"有关，譬如知书达礼、礼尚往来、礼贤下士、彬彬有礼、分庭抗礼、克己复礼、先礼后兵、以礼相待等。

中国人的"礼"体现在生活中的方方面面。比方说过生日，有生日之礼。在《红楼梦》中，贾宝玉过生日，不是像今天聚个餐吃个蛋糕就算过完了，而是有一套仪式，他先要焚香、奠酒祭祀天地，接着要到祠堂给列祖列宗磕头行礼，还要到祖父母及其他年长位尊者处一一行礼。

《红楼梦》第七十一回里，贾母的八十岁寿宴更是隆重，单寿庆的活动就安排了七八天，宁国府、荣国府两处一齐大摆宴席，头三天邀请皇亲贵族、阁府督镇等，后几天是家宴。宴席上，阖府人要按尊卑亲疏的顺序给贾母拜寿敬酒。

对中国人而言，"礼"不只是简单的礼貌，还是礼仪章程、社会道德规范，光是对于"寿"的追求就已经注入到社会生活中的每个角落并流传下来。可以说，在中国，过生日从来不是件可以被忽略的事情。

"长寿"怎么成了关乎"礼"的大事？

"寿"的观念早在《尚书》中已有记载。《尚书·洪范》提出"五福"的概念，即寿、富、康宁、攸好德、考终命，"寿"排第一位。

在《说文解字》中，"寿"本义为"久"。但中国"寿文化"有一个最独

▲ **明万历帝缂丝十二章福寿如意衮服**

这件衮服上有 279 个卍字，256 个寿字，301 只蝙蝠，271 个如意，寓意福寿如意

特的地方，就是虽然人们追求健康长寿，但并不是一味地依赖天地神灵，去追求虚无缥缈的长生不老。早在先秦时期，人们对"寿"的追求就转移到了自己身上，并且很快与社会道德规范相联系。

《礼记》屡屡把"寿"与"礼"联系在一起。《礼记·祭义》中说："年之贵乎天下久矣，次乎事亲也。"一方面告诫世人要孝亲敬老，另一方面则暗含了人们对长寿的尊崇与渴望。

《礼记·王制》还规定："五十杖于家，六十杖于乡，七十杖于国，八十杖于朝，九十者，天子欲有问焉，则就其室，以珍从。"杖就是老年人拄的手杖，也就是说，随着人的年龄增长，应该受到越来越大范围的尊重。

周代不仅倡导尊老敬贤的道德风尚，还定期举行养老礼仪。《礼记·王制》中记载："凡养老，有虞氏以燕礼，夏后氏以飨礼，殷人以食礼，周人修而兼用之。五十养于乡，六十养于国，七十养于学……凡三王养老皆引年。"

此礼可以说与中国文化共生，奠定了中华礼仪的精髓。与之相关联的"敬老孝亲"观念，经过孔子"仁寿、孝亲"、孟子"老吾老以及人之老"的发挥，以及历代帝王的提倡，在社会中形成敬老养老的风尚，且随着历史发展内化为一种社会道德规范，对中国文化产生了极为广泛的影响。

"鸿门宴"故事里为何频频祝寿？

因为"寿文化"的悠久，中国很早就有以敬酒、馈赠等方式祝寿的活动。不过早期的祝寿，并不与过生日联系在一起，而是祈祝健康长寿。

比如西晋那位容貌出众的文学家潘安，有一篇表达隐逸情怀的《闲居赋》，讲了很多他闲居乡间时的生活细节。其中说到，家人们会在树林中摆上宴席，头发花白的兄弟都举杯敬祝太夫人万寿，为老人的年迈而担心，也为老人的长寿而欢喜。

"敬酒祝寿"的情节在大名鼎鼎的鸿门宴的故事中，也占有一席之地。

先是在"鸿门宴"之前，项伯顾念和张良的故人之情，趁夜来到刘邦军中报信。刘邦听说后，赶紧请项伯进来。《史记》中说，"沛公奉卮酒为寿，约为婚姻"。这里的"为寿"，当然不是沛公给项伯过生日，而是表达健康长寿的祝福。

同样还是"鸿门宴"上，范增一意要除掉刘邦，他多次向项羽暗示，项羽都没有反应。范增知道项羽狠不下心，只好自己起身去召项庄来舞剑。

这种考验演技的时刻，范增还有点不放心项庄这个武将，便手把手教他在刘邦面前怎么表演才不露痕迹："若入前为寿，寿毕，请以剑舞，因击沛公于坐，杀之。"

项庄于是按范增教的，先进去敬酒祝寿，敬完再开始请求舞剑。可见敬酒祝寿，在古代人际交往中是很流行的，既是一种通行的礼仪，也表达了对于健康长寿的追求。

中国人何时开始流行摆寿宴？

到了唐代，过生日做寿的风气逐渐兴盛，有给皇帝过生日的"圣节"，也有民间世俗的生日庆贺。

在民间广为流传的《满床笏》，说的就是唐朝名将汾阳王郭子仪六十大寿

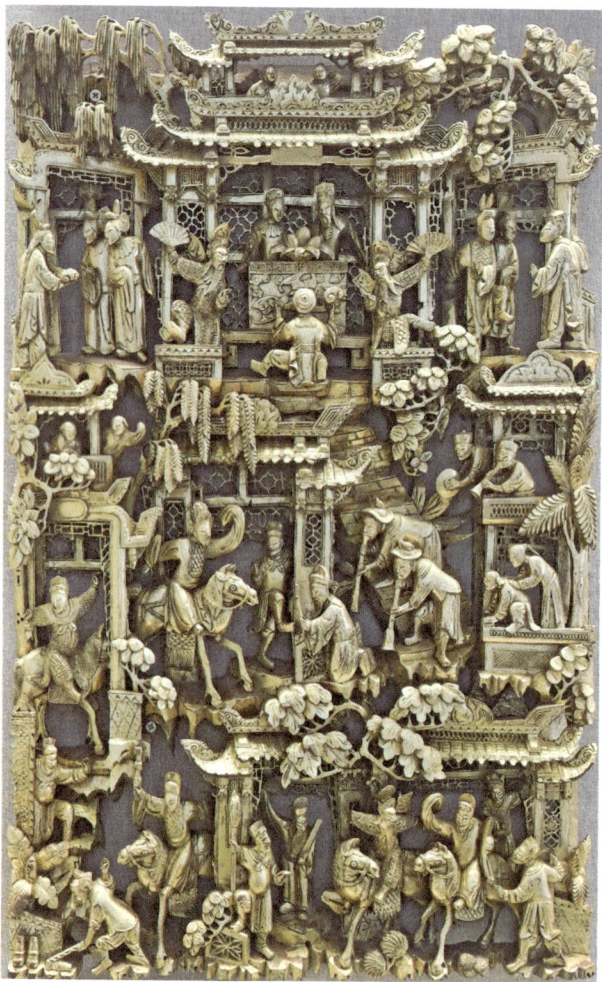

▲ 清代通雕郭子仪庆寿花板

时，七子八婿皆来祝寿，由于他们都是朝廷里的高官，手中皆有笏板，拜寿时把笏板放满床头。这个主题后来还被画成画，编成戏剧。

唐代笔记小说《因话录》里，也有个关于寿宴的故事，说的是中唐名将李晟过生日，"中堂大宴"，好不热闹，已经嫁人的女儿也回来祝寿。酒宴中，女儿得知婆母得了病，却未立即动身回府侍疾。李晟知道后怒斥女儿不懂礼仪，并在宴会结束后亲自去看望亲家。

这则教育子女的著名小故事，正是发生在寿宴上，也算是印证了唐人封演在《封氏闻见记》所说的"近代风俗，人子在膝下，每生日有酒食之会"。

北宋时期，庆寿活动愈加普及化和世俗化。文彦博夫人过生日，司马光去献词祝寿；《示儿编》中则记载，有黄耕叟夫人过生日，也有人作诗贺寿。

宋人几乎无酒不成筵，敬酒自然成了寿宴中的重要内容。以宋徽宗时期天宁节贺寿大宴为例，宴会上用的酒盏都是很有讲究的，都有手把便于端拿——"皆屈卮，如菜碗样，有把手"。殿上的酒具都是金器，廊下则用银器。正式行酒前，还有环饼（即馓子）、油饼、枣塔、果子等饭前甜点。

大宴开始后，行酒共九盏，每盏皇帝先行举酒，宰臣、百官分次饮酒。根据孟元老《东京梦华录》记载，每次行酒，奏的音乐、表演的节目都不一样，比如第三盏酒之后就是杂技表演。皇帝和群臣一边饮寿酒一边欣赏节目，好不惬意。因为时间较长，前五盏后四盏中间还有中场休息时间，好让皇帝离开休息一会儿，群臣也能趁机去上个厕所。

宋人的祝寿诗词中，"酒"的出现频率也是极高的。

米芾《诉衷情·献汲公相国寿》云："斟美酒，奉觥船。祝芳筵。"

王质《西江月》也有："月斧修成腻玉，风斤琢碎轻冰。主人无那寿杯深。倩取花来唤醒。"

从词中可看出，在寿宴上祝酒是祝寿的一项主要活动，既表达客人对主人的深切祝福，也有共享欢乐之意。

酒为何成为寿宴上不可或缺的角色？

中国历史上最隆重的庆寿敬酒活动当数清代的千叟宴。

康熙和乾隆皇帝在世时各举办过两次千叟宴。乾隆五十年（1785年），乾隆恰好执政五十年。四海承平，天下富足，于正月初六在乾清宫举办了一次隆重的千叟宴，出席宴会者共三千九百余人，年龄至少六十岁，最大的是来自福建的一百零五岁的郭钟岳。

席间，乾隆召一品大臣及九十岁以上者至御前，亲赐饮酒。又命皇子、皇

▲ 清代·佚名 寿宴图屏

孙、皇曾孙在殿内依次敬酒。而据清档案中保存的清单，此次千叟宴，光是玉泉酒就用掉了四百斤！酒能够成为千叟宴上颇有分量的角色，大概也是因为"酒"与"久"谐音吧。

作为"五福"之首，"寿"自古便是中国人的美好愿望。为了表达对"寿"的期盼和敬意，人们一次次地欢聚庆祝。寿宴，无疑是一个人生命中美好又喜庆的时刻，在这样的场合祝酒饮酒，既能够愉悦心情、烘托氛围，又能更好地表达"健康长寿"的祝福之意。

正如晏殊《菩萨蛮》所云："看时斟美酒，共祝千年寿。"

（果粜）

参考资料：

[1] 高成鸢. 寿诞庆贺的由来和演变 [J]. 寻根，1998（4）：39-41.

[2] 李小霞. 宋代官方宴饮制度研究 [D/OL]. 开封：河南大学，2015.

[3] 候盼红. 中国古代寿文化起源与演变探析 [J]. 才智，2016（10）：206-207+209.

从"胡辣汤"到水泡茶：
还原古人喝茶的仪式感

现在的人喝茶，只需要放一个茶包，开水一冲就好了，简单迅速。讲究一些的，就备一套茶具，过几道水，引得围观的人拍掌叫好。

但是，和古人喝茶相比，我们这些"茶道"逊色太多了。古代人对茶的讲究与重视，大大超过现在。

那么，古代人喝茶到底有多讲究？

魏晋南北朝，喝茶就是"胡辣汤"

据说，中国茶的历史从神农时期就已经开始，战国时期的《尔雅》中，便有关于茶的记载，其《释木》一篇，讲到"槚，苦荼"，"荼"古音正是 chá。但是中国茶史真正的起源，到目前为止仍然众说纷纭、争议未定，大致说来，有先秦说、西汉说、三国说。

茶以文化面貌出现，则是在两晋南北朝，最早喜好饮茶的多是文人雅士。

西汉时期，饮茶之风已逐渐兴起，士人王褒在《僮约》中，就写有"烹茶尽具""武阳买茶"。同时代的马王堆汉墓中，出土的一只竹笥在其标签牌上写有"槚笥"二字，该物件正是一件盛茶叶的器具。西汉还将茶的产地县命名为"荼陵"，即今天的湖南茶陵。不过，秦汉时期，茶并非普通百姓的日常饮品，更多是因为其药用效果出现在人们的病床旁。

东汉华佗的《食论》中有"苦荼久食益意思"之说，记录了茶的药用价值。这跟可口可乐有异曲同工之妙，可口可乐一开始也是作为治疗头痛的药物出现，后来才逐渐演变为饮料。

后来，民间出现了煎茶的雏形，即粥茶。根据三国时期魏国人张辑的《广雅》记述，四川人采摘某种树叶，将老叶子制成饼的形状，再放上浓稠的米浆。饮用时先用米汤浸泡，再用无焰炭火炙烤，将其烘干变红，再捣成碎末放入瓷壶，注入沸水饮用；也有的再加入葱姜、橘子，以调和苦涩味。

这种茶和我们现在喝的不一样，它更像是一种胡辣汤之类的食物，喜欢喝的人会觉得味道相当"酸爽"，不喜欢喝的人便觉得难以下咽。唐代茶圣陆羽便吐槽这种"胡辣汤"："用葱、姜、枣、橘皮、茱萸、薄荷之等，煮之百沸，或扬令滑，或煮去沫，斯沟渠间弃水也，而习俗不已！"

六朝时期，粥茶成为南方人的流行饮品，吴主孙皓曾在宴会上以茶代酒，桓温也曾用茶宴客。但是面对粥茶，南北朝时期北方来的客人实在是无法接受，都普遍饮用牛乳类饮料，并嘲讽茶为"酪奴"。

唐朝的煎茶法

唐朝时期，中国人开始用煎茶法饮茶。因为煎茶法的出现，饮茶之风方才盛极大江南北，"开元、天宝之间，稍稍有茶，至德、大历遂多，建中以后盛矣"。中唐以后，茶已经进入民间，成为老百姓最喜闻乐见的饮料。

而茶叶命运的改变，要归功于茶圣陆羽。"自从陆羽生人间，人间相学事春茶。"陆羽著有《茶经》三卷，对茶道论述详尽。他提倡饮用以茶饼碾碎而成的末茶，茶末以米粒大小为宜。首先，煎茶前先烤茶，将饼茶用高温"持以逼火"，并且经常翻动，"屡其翻正"，否则会"炎凉不均"，烤到饼茶呈"虾蟆背"状时为适度。烤好的茶要趁热包好，以免香气散失，至饼茶冷却再研成细末。

与此同时，将鲜活山水放在茶釜中煮，当烧到水有"鱼目"气泡，"微有声"，即"一沸"时，加适量的盐调味，并除去浮在表面、状似"黑云母"的水膜，否则"饮之则其味不正"。

▲ 元代·赵原 《陆羽烹茶图》（局部）

接着继续烧到水边缘气泡如"涌泉连珠"，即"二沸"时，先在釜中舀出一瓢水，再用竹箕在沸水中边搅边投入碾好的茶末。

如此烧到釜中的茶汤气泡如"腾波鼓浪"，即"三沸"时，加进"二沸"时舀出的那瓢水，使沸腾暂时停止，以"育其华"，这样茶汤才算煎好了，可以舀出饮用。

为什么说《茶经》的问世标志中国茶道的诞生？因为煎茶法使茶道中最早的艺术品饮得以形成。煎茶时，除了要注意"火候"，还要讲究煎水煎到什么程度为宜的"汤候"。辨别汤候，一是看水沸时的沸泡多少和大小，二是听水沸的声响。

水既要煮沸，又不宜过老，否则会破坏上等泉水中含有的对人体有益的成分。不然用此等"老汤"泡茶，会使茶汤颜色不鲜明、味道不醇厚而有滞钝之

▲ 唐代法门寺鎏金银茶碾和银碢轴

碢轴饼面刻有唐僖宗小名"五哥"字样，两者皆为唐僖宗供奉，用于碾碎茶叶

感。有的高级绿茶则更忌泡茶的水过烫，过烫会将细嫩茶芽泡熟，而破坏茶中的有益成分，不利于饮茶的功效和口感。

而用水温过低的水泡茶，使之过嫩，又会使茶叶中各种有效成分分解得不快、不完全，用此种"嫩汤"所泡的茶，味淡薄，汤色差。

陆羽还主张，饮茶要趁热连饮，因为"重浊凝其下，精华浮其上"，茶一旦冷了，"则精英随气而竭，饮啜不消亦然矣"。另外，饮茶时舀出的第一碗茶汤为最好，称为"隽永"，以后依次递减，到第四五碗以后，茶味就已经没有了。《红楼梦》里就讲，"一杯为品，二杯即是解渴，三杯便是饮牛"。

陆羽之后，煎茶法继续被发扬光大，斐汶撰《茶述》，张又新撰《煎茶水记》，温庭筠撰《采茶录》，皎然、卢仝作茶歌，乘势发展，使中国煎茶道日益成熟，茶艺具备了备器、选水、取火、候汤、习茶五大固定环节。如今，日本的煎茶道保留了中国煎茶道的精髓，并在此基础上有所创新。

宋朝的点茶法

晚唐时，唐人又发明了一种"点茶法"，即用小勺把茶末分到几个碗里，一边冲入滚水一边快速搅动，让茶末跟滚水充分混合。点出来的茶汤，上面会泛出一层乳白色的泡沫，以泡沫鲜白、久聚不散为最佳。看煮出来的茶，就能评价煮茶人茶艺的高低。点茶法能发挥末茶的特点，加上注水时要注意对水流、水量、落水点的掌控，有颇多讲究炫技之处。

不过，"点茶法"在宋朝时才成为饮茶的主流方式。

宋朝人特别讲究茶饼，味道上追求"香甘重滑"，不喜茶中苦涩原味，并以茶色"纯白为上真"。为了制作理想的茶饼，他们在工艺上精益求精。首先精选原料，只选取茶叶的茶心一处，用泉水浸渍，然后上锅蒸，再用小榨榨去水分、大榨榨去茶汁，以求色白味甘；榨过之后，将茶放在盆里研磨，好的茶饼一般要研磨一天以上，等到盆中膏状物匀滑细腻后，再加入龙脑等香料，和上香米熬成的薄粥，一并揉成茶饼。

费了这么多功夫制成的茶饼，因为有淀粉，样似牛乳，因掺有香料，口味甘香，与之前粥茶法下的咸汤茶味道截然不同。

茶道大师制作的茶饼，价格堪比如今的学区房。宋仁宗时蔡襄制作的"小龙团"一斤售黄金二两，还极难买到，时人称"黄金可有，而茶不可得"。宋徽宗时，郑可简用"银丝水芽"制成"龙团胜雪"，每饼不但售价四万钱，还

▲ 南宋·刘松年 《撵茶图》

需要限售摇号。

当时的人对于点茶也非常讲究。首先，要将茶饼烤干、捶碎，再用茶碾细细碾成茶末，茶末碾得越细越好。随后将茶末倒入筛茶的茶罗中，筛取细碎茶末放在茶罐中，以备饮用。接着，先将茶盏烤热，这是为了避免开水注入冷茶盏降温影响口感。茶盏烤热后，用长柄小茶勺从茶罐中舀茶末置于盏中，倒入一点开水将茶末调匀，再用长嘴茶壶注水，同时以筷子、长柄勺或是筅（圆形竹刷）搅匀。搅匀之后，再注入更多的水，水的标准是"蟹眼已过鱼眼生，飕飕欲作松风鸣"的初沸之水。

最后一步是调茶，须得"先搅动茶膏，渐加击拂，手轻筅重，指绕腕旋"，达到"上下透彻，如酵蘖之起面。疏星皎月，灿然而生"，直到茶面上银光翻涌，才算是点好了一盏茶。

由于点茶手法太过讲究，是个名副其实的技术活，所以宋朝有钱有闲的人常以"斗茶"为乐，比试高下，规则是多人共斗或两人捉对"厮杀"，三斗二胜。斗茶主要考量茶和水的融合程度，搅动茶水转动，先在茶盏上留下痕迹的算输。茶色纯白，比斗时盛在黑盏中最为明显，所以福建建阳的建窑所出产的黑色茶盏最受当时的人欢迎。苏轼、苏辙兄弟就喜欢跟人斗茶，还专门写过斗茶的诗词。

元明不再讲究泡茶法

到了元朝，随着饮茶群体扩大，国人不太讲究茶道了，毕竟煮茶实在太耗费时间和精力，真不如把茶叶直接用水泡着喝。从那时起，中国人便在采茶后将茶叶焙干，直接在茶壶里沏茶喝，茶叶不再掺淀粉、香料，也不再制饼、碾末。随末茶一起消失的，还有用来制作末茶的一系列复杂茶具，只有装开水的长嘴茶瓶摇身变为茶壶，继续被人们使用。

明代皇帝喜欢泡茶喝。洪武年间，朝廷提倡节俭，下令禁止制作高阶茶饼，由此，散茶基本上一统"江湖"。既然大家都泡茶喝，那么茶壶的工艺便与时俱进。由于紫砂的透气性适合泡茶，新的茶文化开始流行，从此，紫砂在

▲ 清道光莲瓣形紫砂壶

明代崛起，从皇帝到百姓都喜欢。这种壶也便于携带，一直流行到如今。

由粥茶、煎茶、点茶到泡茶，饮茶方式的小小转变折射的是古人生活方式的转型。不过现代社会，依然有很多人坚持用煎茶、点茶等古法饮茶。

结语

其实，茶道就是生活，从一叶茶到一个杯、一张桌，再到一个房间、一座城市、一个国家，茶已融入人类的生活。

喝茶这件事，古人把它玩得风生水起，只是如今，我们追求简单和效率，步伐匆匆之间，我们得到了很多，却也失去了很多。

但愿每个人都留一点时光给自己去品茶、去书画或是做一些讲究的小事，把内心对精致的向往找回来。

（柏舟）

参考资料：

[1] 陆羽. 茶经 [M]. 沈冬梅，评注，北京：中华书局，2015.

[2] 陈香白. 中国茶文化（修订版）[M]. 太原：山西人民出版社，2002.

[3] 余悦. 中国茶文化丛书 [M]. 北京：光明日报出版社，1999.

[4] 陈文华. 中国茶文化学 [M]. 北京：中国农业出版社，2006.

古人离不开又随处可见的"奢侈品"是什么？

在古代真实的宫廷生活中，香确实是一种常用物品，也是彰显身份的重要标志物。早在几千年前，香就已经进入了华夏先民的视野。

这几千年究竟发生了什么？这个看似并非生活必需品的东西，竟从最初人类社会以外的自然产物，摇身变成了人们离不开的东西。香何以如此广泛且普遍地嵌入了人们生活的各个角落？香文化又何以在华夏大地上得以孕育呢？

一切的一切，都要从 5000 多年前说起……

从5000多年前的第一炉香说起

在辽西牛河梁红山文化晚期遗址中，曾出土过一件之字纹灰陶熏炉炉盖。红山文化距今 5500—5000 年，也就是说，新石器时代的先民已经开始用香了。

根据出土的几件新石器时代末期的熏炉来看，它们分散于辽河流域、黄河流域和长江流域，其样式也与后世生活所用的熏炉一致，且造型美观，堪称那时的"奢侈品"。中华文明之灿烂，此处可见一斑。

从目前的考古发现来看，我国 6000 多年前的祭祀活动中已经出现了"燎祭"（即燃烧柴木与烧燎祭品的祭祀方式），其所用的植物种类仍有待考察，但有很大可能选用了一些品质较好的、含芳香气味的植物。

从那时起，整个先秦时期在香的使用上偏重于祭祀用香。商代有一种很香又很贵的酒，叫"鬯"，由郁金、黑黍等制成。郁金是一种芳香草本植物，属姜科，也称"郁金草"；黑黍是当时的一种珍贵谷物。鬯一般用于祭祀，有时也作赐品或招待贵宾之用。

由于对卣的使用频率很高，西周还为此设有专门的职位，这些人每天上班的主要事务是负责与卣相关的各种事宜。对他们的称呼也很直白，就叫"卣人"或"郁人"，如《周礼·春官》记载："郁人掌裸器。凡祭祀、宾客之裸事，和郁卣以实彝而陈之。"

春秋沿袭了前代祭祀用香的传统，处处散发着清雅与欢快的气息，香与人之间的联系也渐渐孕育出独特的文化脉络。

燃"萧"是那个时期祭祀活动的潮流，"萧"指香气明显的蒿。香蒿常与美好联名，如《诗经·蓼萧》所言："蓼彼萧斯，零露瀼瀼。既见君子，为龙为光。其德不爽，寿考不忘。"此处用香蒿来比君子。

与"萧"一样，兰、柏也很受推崇，会散发香香的味道，如《九歌》中甚美的两句："浴兰汤兮沐芳，华采衣兮若英。"

每逢阳春三月，人们齐聚水滨，欢声笑语，手里捏着兰草，轻轻俯身，拂

▲ 元·赵孟頫《兰亭修禊图》（局部）
兰亭雅集是文人集会的文化符号，也是历代文人的追求

面暖风中还透着些许冰凉的水汽，沾沾流水，希望能够借大自然的纯净祛除整个寒冬的宿垢与秽气。

这一活动为"祓禊"，春秋皆有，春天的这次为"春禊"，在三月上巳（第一个巳日）举行。上巳春禊不仅是除秽仪式，也是水边宴饮、交游、踏青的愉快节日，青年男女在潺潺水声中谈笑风生，文人雅士在兰香诗意中品酒吟诵。没错，王羲之所撰《兰亭集序》写的也是这一风俗。

香气养性

战国时期，不同于祭祀用香的熏香已在上层社会流行起来，人们也喜好随身佩戴香囊。用香用久了，香的养生价值便逐渐被发掘出来。虽然那时尚未有太多的香药由边陲地区与海外传入，但是依托较现在更为湿润、温暖的气候，香药品种也可称丰富，包括兰、蕙、艾、萧、椒、芷、木兰等。

在实践中，那时的人们已经逐渐形成了"香气养性"的观念。

如何养性？人们认为，须从"性"和"命"两个方面入手。就"性"而言，人对香气的喜爱与追求是一种自然本性；就"命"而言，香气有养生作用，若用之有道则有益于身心健康。

如《荀子·正论》言："乘大路、趋越席以养安，侧载睪芷以养鼻，前有错衡以养目。"古天子重于安养，连出行的车驾都要饰以香草。

在香物"养性"与装饰二合一的功能属性下，君子与士大夫们喜好用香物来陶冶情操、修身明性，借外在的佩服来修为内在的意志。如屈原《离骚》所言："纷吾既有此内美兮，又重之以修能。扈江离与辟芷兮，纫秋兰以为佩。"

"香气养性"的观念发掘了香在日常生活中的重要价值，不仅形成了成体系的香药养生学问，还衍生出丰富的文化脉络。可以说，"香气养性"的观念对后世香文化的发展有非常深远的影响，也成为中国香文化的核心理念。

后来，生活用香越来越普遍，"香气养性"观念深入人心，皇室与贵族阶层流行用香、医家与文人重视用香等都深受这一观念的影响。

两汉用香："口吐芬芳"

在香文化的发展史上，有两个引人注目的高峰，一个是两汉，一个是宋代。

汉初，熏香在王族阶层已开始流行。至汉武帝时，熏香广泛流行，既用来熏房间、熏衣服、熏被子，也用于宴饮、歌舞等娱乐活动。而汉代用香之风盛行的一个突出标志，则是用香进入了宫廷礼制。

怎么规定的呢？其中有一项用四个字来概括，就是"口吐芬芳"。据《汉官仪》记载，如果尚书郎要向皇上奏事，面圣之前有"女侍史执香炉烧熏"，奏事对答时则要"含鸡舌香"。"鸡舌香"是一种可以口含的香药，实际是药用丁香的近成熟果实，干燥后呈卵圆形或椭圆形，有了它，没有口香糖的尚书郎奏事时照样可以使"气息芬芳"。

关于鸡舌香，还有一个乌龙事件。由于时任侍中的刁存"年老口臭"，汉桓帝便赐了一块鸡舌香给他，命他含在嘴里。刁存并未见过此香，于是轻轻放在嘴里试了一下，觉得舌头有刺痛感，当即觉得大事不妙——皇上一定是觉得我哪里做得不对，要以这毒香赐死我，君要臣死，臣不得不死，罢了！于是，

▲ 西汉错金铜博山炉

▲ 清代镂空花鸟纹银香囊

刁存心情沉重地回到家里，与家人一一诀别。令他意外的是，同僚看了那香，指出皇帝所赐只是清新口气的鸡舌香而已。刁存的心情仿佛坐了过山车，最后"咸嗤笑之，更为吞食，其意遂解"。

得益于汉代空前广阔的疆域与丝绸之路的开辟，更多种类繁杂的香药从边陲地区（今海南岛、越南北部、云南、两广、四川等地）和域外（当时的西域、南洋等地）传入中原，包括沉香、青木香、迷迭香、苏合香等。

就目前的研究来看，两汉时期对香的使用明显少了祭祀色彩，而以生活用香居多。在种类丰富的香料之基础上，人们对香的研究与使用更为深入，这从香器的多样上便可看出。

如果想灵活地熏被子怎么办？《西京杂记》中明确记载：用"被中香炉"。这是一种结构巧妙的可自由滚转的球形熏炉，又称"香球"，多以银、铜等金属制成，球壁镂空，球内依次套有三层球，每个小球都挂在一个转轴上，最内层悬挂有焚香的小钵盂。香球转动或滚动时，在钵盂的重力作用下，三层转轴相应旋转，钵盂则始终能保持水平，香品不会倾出。

如果想同时熏多种香怎么办？用多穴熏炉。南越王墓就曾出土四穴连体熏

◀ 西汉四穴连体熏炉

炉，由四个互不连通的小方炉合铸，最多可以同时烧四种香料而互不干扰。这种使用香的方式也叫"合香"。东汉《黄帝九鼎神丹经》中提到的"五香"就是对合香的早期探索，分别是青木香、白芷、桃皮、柏叶和零陵香。

两汉王族阶层之流行用香，对香的普及和发展有很大的推动作用，也开启了上层社会的生活用香风气，并一直延续至明清。

香的浮华往事

在进入对香文化发展的另一个高峰——宋代的香的介绍之前，我们先来扒一扒香的浮夸往事。

既然香常年流行于社会上层，想必肩负着彰显身份与地位的职责，名香已可与金玉相比，但是其寄托性情之用，又远非金玉可比。于是，名香之贵可以想象。

六朝时期，宫廷贵族的用香风气犹盛于两汉。一代枭雄曹操临终时，放心不下诸位妻妾，于是留下遗命："吾死之后，持大服如存时……余香可分诸夫人，不命祭。诸舍中无为，学作履组卖也。"曹操想，那些余下的香就不要拿去祭祀了，可以分给夫人们；如果无事可做，也可学一学怎么做带子、鞋子，养家糊口。可以看出，当时的名香还是有一定价值的。

这就是著名的"分香卖履"。苏轼评之："平生奸伪，死见真性。世以成败论人物，故操得在英雄之列。"

除了从侧面看出用香风气之盛，还有直接以香"炫富"的事例。

东晋有一个非常有钱的人叫石崇，他的炫富方式就是在厕所熏香。这倒也不奇怪，但是石崇家与众不同的是，石崇直接把厕所变成更衣间。他家的厕所"常有十余婢侍列，皆有容色，置甲煎粉、沉香汁，有如厕者，皆易新衣而出。客多羞脱衣"。一天，尚书郎刘寔造访石崇，如厕时见"有绛纹帐，裀褥甚丽，两婢持香囊"，以为闯进了人家的卧室，连连道歉。但这里确实只是厕所。

石崇家还时常宴饮作乐，他命几十名侍女戴着玉佩、金钗，嘴里含着香药，昼夜不断地跳舞。有时将昂贵的沉香粉尽数撒在床上，让女孩们上去走，

▲ 唐代越窑青釉褐彩云纹香炉

"体轻而能不留脚印者"即可得到赏赐。甚是奢靡！

到了隋唐时期，官员用香之奢更甚。据说隋炀帝还搞过一个大型视觉、嗅觉双拼艺术景观——人造火山。据《太平广记》记载，隋炀帝常常在除夕时，于殿前庭院中"设火山数十，尽沉香木根也，每一山焚沉香数车，火光暗，则以甲煎沃之"，火焰高达数丈，香气远闻，"一夜之中则用沉香二百余乘，甲煎二百石"。

唐代还有做成动物形状的熏炉，比如鸭子形状的称为"香鸭""金鸭"等。不仅是器物，那时也有人直接将香粉、炭粉做成动物形状的熏香，以标新立异的形状吸引眼球。

宋代用香：考究而不雕琢

奢靡浮夸的用香之风并没有在历史的波澜中继续留下呈上升趋势的曲线。香文化在宋代，迎来了诗意盎然的好时候。

随着造船与航海技术的发展，宋代的海上贸易迎来繁荣期，香药随之成为重要的进口物品之一。当时还有一种叫"香舶"的船，专门用来运输香药。1974 年，福建泉州发掘的一艘宋代大型沉船正是香舶，船上载有多种香药，如龙涎香、降真香、檀香、沉香、乳香等。据史料记载，北宋熙宁十年（1077年），仅广州一地就收购了二十多万公斤乳香。可见，当时人们对香的喜爱，对香文化的热衷，到了怎样一种程度。

与此相配，宫中还设有"香药库"，主要掌管"出纳外国贡献及市舶香药、宝石之事"。负责香药库的官员是"香药库使"，级别为正四品。除此之外，还有监员和押送香药的官员。

而宋代香文化进入鼎盛时期的一个重要标志，是市井生活中香的普及。放

▲ 北宋·张择端《清明上河图》（局部）

图中左侧有一幌子，上面写有"治酒所伤真方集香丸"的字样，大概是"赵太丞"家的药店做"集香丸"做得好，治肠胃病很拿手；右侧有一幌子，上书"刘家上色沉檀拣香"，大概是这户刘姓人家在售卖上等的沉香、檀香、乳香

大《清明上河图》来看，就可以很直观地发现市井之中无处不在的香。

那时，街市上有各式香铺，酒楼里有随时向顾客供香的"香婆"，路边还有由香药制成的各种食品，如香药脆梅、香药糖水（也称"浴佛水"）、香糖果子、香药木瓜等。每逢传统节日，香药食品必为保证节日仪式感的关键。比如端午节，从农历的五月初一起至端午前一日，街上都是卖桃枝、柳枝、葵花、蒲叶和伏道艾的；端午时节，每家门上都插着这些植物。而食物则需提前准备，如香糖果子、粽子、五色水团等。此外，端午节还有焚香、浴兰的风俗。

坊市中不光卖香，还流行一种叫"香车"的东西，大概有时候连空气、街道都是香香的。陆游在《老学庵笔记》中写道："京师承平时，宗室戚里岁时入禁中，妇女上犊车，皆用二小鬟持香球在旁，而袖中又自持两小香球，车驰过，香烟如云，数里不绝，尘土皆香。"

元宵之夜，街市更香。伴着花灯，女子们敷着各种香味的香粉，挂着自己绣的香囊，戴着精巧的香珠，穿着熏过的香衣，在车水马龙的街道上穿梭，不知与同伴讲了个什么笑话，扑哧一笑。时不时从她们身边路过一辆"香车"，伴着头顶璀璨夺目的烟花绚丽落幕。"宝马雕车香满路""笑语盈盈暗香去"正是对宋代都市景象的生动描画。

宋代香文化之所以繁荣，就是因为那时的人们注重香的品质，在制香、用香上很讲究心性和意境。仅从香器的样式来看，宋代的香器趋于简约、轻便，独具灵性。虽然香仍为世人所爱，但是并无人刻意追求与攀比香之奇、珍、贵，宋代的香文化繁盛而不浮华，考究而不雕琢。

街坊热闹，文人清雅。从香的名字来看，诗意已然蔓延——意和香、静深香、小宗香、四和香、藏春香、笑兰香、胜梅香……配方考究，取名雅致。宋代也有很多香以人名命名，可能是香方出自此人之手，也可能是此人喜欢用某种香，比如李元老笑兰香、江南李主帐中香等。

在文人雅士之间，还流行一种有创意又不失内涵的香品——印香。

印香就是字面意思，即像印章一样的香，又称"篆香"。怎么理解？其大致制作方法如下：先把炉中的香灰取出、压实，然后将用木材雕刻成的"连笔"图案或篆字模具（即"香印"）放在香灰上，再把精心调配的香粉铺进模具，压紧，最后刮去多余的香粉，把模具小心地取开，印香就大功告成了。

从一端点燃印香，可以看着字或者图案被一点点地烧掉，造型美观多样，富有情趣，文人们很喜欢这么玩。同时，印香也可以用来计时，元代郭守敬还曾用印香制出"柜香漏""屏风香漏"等计时工具。

既然宋代的香已经无处不在了，那么那时的重要工艺——制墨自然不能缺席。宋代时，人们常以麝香、丁香、龙脑等香药入墨，如"墨仙"潘谷曾制作了"松丸""狻猊"等墨，号称"遇湿不败""香彻肌骨，磨研至尽而香不衰"，写完字纸上和书房都香香的。

不仅书墨香，案上手边的茶也香。"香茶"是宋代又一影响甚大的名优食品，芳香且有理气养生的功能。宋人日常喝茶用的不是简单的冲泡茶叶，而是团茶。先将茶叶蒸、捣、烘烤，然后做成体积较大的茶饼，此为"团茶"。制团茶时，可加入香药，常见的有龙脑、麝香、沉香、檀香等，有时也加入莲心、松子、杏仁、梅花、茉莉、木樨等。

喝的时候，将茶饼敲碎，碾成细末，用沸水冲泡，此为"点茶"。一息茶香入鼻，仿佛邂逅了山野间最美好的春夏与秋冬，繁花绽放又朴素清冽。《清平乐》中"北苑进的龙团凤团"就是北宋著名的香茶，一般是加入少量的麝香和龙脑，做成圆形茶饼，上有模子印成的龙、凤图案。

欧阳修曾言："茶之品，莫贵于龙凤，谓之茶团……始造小片龙茶以进，其品绝精，谓之小团，凡二十饼重一斤，其价直金二两。然金可有，而茶不可得。"这个"小龙团"不到一两，是由书法家蔡襄改进制茶工艺而来的，由鲜嫩茶芽制成，每年只产十斤。

香满红楼，掩卷余芳

从宋元走来的香文化，在明清时期全面铺开并稳步发展。随着香品成形技术的进步，线香、棒香（签香）、塔香等不同形状的香品被普遍使用，与之配套的香笼、香插、卧炉、手炉等也工艺发达，且香广泛见于戏曲、小说之中。

小说《红楼梦》的前八十回对香品、香具、用香场景的描绘很细致，是香文化史上很有代表性的内容。

元妃省亲时，大观园中所焚之香为"百合之香"，由百草之花合制而成。往前溯源，魏晋时期即有"汉武帝焚百和之香"迎西王母的传说，更早的汉代典籍上也有关于以"百草之英"做祭祀香酒的记载。杜甫曾诗云："花气浑如百和香。"

此外，还有宝钗所服冷香丸、袭人手炉所焚"梅花香饼"、妙玉中秋联句写的"香篆"、宝玉与芳官划拳时靠着的"各色玫瑰芍药花瓣装的玉色夹纱新枕头"、贾芸为谋花匠监工差事而送的冰片（龙脑香）和麝香……可谓"群香缥缈"，中国香文化尽在其中了。

而晚清以来，本就以"奢侈品"身份横空出世的香，在乱世中难以驻足。时局动荡，往昔那些爱香、品香的情致难再，香药贸易、香品制作只能艰辛存续。

铜壶刻漏，传统随着迎面而来的现代化工业与思潮走进下一段旅程，曾经留在书房案台上的那一缕余芳似乎也渐行渐远了。

不过，纵使斗转星移，香文化总是保有其本真的美妙与历久弥新的珍贵。

（北辰）

参考资料：

[1] 傅京亮 . 中国香文化 [M]. 济南：齐鲁书社，2008.

[2] 孙亮，张多 . 中国香文化的学术论域与当代复兴 [J]. 民间文化论坛，2018 (4)：5-18.

[3] 杨庆存，郑倩茹 . 宋代尚香文化与人文内涵 [J]. 东北师大学报（哲学社会科学版），2019 (4)：7-14.

[4] 刘玉莹，胡建君，一心 . 浅谈中国香文化的复兴与发展 [J]. 中国化妆品，2018 (Z1)：82-84.

[5] 肖军 . 中国香文化起源刍议 [J]. 长江大学学报（社会科学版），2011 (9)：168-169.

乡野中诞生的戏曲，
为何又成为奢靡排场的代表？

戏曲源于民间，从民间文艺中获取生命力，在相当长的时间里，民间村野市集才是戏曲的主阵地。那里没有很多讲究的规矩排场，但是场面热闹、类型与风格驳杂，一派生机。

那么，戏曲作为故事的一种艺术呈现，何时走入大户人家？又从何时起，开始肩负教化的责任呢？

野蛮生长的民间戏剧

戏剧在早些时候，与其说是古人茶余饭后的消遣，不如说是古代百姓生活日常的必需品，是随着民众的生活方式演变而必然诞生的一种艺术形式。

王国维先生指出，中国戏剧"当自巫、优二者出"（《宋元戏曲考》）。也就是说，中国戏剧有两个源头，一是宗教仪式，二是优伶表演。

上古时代，巫术流行，主要有蜡祭和傩礼两种仪式，在一年间依循时令开展，为的是敬神驱鬼、祈福逐疫，而且民间和宫廷都要举行。它虽然是仪式，却并不庄严肃穆，反而带有很多娱乐性质。人们戴着面具扮演各种角色，唱歌、跳舞、打斗，已经有了戏剧表演的基本元素。这些活动后来同民间的岁时节令、迎神赛会相融合，成为古时民众的主要娱乐方式之一。

文化人类学家们相信，艺术和宗教一样，能够满足人类的根本需求，那就是获得强烈的情感经验。这些粗野俚俗的戏剧活动或许也就是源自这样的人性根本冲动。

迎神赛会在举办之时，往往热闹非凡。全村出动，而且演出场地开放，群众无须买票。歌曲、乐舞、杂技，一片混杂；演的是精灵鬼怪、捉妖伏魔之类跌宕刺激的幻想故事，或者是糅合了民众日常生活情节，婚丧嫁娶、自由恋爱……这些故事贴近百姓，又有趣得紧，往往引得全民沸腾，陶醉其中。这和我们如今熟悉的台上演员自顾自表演、台下观众安静欣赏的戏剧很不一样，反而更像是一场狂欢节。赏戏、听歌、社交、宴饮，都在其中。类似的场合还有庙会、堂会等，每逢上演，都观者如堵。

在热烈高涨的情绪里，人们释放了辛苦劳作的疲乏。更重要的是，全民狂欢的热闹氛围，无形间加强了人们对村社和宗族的集体认同感。一定要说的话，民间戏剧发乎原始自然的人类天性，更是古代普通民众在不经意间进行自我教育的方式。

这些活动，直至近代仍有延续。鲁迅先生就在《电影的教训》一文中提到过："当我在家乡的村子里看中国旧戏的时候，是还未被教育成'读书人'的时候，小朋友大抵是农民。爱看的是翻筋斗，跳老虎，一把烟焰，现出一个妖精来；对于剧情，似乎都不大和我们有关系。"这也可以看出来，古代老百姓看戏无非图一个热闹新鲜，其趣味和今日较多人熟知的文人戏剧大不相同。

民间戏剧只是中国古代戏剧的涓涓支流，在宋元时期开始大放异彩的主流戏剧，则有另一个源头——"优"。

中国戏剧艺术的诞生与发展并非一路坦途。"戏"者，不诚也，嬉谑游戏，虚假而不严肃。"优"者，侏儒百工，无法自养，因而沦为被人取笑玩乐的对象。优戏，便是古时最为卑贱的一种艺术。就连"子不语怪力乱神"的孔子，出于对民风礼俗的尊重，对事鬼神多娱乐的傩礼恭敬以待，还曾作为祭司主持大傩。但是唯独厌恶优戏，竟至于怒不可遏。这是因为优戏的内容多淫邪低俗、污秽猥亵、荧惑诸侯，哗众取宠。也许正因如此，中国古代戏剧和演员自诞生起就注定了被轻慢鄙薄的命运。这些偏见的存在遮蔽了隐藏在其背后的艺术潜力。

人们还常将倡优与亡国昏君联系在一起。夏桀既弃礼义，"收倡优侏儒狎徒能为奇伟戏者"（《列女传》）；商纣"慢于鬼神。大聚乐戏于沙丘"（《史记·殷本纪》）。因为此种历史的遗训，后世帝王，哪怕自己本身喜爱看戏听曲，为了表现出勤政的姿态，也依旧做出种种禁毁戏剧迫害伶人的举动。

虽然命运不济，中国古代戏剧还是在顽强地延续着。从先秦优戏的言语假借游戏，到汉代百戏角抵，到汉魏两晋萌发出具有人身假借、情境再造等典型的戏剧要素的表演形式，再到唐代的戏弄……戏剧一步一步艰难地形成雏形。但是，还要等到数百年后，人们才开始意识到它强大的艺术感染力和社会教化作用。这既需要有识之士来打破偏见，给予理解和认同，更需要有新的艺术力量来清理它的内容，升华它的旨趣。

于是文人登场了。

情理之辩与文人戏剧

宋代以词见长。词因为语言更加俚俗、格律更加自由而有别于诗。在词的身上，潜藏着曲的影子，而元代曲的勃兴，也就给戏剧带来了新的生机。自那以后，中国人管自己的戏剧叫戏曲，管看戏叫听戏，不是没道理的。曲，是戏曲的核心。

卢冀野先生说："中国戏剧史是一粒橄榄，两头是尖的。宋以前说的是戏，皮黄以下说的也是戏，而中间饱满的一大部分是'曲的历程'，岂非奇迹？"

的确，直到宋代杂剧出现，戏与曲似乎仍旧保持着若即若离的关系，且剧本创作仍以民间力量为主。戏剧以言语为主，但已经出现了旦、末等角色的分化。虽然民间原生的戏剧往往追寻强烈的情感体验，但以言语为主的戏剧，可能注定比曲本位的戏剧有更多说理而非言情。又加上儒学提倡"文以载道"，宋杂剧便多呈现出讽谏时政的特点。

北宋其实也有宫廷戏班子，沿袭唐制，叫作教坊。神宗年间，教坊有个名叫丁仙现的伶官，专门喜欢在节目里嘲笑当朝宰相。王安石当政时，以铁腕推行新法，异见者皆噤若寒蝉。丁仙现却敢频频在戏场里嘲笑王安石，"辄有为人笑传"。当朝宰相颜面失尽，恼羞成怒，却因为宋神宗的暗中保护，竟不能动丁仙现一下。像丁仙现这样的伶人还有不少。在宋代繁华的勾栏瓦舍，大概处处都能见到嘲弄高官的好戏。有统计说两宋史明确记载了被伶人嘲弄过的就有王安石、蔡京、秦桧等十三个宰相。

丁仙现曾说，"见前朝老乐工，间有优诨及人所不敢言者，不徒为谐谑，往往因以达下情，故仙现亦时时效之"。戏场几乎成了上通下达的桥梁之一。戏剧不仅对民众起着教化作用，使百姓在谑笑之间了解国家大事，也能对当政者予以警示和监督。宋代文人对于此种风气也大多保持相当的理解，正如洪迈所写，"俳优侏儒，固技之最下且贱者，然亦能因戏语而箴讽时政，有合于古蒙诵工谏之义，世目为杂剧者是已"（《夷坚志》）。宋之世风，可见一斑。这与明清宫廷剧团不可问政，只能尽力取悦人主有着多么巨大的不同呀。

▲ 《元曲选图》（明万历时期刊本）中杂剧《汉宫秋》插图

到了宋元之间，曲成熟的时候，戏曲才成熟起来。似乎文人作曲和传统戏剧相结合发生的化学反应，诞下了中国戏曲。

无论是巧合还是文艺发展的必然，音乐和文人曲词的加入，似乎也多多少少让戏剧从勾栏瓦舍的言语嬉谑回归到了中国自上古之时便注重的诗乐传统。"诗者，志之所之也，在心为志，发言为诗。情动于中而形于言，言之不足，故嗟叹之，嗟叹之不足，故永歌之，永歌之不足，不知手之舞之，足之蹈之也。"言志言情，戏曲与诗乐难道不是相通的吗？

元代，统治者对于儒学和儒生的冷落反倒造就了戏曲的蓬勃发展。多民族杂处给北方带来新的风俗，民间自然奔放的情志有机会露出水面。同时还有大批仕进无门的士子，只能寄情于文艺创作。天时、地利、人和，诸般机缘，戏曲的发展迎来高潮。

北方杂剧以民间故事入戏，讲百姓喜闻乐见的英雄好汉、节烈妇女、自由爱情，又辅以文人情操，曲辞通俗优美，因此戏演出来好懂又好看。即使今人将其作为案头读物来欣赏，也不难为其中的真挚情感所动容。

比如讲述汉元帝与王昭君爱情故事的元杂剧四大悲剧之一《汉宫秋》，家国情怀与男女爱情交织，离合情思与兴亡之叹杂糅，虽然没有剑拔弩张跌宕起伏的剧情，却能凭借其强烈的抒情力量打动观众：

【梅花酒】呀！俺向着这迥野悲凉。草已添黄，兔早迎霜。犬褪得毛苍，人搠起缨枪，马负着行装，车运着糇粮，打猎起围场。他、他、他，伤心辞汉主；我、我、我，携手上何梁。他部从入穷荒，我銮舆返咸阳。返咸阳，过宫墙；过宫墙，绕回廊；绕回廊，近椒房；近椒房，月昏黄；月昏黄，夜生凉；夜生凉，泣寒螀；泣寒螀，绿纱窗；绿纱窗，不思量！

——马致远《汉宫秋》

随着丰满的人物形象和真挚情感的注入，戏曲终于获得感沛人心的力量，也不再难登大雅之堂，为众人所不齿。明代人谢肇淛甚至发出了戏如人生的感叹，"人世仕宦，政如戏场上耳，倏而贫贱，倏而富贵，俄而为主，俄而为臣，荣辱万状，悲欢千状，曲终场散，终成乌有"（《五杂俎》）。可见其时剧目，情思之充盈，离合悲欢；内容之丰富，包罗万象。

即使在相对自由的创作氛围之下，"文以载道"依旧是文人戏曲创作的一个自觉遵循的原则。对于社会民众而言，忠孝节烈的伦理道德规范，以戏曲的形式深入人心，比当政者直接采取思想钳制要有效得多。比如关汉卿的代表作《窦娥冤》，一方面为底层百姓的苦难厉声疾呼，讽喻官场腐败，反映社会黑

▲ 元代景德镇窑青白釉戏剧舞台人物纹枕

暗；但另一方面仍然宣扬妇女的贞洁操守。文以载道，化成风俗，似乎是中国文人无法脱离的思想旨趣。人们对戏剧逐渐改观，意识到它具有"别贤奸，明治乱，善则福，恶则祸"（琴隐翁《审音鉴古录》）的社会功用，不可小觑。

　　但是这样的戏剧，仍然能感动人心，这或许是因为优秀的剧作在抒情与说理之间找到了一个合适的平衡点。既没有流于靡丽滥情，也没有如后世一些逢迎戏剧一般说教。所谓"发乎情，止乎礼义"，儒家本没有完全断绝人的自然情感，因此文艺也不该只是道统的载体。

　　中国自古以来就有情理之辩，历来朝廷与文人有重理而抑情的倾向，理学盛行的时期尤甚。可是仍然有敢于冲破枷锁的文人，以情入戏。

　　明代汤显祖就强调以情反理。情与理的冲突乃是人性之根本内在冲突，这种矛盾要比纲常伦理的矛盾深刻也动人得多。因此，即使最顽固的理学家也不能不感佩于《牡丹亭》中"情不知所起，一往而深，生者可以死，死可以生"的巨大力量。

以俗就雅和宫廷戏剧

　　回到元杂剧的时代。随着元朝汉化程度加深，统治者对文艺作品教化功用的意识也增强了。然而官方对戏剧的重视不一定会促进它的繁荣，反而可能会造成元杂剧的式微。

其一，官方对于儒学思想的推崇又将种种纲常伦理制度规范的条框加诸文艺创作之上，再加上文人对杂剧的不断雅化改造，教化功能日渐胜于抒情言志，杂剧逐渐变得呆板、教条。其二，科举复兴，文人重回仕途，专业剧作家解体。其三，南北隔绝的局面打开，繁荣的江南文化一举兼容了北方杂剧的特色，富有江南文人情志的南戏崛起了，它成为后世昆曲的前身。

典型的例子是元末明初南戏作家高泽诚。他以"不关风化体，纵好也枉然"（《琵琶记·副末开场》）为口号，创作出男主尽忠尽孝，女主有贞有烈的《琵琶记》，其中劝诫教化意味分外明显，以至于明太祖朱元璋也对此剧重视起来，说它如"山珍海错，富贵家不可无"（徐渭《南词叙录》）。

表面上，明初南戏风行一时，在太祖的推动下家喻户晓。但背后却也暗藏了危机。这样的风行，乃是伦理教科书式的风行，却不是文艺应有的自然流行。文人标举文艺作品教化之用，是为提升文艺之地位，负担起社会责任。但事实上，尽管戏曲的地位的确因统治者的重视而略有上升，却最终也因为官方的严控而除了教化说理外别无他长，这对于文艺而言又究竟是大幸还是大不幸呢？教化失范，旨趣单一，反失去怡情冶性、咏志抒怀、感人肺腑的艺术内核，这是人人应该反思的问题。

明初，朝廷直接出面参与剧场的修建和管理，令教坊司在首都金陵兴修"御勾栏"。可以想象，以朝廷雄厚的财力、物力、人力，这些皇家戏场一定比宋时民间的勾栏瓦舍恢宏气派得多，它独占佳地，巍峨壮观，设施齐备，捧场多多，应当会给戏剧创作提供丰厚的支持。

然而，人们以为的戏剧繁盛并没有到来。明朝廷直接兴建戏剧场所只是为了将民间演出活动控于掌心。《大明律》明文规定伶人禁演与儒家思想相悖的戏码，禁演历代后妃、忠臣烈士、先圣先贤。禁止军人学戏唱戏。种种禁毁举措，破坏了戏剧生长的根基土壤。只有顽强的村野庙台，还在同朝廷的拉锯战中"野火烧不尽，春风吹又生"。江南地方上，海盐腔、余姚腔、弋阳腔、昆山腔正在悄悄发展，等候在未来给戏曲带来强劲的新风。

戏剧在宫廷和官府中也日渐流行，教坊司就是一个专门机构。说来也可笑，就在朝廷对城乡戏剧活动大加禁毁，文人百官耻于曲词的时候，却又同时因为宫廷仍然难以抵抗宴乐娱乐的需要，在教坊司内保留着大量的歌舞乐队、官妓优伶。真可谓只许州官放火，不许百姓点灯。人心性之复杂，人心对于文艺活动不可遏止的内在需求，可见一斑。

明代宫廷戏剧在内容上并无建树，只在形式上整饬规范，追求场面喜好热闹，砌末辉煌。也许就是从这个时候开始，戏曲才呈现出我们今人想象中那种繁丽华美、铺张无度、穷奢极侈的特点。

清朝，戏剧活动最为频繁。不仅民间爱看戏演戏，统治者也爱戏，以乾隆和慈禧太后为甚。作为民间喜闻乐见的艺术活动，戏剧是禁绝不了的。朝廷显然是深谙戏剧化育人心、滋养风俗的作用。

官方借助戏剧之手教育百姓，主要是用禁毁、删改和创制三种方式。

当时，皇家组织了一个由刑部尚书张照担纲，由优秀文艺人才组成的戏曲创作班子。他们在剧本、唱腔、演技、曲牌、服装、脸谱、道具等各个方面都要参考皇帝的意见，皇帝的旨趣自然大不同于百姓，因此这批人创作的"御制戏剧"和从前的演出相比，更为考究气派、规模宏大。不论如何，统治者的极

▲ 清代·陈枚、孙祜、金昆、戴洪、程志道合作　清院本《清明上河图》（局部）
画面中描绘的是戏班演出时的热闹场景

力支持与亲身参与，确实促进了戏剧的规范化。

纵观千年，戏剧在自己野蛮生长时，便粗粝古朴，生机勃勃；它在遇到有才情的知遇之文人整理和升华时，也能成为不朽的艺术品，在民间有顽强的生命力。但随着皇家和官府追求享乐的需要，豪富之家的私班，以及戏班职业化的不断加深，戏曲的艺术精美度、丰富度更高，道具、演职员的排场也更大。在古代缺少其他娱乐方式的情况下，戏曲的声色享受，当之无愧成为通俗娱乐之王，当然它也在一些士人眼里成为奢靡之风、玩物丧志的典型。

随着技术的发展，特别是西洋戏剧的引入、电影院的流行，戏曲早已不再是娱乐之王，人们有了更多的娱乐选择。在电视时代来临后，戏曲更是成为需要保护的传统艺术、传统文化的代表之一。

（Esiocnarf）

参考资料：

[1] 白秀芹 . 迎神赛社与民间演剧 [D/OL]. 北京：中国艺术研究院，2004.

[2] 丁淑梅 . 中国古代禁毁戏剧史论 [D/OL]. 上海：华东师范大学，2006.

[3] 赵光平 . 情理之辩——中国戏曲理学教化与法国古典戏剧理性原则比较 [J]. 时代文学：下半月，2011（5）：239-240.

[4] 杜桂萍 . 戏曲教化功能的失范——元杂剧衰微论之一 [J]. 北方论丛，1997（1）：23-27.

[5] 康保成 . 戏曲起源与中国文化的特质 [J]. 戏剧艺术，1989（1）：39-47.

[6] 肖岸芬 . 清代宫廷戏剧研究综述 [D/OL]. 广州：广州大学，2007.

[7] 蒋亚男 . 宫廷戏剧的流变 [J]. 文教资料，2014（17）：49-50.

[8] 郑莉 . 浅谈明代宫廷杂剧的总体特征 [J]. 故宫博物院院刊，2008（6）：43-50.

[9] 徐子方 . 初剧场及其演变 [J]. 艺术百家，2003（2）：44-45.

[10] 吴钩 . 宋·现代的拂晓时辰 [M]. 桂林：广西师范大学出版社，2015.

[11] 王胜鹏 . 明清时期江南戏曲消费与日常生活（1465-1820）[D/OL]. 武汉：华中师范大学，2013.

第三章

古人也爱吃吃吃

看看古人是怎么吃肉的吧！

中华民族有着悠久的食肉史，在漫长的历史长河中，我们祖先凭借勤劳和智慧，将最简单的食材烹饪成一场饕餮盛宴，唇齿留香时至今日仍不减分毫。

古人都吃什么肉？

先从周代饮食说起。在周代，庶人以菜为主，只有统治阶层可以享受肉食。著名的《曹刿论战》中有关于"肉食者"的提法，因为"肉食"是贵族的标志，也是普通百姓对于统治阶层的称呼。贵族食用肉的种类主要为马、牛、羊、犬、豕、鸡，也就是《周礼》中所记载的"膳用六牲"。

那他们都怎么吃呢？

煮，是当时最普遍使用的烹饪方式。在史书中出现次数较多的"亨""烹"等词，实际上就是煮。从祭祀再到普通的宴饮场合，煮制的羹食都会出现。

"羹"的种类主要分三种：

第一种是"大羹"，使用于祭祀场合。"大羹不致"，后代人理解为不加调料，没有任何滋味。周人通过食用大羹来表示对先祖筚路蓝缕、开创伟业的恭敬之情。第二种是"铏羹"，其名字来源于盛放的容器——"铏"，主要是由菜和肉调制而成，根据肉的种类使用不同的菜进行搭配。"铏羹"也用于祭祀，例如在"飨尸"和"食前之祭"中都可以见到。第三种是羹中滋味较好的"和羹"，是由肉、米、菜煮制而成，加上盐、醯、醢、梅等调料，滋味齐全。

还有就是蒸。蒸鱼、蒸猪是当时较为常见的食品。《论语》中提到："阳货欲见孔子，孔子不见，归孔子豚。"权臣阳货为了劝孔子做官，将"蒸豚"送到孔子家。然而孔子鄙视他，拒绝与其交往，但受当时礼制的限制，也不得不亲自登门拜谢。这里的"蒸豕"，指的就是一头蒸熟的小猪。

▲ 西周晋侯温鼎

更多吃肉技能解锁

秦汉时期，烹饪技艺进一步提高，经后人统计，当时的烹饪方法多达十四种。

秦汉饮食讲究"精妙微纤"，会将肉类切成细片和细丝，随着宴饮等级增高，要求也就越为精致。在傅毅《七激》中，"分毫之割，纤如发芒"就形容贵族饭桌上的肉类食材达到了极其纤细精巧的程度。

炙法在秦汉时期最为流行，几乎所有的肉类都可以用签子穿上进行烧烤。通过《马王堆汉简·遣策》，我们了解到，炙牛肉、炙牛肋、炙犬肝、炙豕、炙鹿、炙鸡等都是当时常见的炙肉类食物。

还有一种值得提及的加工方式为"脍"，这在秦汉时期也极为流行。人们通常将鱼或者肉切成细丝，放上生姜等调味食用。枚乘《七发》中就曾记载了一道"鲜鲤之脍"，类似于今天的生鱼片，是当时的"网红菜品"，几乎在贵族宴饮的餐桌上都可以看见。

北魏时期，《齐民要术》诞生，其中涉及饮食学的内容是历史上最早最完整的。作者贾思勰

▲ 东汉陶庖厨俑

将前代菜肴名品的食材、制作工艺完整地记录下来。经由考古学、训诂学的发掘，我们对于魏晋南北朝之前的烹饪有所了解，但是所存记录太少，也不够详细。例如，汉以来的名菜"五味脯"，就是在《齐民要术》中才首次展现风貌——

> 正月、二月、九月、十月为佳。用牛、羊、獐、鹿、野猪、家猪肉，或作条，或作片，罢。凡破肉，皆须顺理，不用斜断。各自别。捶牛羊骨令碎，熟煮，取汁；掠去浮沫，停之使清。取香美豉，别以冷水，淘去尘秽。用骨汁煮豉。色足味调，漉去滓，待冷下盐。适口而已，勿使过咸。细切葱白，捣令熟。椒、姜、橘皮，皆末之，量多少。以浸脯。手揉令彻。片脯，三宿则出；条脯，须尝看味彻，乃出。皆细绳穿，于屋北檐下阴干。条脯，洇洇时，数以手搦令坚实。脯成，置虚静库中，著烟气则味苦。纸袋笼而悬之。置于瓮，则郁洇。若不笼，则青蝇尘污。腊月中作条者，名曰"瘃脯"，堪度夏。每取时，先取其肥者。肥者腻，不耐久。

农历二月和九月间，选取牛、羊、獐、鹿、猪肉等切好。将牛羊骨捶碎煮汁，其中加入豆豉、盐、花椒、姜、陈皮等调味料，切好的肉条或者肉片放入其中浸泡，入味后悬挂晾干。

▲ 甘肃省高台县魏晋墓出土彩绘宰牛图壁画砖

这些动物大概从未想到，自己即使生命结束，仍会经过如此漫长的旅程，浸泡、紧实、风干，随着时间的流逝，味道渐渐浓郁，此生圆满。

没有谁能抵挡烤肉的诱惑

隋唐时期，在移民和民族融合现象的推动下，饮食交流逐渐增多，先前的烹饪技艺得到进一步发展。以传统的"炙"法为例，名菜迭出，如以精巧著称的"灵消炙"，在一只整羊中选取最上等的四两肉进行炙取。

还有行军所设宴上的"浑羊殁忽"，价值两三千的鹅一只，去皮毛及内脏之后，用肉及糯米腌制。随后将鹅放入整只处理好的羊中，缝合炙烤。等到羊肉炙熟时，去掉羊肉，只食用鹅肉。

再以先前所提到的"脍"法为例，这一时期除了以往的鲜脍之外，又增加了"干脍"的菜类。类似于今天的小鱼干，鲜鱼从海边打捞上来之后，直接切片进行晾晒，加工完成后密封，食用时取出，用水泡一下即可食用。而且针对

▲ 宋代彩绘妇人炊事墓室砖雕

不同的制作方法，食材的选择在此时也有了一定的要求，比如用来"脍"制的鱼类，以鲈鱼为上，其他则为次。饮食上更为细致的要求使得当时的诸多菜品具有了食疗的功效，《食医心鉴》中提到的"水牛肉羹""鸳鸯炙""蒸乌驴皮"等都属于食疗菜类。

宋以市井生活丰富著称，除了烹饪方式发展之外，肉食的加工水平也大幅度地提高。

"火腿"一词最早出现在北宋时期，苏东坡的《格物粗谈·饮食》中曾详细记载了火腿的制作方法——"火腿用猪胰二个同煮，油尽去。藏火腿于谷内，数十年不油，一云谷糠。"

后代，多传"涮羊肉"来源于元代忽必烈行军时偶然所发现的佳肴，然而"涮火锅"的最早形式在宋人的著作中也是有所记录的。

林洪的《山家清供》记载："山间只用薄批，酒、酱、椒料沃之。以风炉安座上、用水少半铫，候汤响一杯后，各分以箸，令自夹入汤摆熟，啖之。乃随意，各以汁供。"

山间庐舍里，兔肉切成薄片被竹筷夹起放入沸水中，虽不能与今日众人围坐锅前酣畅啖肉而比，但一千年前的那份闲适从容仿佛能从那蒸腾的水汽中氤氲扑面而来。当然，当年那道美食名字也是一等一的好听——"拨霞供"，林洪从"浪涌晴江雪，风翻晚照霞"一句中得到灵感，将山间最美的一抹夕色赠予了这道令无数后人神魂颠倒的美味。

一道"芝麻盐笋栗丝瓜仁核桃仁夹春不老海青拿天鹅木樨玫瑰泼卤六安雀舌芽茶"

元代幅员辽阔，但无论南北，羊肉都是餐桌上最常见的食物。当时大批蒙古人和色目人迁入北方农业区，将喜食羊肉之风带入。

从官方供应到民间设宴，都能看出羊肉在当时的地位。其次为猪肉、牛肉、驴肉等。肉类菜品有冷热之分，在当时类似于菜谱的记录中将之称为"肉下酒"和"肉下饭品"。

"肉下酒"中包含的类型较多，例如《中国饮食史》一书中曾提及的"灌肺"，将生姜汁、芝麻糊、杏仁糊、白面、豆粉、油放入洗干净的羊肺中，加上调味品，煮熟后即可食用；还有类似于今天的冷拼盘一类的食物，记载中可见的菜名为"松黄肉丝""聚八仙"等，就是将鸡丝、笋丝、黄瓜丝、羊肚丝、姜丝等食物调拌而成；北方过年时常见的"肉皮冻"（由切好的猪皮加水熬制，晾凉后成冻状体）在当时也已经出现，猪皮冻拌上萝卜丝、笋丝等，再蘸上醋一类的调味品食用，当时的人称其为"水晶脍"。

　　中国菜的基本风格在明清基本确立，烹饪技艺渐趋完善，各地区之间饮食差异开始加大，著名的几大菜系也在此时形成。例如川菜虽然在北宋就已经出现专营的店铺，但真正赋予川菜灵魂还是在明朝。这一时期，辣椒被引入中国，原来以"辛"著称的川菜增添了"辣"的属性，并一直延续至今。宫保鸡丁、灯影牛肉、毛肚火锅等现在川菜馆子的招牌菜在明代已经风靡一时。

▲ 山西阳泉市东村出土元墓壁画《尚食图》
画面中一男侍正从朱漆大门出来为主人呈送糕点

《金瓶梅》一书可以说是明代市井生活描写的百科全书，其中宋蕙莲的一道"烧猪头肉"今天再看还是令人垂涎不已。"舀了一锅水，把那猪首、蹄子剃刷干净，只用的一根长柴，安在灶内，用一大碗油酱，并茴香大料拌着停当，上下锡古子扣定。"

出锅时，猪头肉烂熟如细泥，美味程度可想而知。在这样一本书中，人类最原始最卑微的两种欲望不加掩盖地释放——食色即是风月。

《红楼梦》中最有名的当数"茄鲞"，在第四十一回中，曹雪芹借由凤姐儿之口，道出了这道菜的做法——"凤姐儿笑道：'这也不难。你把才下来的茄子把皮签了，只要净肉，切成碎钉子，用鸡油炸了，再把鸡脯子肉并香菌、新笋、蘑菇、五香腐干、各色干果子，俱切成丁子，用鸡汤煨干，将香油一收，外加糟油一拌，盛在瓷罐子里封严，要吃时拿出来，用炒的鸡瓜一拌就是。'"

每当北方落下雪花，冬天挟着冷气呼啸而来。无论你身处何地，别再遮遮掩掩，痛痛快快地吃上几次肉吧。寒潮来临时让脂肪的厚实拥抱带给你最温暖的依靠。生活的辛苦外表下，让这场热量狂欢带给你最易得也是最丰盛的犒劳。

鲜嫩香浓，正是人间滋味。

（张小瓜）

参考资料：

[1] 徐海荣.中国饮食史 [M].杭州：杭州出版社，2014.

[2] 陈鑫.两周肉食文化探析 [D/OL].曲阜：曲阜师范大学，2014.

[3] 柴波.秦汉饮食文化 [D/OL].西安：西北大学，2001.

"太湖吃糖圈"：哪个城市最能吃甜？

我国近代民谚中有"南甜北咸"的说法。说到"南甜"，究竟南方的哪里最能吃甜？

在我们的印象中，位于苏南的无锡、苏州及附近的杭州、上海等区域，都有着爱吃甜食的习惯。有研究也印证了这一点，中国菜肴的甜度分布格局逐步形成了三个层次——东南重度食甜区、北方中度食甜区和长江中上游轻度食甜区。其中，平均甜度值排在前面的江、浙、沪连成一片，向西还可以囊括安徽省，区域集中在长江中下游平原地区，组成了中国的重度食甜区。

有趣的是，这些食甜区恰好以太湖为中心，形成了一个名副其实的"太湖吃糖圈"。

"太湖吃糖圈"的甜食代言人

若问到谁最能吃甜，这在苏南一带的老饕们眼里简直是送分题。苏菜中，苏锡菜素以甜为特色，苏南人吃起甜来可是一个赛一个的厉害。

松鼠鳜鱼、樱桃肉、酱方等苏帮名菜味道或是酸甜适口，或是咸中带甜，总之离不开一个"甜"字。苏式月饼、松仁糖、芝麻糖、猪油年糕等甜味小吃更是捕获了无数吃货粉丝。而提到苏味一绝，当属桂花糖藕。

苏州多出产塘藕，藕与桂花一相逢，便是胜却人间甜品无数。

拿整节的藕塞满糯米，文火煮熟，浇桂花糖浆，这便是软糯又清香的桂花糖藕。桂花糖藕让整个江南发甜。旧时玄妙观内的藕粉圆子，是苏州城里独一

▲ 清代·佚名 《苏州市景商业图册》内页之一

画面中红衣小童正在糕饼铺买糕点，店家的幌子上写着"状元禧糕""沙仁乾糕"，都是知名传统糕类小吃

份精心制作的名点。要拿瓜子、核桃等各式果仁碾粉，用桂花、猪油等黏合团成圆子，再裹上一层藕粉，不用油炸，只是滚几道沸水，便足以滋发出它柔软香甜的味道了。

若论吃糖的厉害程度，无锡人对甜的执念可能连苏州人都无法企及。在讲究"甜出头，咸收口，浓油赤酱"的锡帮菜里，糖是多少无锡人心中的白月光——他们炒青菜要放糖，煮粥要放糖；正宗的无锡拌馄饨是用刚出锅的馄饨伴着酱油和白糖吃的；无锡三大特产之一的"三凤桥酱排骨"，白糖用量比精盐用量足足多了二十多倍。

和无锡酱排一同被游客们视为"齁甜齁甜"的，还有无锡小笼。1981年出版的《家常点心》老菜谱上就记录着，普通鲜肉小笼配"一两二钱"白糖，而无锡小笼则是"白糖一斤"，也就是十六两……单是白糖用量这一项，就足够让人信服。

说完苏南，沿太湖以东，来到上海。与苏州菜同出一脉的上海菜，也为了显示本地饮食特色，自立门户成为"本帮菜"。本帮菜以油多、味浓、糖重、色艳为特色，呈现出来的特点离不开一句"浓油赤酱，无甜不欢"。

红烧肉几乎是听到上海菜就会想起的菜名。肉要用肥瘦相间的猪五花，烧的时候一定要多放糖，用上海人的话讲就是把油"逼册来"。

说起来，早期的上海点心也是源于苏式糕点。

比方说青团，用糯米粉混合艾草做成绿色的外皮，里头裹上细腻香甜的红豆沙，咬上一口，细糯松软，唇齿回甘，是老上海人的独家记忆。传统的青团糯米皮里可以包甜口豆沙馅儿，也有咸口包着剁碎的毛笋、腌菜、腌肉、豆腐等馅料。而上海的青团则讲究推陈出新，新口味层出不穷，如近年来火爆的咸蛋黄肉松馅儿、腌笃鲜馅儿和马兰头馅儿……其他点心诸如条头糕、桂花糕、橘红糕之类，也都是以糯米为皮，以细软豆沙、蜜枣、莲子等为馅儿，哪一样都是上海人心里最甜美的念想。

当然不只中式糕点，在20世纪，上海作为近代中国对外贸易的口岸之一，西方饮食也影响其间。

哈尔滨食品厂的蝴蝶酥、申申面包房的拿破仑常常引得老上海们排队购买。被张爱玲拿来当下午茶，喜欢与女朋友一起"点一块蛋糕，一杯热巧克力，再加一份奶油"的西式糕点，如今不仅依旧被"老克勒"们钟爱，也受年轻人的追捧。

中西饮食文化交流促成了海派饮食的诞生，如今的上海人吃甜点，享受的是有腔调的海派风情。

继续往南走，便到了杭嘉湖平原。

与上海相似，杭州一带的人吃糖能力虽不及苏南人，但由于杭州菜最早传于宁绍平原和苏南地区，从苏州、无锡等地传入的食俗，很早就成了杭州味道。因此，杭州人对于吃糖也有种特别的情愫。

油焖笋堪称杭州人的"生命之光"，这道菜的灵魂除了食材讲究，还要炒出糖色，直到油光发亮方可出锅，颇有"浓油赤酱"风范。代表性的甜食还有东坡肉，相传是苏轼在杭州任上所做，明清时已经成为浙菜的代表。正宗的东坡肉讲究用绍兴花雕和冰糖熬汁，以别于一般的红烧猪肉。

杭州的吃糖一绝更多体现在甜点上，早在宋人周密的《武林旧事》中，就收录了南宋临安（今杭州）市场上出售的"糖糕""蜜糕""糍糕""雪糕""花糕""乳糕""重阳糕"等多个品种。如今，杭州的特色甜点诸如定胜糕、麻球王、小鸡酥、荷花酥、龙井茶酥……同样见证着杭州的富庶与繁华。

定胜糕是浙江传统特色名点，色呈淡红，松软清香，入口甜糯。做法是将配置好的米粉放进特制的印版里，中间再放入红豆沙，蒸少许时间就可以。相传是在南宋时百姓为鼓舞韩家军出征将士而特制的，糕上有"定胜"二字，寓意出征定能大获全胜。"定胜糕"便夹带着这一份美好寓意流传至今。

更近于太湖的湖州与嘉兴，对于甜点的钟爱程度绝不逊于杭州。

湖州震远茶食作坊的震远同酥糖，因为酥糖的品种多、香气浓郁、不黏牙，位列湖州"四大名点"而驰名海内外。相传震远茶食作坊开办于清咸丰年间，创办人是来自归安县菱湖的沈震远。茶食坊内售卖的玫瑰酥糖、芝麻酥糖、椒盐酥糖、豆沙酥糖、荤油酥糖等各式酥糖，"香、细、甜、酥"，口感丰富，品味极佳，是以传承百年，广受赞誉。

在嘉兴，方为糕、圆为团、扁为饼、尖为粽。嘉兴人有多爱吃糖？他们的甜点可以从年头吃到年尾：除夕有年糕、清明有青团、中秋有月饼，孩子满月有诞生糕，出嫁有坐底糕，婚后有喜糕，造房上梁有元宝糕。

可以说，苏南地区以及上海、杭州、嘉兴、湖州在全国来讲都是赫赫有名的食甜区。然而，北宋沈括在《梦溪笔谈》中写道："大抵南人嗜咸，北人嗜甘。"江浙一带的饮食，在北宋时期被称为"南食"，也就是说，早在北宋时期，江南一带的食糖风尚并未普及。那么，"太湖吃糖圈"是如何形成的？

制糖技术进步创造的有利条件

古时候，因为糖长期供给不足，甜味堪称"富贵的味道"。甜食之所以能经历从奢侈品到街边小食的身份转变，首先得益于制糖技术的进步。

根据现有材料来看，北魏贾思勰《齐民要术》记载："《异物志》曰：甘蔗，远近皆有……取汁如饴饧，名之曰糖，益复珍也。又煎而曝之，既凝而冰，破如砖其，食之，入口消释……"可见，早期人们是通过日晒或者熬煮的办法把甘蔗汁做成糖浆，再进一步冷凝、固化得到糖块，因为形状和石头相似，味甜如蜜，故古人称之为"石蜜"。不过，当时采用的传统煎煮曝晒法所能去除的水分毕竟有限，因此这种粗制糖块所含水分比较大，易溶解，看似"坚强似石"，实则"入口即化"。

唐朝贞观时期，唐太宗发现西域的"西极石蜜"不但容易保存，而且滋味品质都优于石蜜。于是就向印度摩揭陀国派出使团去学习制糖技术，待他们学成归来，将印度的制糖技术加以改进与完善，最终掌握了榨制蔗糖的工艺，蔗糖供应才逐渐多了起来。

到了南宋末期，王灼编撰的甘蔗炼糖术《糖霜谱》出现后，糖霜的制作方法得以广泛传播。制作糖霜的糖水需要二次熬制才能最大限度地排除水分。然后，在糖水中插入竹片，使其自然结晶而生长出糖霜。如果糖水所含的水分超标就很难形成霜，糖霜的制作就会失败。由此可见，糖霜相比砂糖水分更少，更纯净，因此重量较轻，储存时间更长。

随着糖霜的出现，蔗糖业的发展日益走向分工化和规范化，逐步进入工业化发展阶段。在此之前，糖对很多普通百姓来说是一种奢侈品，但这时的糖已经产业化，产量大大提高，价格随之下降，人们吃糖的成本相对降低，所以糖在聪明的中国人手中也就有了更多的花样。制作成的各种糕点和零食广泛出现在街头巷尾，这在客观上对江南地区吃甜习惯的养成创造了有利条件。

▲ 《天工开物》（明崇祯十年涂绍煃刊本）中轧蔗取浆法插图

▲ 《天工开物》（明崇祯十年涂绍煃刊本）中澄结糖霜瓦器插图

江南经济区普及食糖风尚

单有技术还不够，甜食作为一种享受型食品，能够吃它还需要相当的经济基础作为支撑。所以一般来说，经济繁荣地区的人比较能吃甜。

北宋都城开封经济发达，嗜甜不足为奇。从电视剧《清平乐》就可见一斑，宋仁宗赵祯幼时最爱吃皇妃李顺荣亲手制作的蜜饯果子。不但统治阶层留下了嗜糖如命的文献记载，像北宋开封州桥夜市这样的场所也有大量甜品糖水贩卖，平民百姓也可一享甜食之快。

这种富贵口味又是如何转移到江南地区的？

两宋之交，中原被金国攻陷。宋室南渡，北方嗜甜的风习也被带到江南。新政权在临安获得了偏安一隅的安定，当时的王公贵胄好吃甜食，街中卖糖商贩数量激增，他们为了迎合中原人的口味可谓绞尽脑汁。

《梦粱录·卷十八·民俗》中有记载"杭城风俗，凡百货卖饮食之人……盖效学汴京气象，及因高宗南渡后，常宣唤买市，所以不敢苟简，食味亦不敢草率也"。习惯于东京饮食的宋高宗，到临安后常派人去购买市场上的食品。当地的商人为了使自己的产品走进皇宫，便模仿东京风格。连卖零食糖果的走街小贩也精明地追逐起时尚来，"有标竿十样卖糖，效学京师古本十般糖"。那些曾被皇帝品尝过食品的商人更是扬扬自得，连在叫卖声上也变成了东京口音，以表示对高宗的亲近。《梦粱录·卷十三·夜市》中还记载："更有瑜石车子卖糖糜乳糕浇，亦俱曾经宣唤，皆效京师叫声。"在此之前，"饭稻鱼羹"是江浙一带的饮食特色，也正是由于北人南渡，南方甜食才有了广泛的售卖市场。

中原人不但把自己的饮食习惯带到江南，他们带来的充足劳动力及先进的生产技术，更让江南地区的经济发展突飞猛进，其中受到北方移民影响最大的太湖平原更是因此富庶丰足。

在南北人民的共同努力下，江浙地区水稻种植面积扩大，产量大幅提高，"苏湖熟，天下足"的谚语形象地反映了太湖流域地区的生产在全国所占的重要地位。

▲ 清代·徐扬 《姑苏繁华图》（局部）

　　到了明清时期，资本主义先后在手工业和农业中萌芽和发展，苏州成为吴地最大的商贸中心。清乾隆时的苏州画家徐扬所绘《盛世滋生图》（又称《姑苏繁华图》）清晰描绘了当时吴地商业都会的繁华胜景。太湖明珠无锡更是在漕运鼎盛时期，成为太湖流域和江浙漕粮集中地及江南著名粮食市场，位列"江南四大米市"。

　　食甜重心往往与经济文化重心相重合。南宋以后，随着经济重心向江南转移，富裕起来的江南人也吃起甜食，"太湖吃糖圈"逐渐成型——如果穿越回南宋临安都城的夜市，你会闻到这里的空气都是香甜的，夜市沿街到处是卖糖小贩叫卖着"麻糖、锤子糖、鼓儿饧、铁麻糖、芝麻糖、小麻糖……"，食店在售卖"蜜金橘、蜜木瓜、蜜林檎、蜜金桃、珑缠茶果……"糖蜜小食琳琅满目，各色糖果应有尽有。到了清代，为满足苏南人的口腹之欲，每年广东、福建两省要发数百艘"糖船"北上，向苏南运去上百万担的白糖。张岱在总结地方特产时提到"苏州则带骨鲍螺、山查丁、山查糕、松子糖、白圆、橄榄脯"，放眼望去，尽是甜食，苏州人对于甜食的执念可见一斑。

"甜味"传达了一种生活特色，也见证了环太湖地域的富庶与繁华。如今，无锡酱排、东坡肉、青团、桂花糕、定胜糕等菜肴和甜品成为"太湖吃糖圈"的甜蜜名片，吸引着各地食客前来感受那股沁入食物和空气中的清透鲜香。

（牛腩）

参考资料：

[1] 季羡林. 糖史 [M]. 北京：新世界出版社有限责任公司，2016.

[2] 吴自牧. 梦粱录 [M]. 周游，译注. 南昌：二十一世纪出版社，2018.

[3] 程民生. 汴京文明对南宋杭州的影响 [J]. 河南大学学报（社会科学版），1992（7）：15-19.

[4] 胡艳红. 百种宋人笔记所见饮食文化史料辑考 [D/OL]. 上海：华东师范大学，2006.

[5] 蓝勇，陈姝. 历史时期中国甜食的空间格局及其成因研究 [J]. 云南大学学报（社会科学版），2019，18（6）：57-67.

[6] 赵常兴，安鲁. 六朝移民与江南经济区的形成 [J]. 西北农林科技大学学报（社会科学版），2012（4）：144-148.

[7] 风物菌. 缠缠绵绵甜甜，在苏州，吃出"仙"气 [EB/OL].（2019-10-25）[2021-03-07]. https：//mp.weixin.qq.com/s/ruhVy0YMqLT_rzryKeBZvw.

[8] 风物菌. 上海，到底有多"油腻"？ [EB/OL].（2020-12-07）[2021-03-07].https：//mp.weixin.qq.com/s/ytNEMYUZ8rj9HBeRkeYMXg.

中国式下午茶：由唐开始，一发不可收

中国人习惯以点心配茶，尤其在工作日下午三四点，身体快要被掏空之际，吃一块中式糕点，喝一杯热茶，既能快速补充能量，又能收获满满的幸福感。可在古代，点心与茶并不成双出现。

"点心"一词源自唐代，由魏晋南北朝小食演化而来，那会儿古人奉行一日两餐制，加餐为小食，多为麦面、米粉制品。起初都是些足以果腹的简单饼食，而后基于对色香味和造型的着意创新，人们以油、糖、面随手变出各类精致糕点，满足口腹之欲及视觉享受。

新疆吐鲁番阿斯塔那唐墓出土的各类花式点心就是很好的实物证明。在沙漠里掩埋千余年，馅料和具体制作方式已不可考，不过这些以面粉为原料的宝相花纹点心（月饼）、梅花式点心、菊花式点心做工精美，雕刻的花卉栩栩如生，体现了当时人们高超的面点制作技艺和审美情趣。

鉴真东渡日本后，带去豆腐、芝麻烧饼、蔗糖及各种素菜的制作方法。长安和扬州的许多点心相继传入，日本人称其为"唐果子"，平安朝盛行的八种唐果子中梅子、桃子、桂心、黏脐、馎饦、团喜、锤子、餲糊，被记录下具体做法的有三种：馎饦为糯米粉做成，外皮透明酥软，内里包有馅料；餲糊即蝎饼，以蜜、水或是用枣汁、牛羊乳和面，做成油炸饼；锤

◀ 新疆阿斯塔那唐墓出土唐代花式点心

子为用面粉做成的油炸小团子，香甜松脆。

由于唐初引进的印度蔗糖加工技术处于起步阶段，所以这项技术对普通百姓甜味的增加未能发挥显著作用。当时糖的主要来源有两种，一种为采集而来的野蜂蜜，基于收蜜不易及昂贵的蜜价，以蜜入馅者若非达官显贵、富贾豪绅，就是隐逸山林者；二为一般平民较易获得的饴糖（主要成分为麦芽糖，甜味不及蔗糖），用其做出的点心中，糖的含量不高。再加上中唐以前，人们惯以采茶树生叶烹煮成羹汤饮用，就跟喝蔬菜汤或茶粥差不多，没有一边喝（茶）汤一边吃点心（茶食）的习惯。到茶圣陆羽提倡煎饮法，禁止在茶中胡乱添加葱、姜、枣、橘皮、茱萸、薄荷、盐等佐料，佐茶点心作为清饮所必需的茶食才逐渐发展。

又甜又黏的茶食

"茶食"一词首见《大金国志·婚姻》，"婿纳币……酒三行，进大软脂小软脂，如中国寒具。次进蜜糕，人各一盘，曰茶食"。当时包括金中都（今北京）在内的金国境内，举国上下无不啜茶。与宋人客至则啜茶，去则啜汤不一样，金人宴会上习惯先汤后茶，且饮茶必上糕点，尝点又必泡茶。不仅每有贵客临门，女真人便以猪油和面，涂上蜂蜜制成点心，随茶供奉，茶食也成为金国朝野佐茶及相互馈赠之佳品，在金中都盛行。茶食由此做得越来越精致。

淳熙三年（1176年）十一月，周辉作为宋使张子正随员出使金朝，体验了一把茶筵，大致流程是，先汤后茶，旋供晚食。先设的茶筵，所上糕点皆若七夕乞巧，其瓦垅、桂皮、鸡肠、银铤、金刚镯、西施舌之类，做法都是以蜜和面，油煎之。又甜又黏是金朝茶食的特色。周辉发现，金人尤为嗜蜜与其地盛产蜂蜜有关，金人主副食品多渍蜜。但凡有招待贵宾、外国使节等场合，以蜂蜜制成的食物便被端上桌面，这是金人最隆重的待客礼俗。

有一名为蜜渍羊肠（用蜂蜜掺着马肠子煮熟的一种食物）的金国珍味，一般人很难吃到，有一回恰逢金帝生日，便将其赐给关押在金国的徽、钦二帝食用，两人无法适应这种食物，吃完后马上吐了出来。比起不那么容易被接受的

▲ 河北省张家口市宣化区下八里辽代墓群中壁画《备茶图》

契丹贵族喜爱饮茶，而且看重宋朝的名贵茶叶。他们接待客人的时候和金人一样，先汤后茶，与宋朝先茶后汤的习惯正好相反

内脏珍味，由蜜和面加油（或煎或蒸）而成的茶食反倒在北宋掀起一股潮流。如北宋东京男子娶媳妇三日后，女方家要往男方家送油蜜蒸饼。宋代饮食市场上也多见金人糕点，如蜜糕、栗糕、蒸糖糕等。元大都每到正月十三那日发卖糖糕，明清时北京坊巷中的茶食胡同，显然都是受金人茶食传统的影响。而且这一甜食喜好被金人的后裔满族人继承并发扬光大，北京传统糕点萨其马即是最具代表性的产物。

最起码的标准：柔软香甜，入口即化

"萨其马"为满语音译，是"萨其非"和"马拉木壁"的缩写，前者有"切成方块"之意，后者为"堆起来"，指的是制作萨其马的最后两道工序，切成方块，随后码起来。《清文鉴》解释萨其马为狗奶子糖蘸。此狗奶非彼狗奶，说的是东北一种形似狗奶子的野生浆果，用来做萨其马的果料。后来清人入关，野生浆果被其他果料（葡萄干、山楂糕、青梅、瓜子仁等）取代。狗奶子也鲜为人知了。

萨其马的具体做法是用鸡蛋、油脂和面，细切成条后油炸，再用糖、蜂蜜、各式果料搅拌沁透（糖蘸），黏成一方一方的糕点。如果在萨其马上撒上红糖，艳如芙蓉，即为芙蓉糕。唐鲁孙（1908—1985 年）是满洲贵族出身，在他看来，真正的萨其马有一种馨逸的乳香，黏不黏牙，拿在手上不散不碎。

北京人王世襄最爱吃由奶油和面制作，透着乳香的萨其马。据他回忆：

> 当年我最爱吃的萨其马用奶油和面制成。奶油产自内蒙古，装在牛肚子内运来北京，经过一番发酵，已成为一种干酪（cheese）；和现在西式糕点通用的鲜奶油、黄油迥不相同。这一特殊风味并非人人都能受用，但爱吃它的则感到非此不足以大快朵颐。过去瑞芳斋主要供应京华的官宦士绅，就备有一般和奶油两种萨其马。前者切长方块，后者则作条形。开设在北新桥的泰华斋，蒙藏喇嘛是他们的主要顾客，所以萨其马的奶油味格外浓。地安门的桂英斋，离紫禁城不远，为了适合太监们的口味，较多保留宫廷点心房的传统。所以各家均是自具特色，惟萨其马柔软香甜，入口即化则是一致的，因为这是最起码的标准。

气味浓馥的藤萝饼、玫瑰花饼

中国烹饪史上素有"满点汉菜"之说。所谓"满点"，如萨其马和芙蓉糕，说的就是满洲饽饽（满族人统称面制品为饽饽），常使用奶油和蜂蜜，种类繁多。有由奶油和面做成的酥皮，加糖、蜂蜜、果料等制成的蝴蝶酥、杏仁酥、核桃酥等，也有酥皮带甜馅儿，还有应时而作的玫瑰饼、藤萝饼等。

满族人有个习惯，午饭过后晚饭未到，下午四点左右有些饿时，要吃点点心，春秋冬吃饽饽后，喝杯奶茶；夏季天热，吃点心后要喝碗奶酪。是故京城专门出售满式吃食的奶茶铺，也专卖各类满式饽饽。

当然，想买到品种齐全的点心，还得去饽饽铺购买。老北京饽饽铺多以斋为名，清中叶后很是流行。不仅制售供满人婚丧大事所需之各色饽饽，也贩卖不少满制汉点，如奶皮元宵、奶子粽、奶皮月饼等，粗细点心有一百二三十种之多。

那时人们买饽饽不单纯为了吃，而是一种民俗和礼节。老百姓供佛祭祖、探亲访友、婚嫁生育所用的糕点几乎都来自饽饽铺。老北京的饽饽铺，装修很有特色，门口挂的幌子配有流苏，飞金朱红栏杆，柜台两边山墙，五彩缤纷的油漆彩画，古色古香。

在王世襄的记忆里，饽饽铺的铺面装修，从内到外都是非常讲究的，而店内商品的陈列方式也非常有特点：

> 如果不是牌楼高耸，挑头远眺，就是屋顶三面曲尺栏杆，下有镂刻很精的挂檐板，用卷草、番莲、螭龙、花鸟等作纹饰，悬挂着"大小八件""百果花糕""中秋月饼""八宝南糖"等招幌。从金碧辉煌、细雕巧琢的铺面，已经使人联想到店内的糕点也一定是精心制作，味佳色美的。
>
> 老饽饽铺还有一个特点，即店内不设货品柜、玻璃橱，因而连一块点心也看不到。以当年开设在东四八条口外的瑞芳斋为例，三间门面，店堂颇深，糕点都放在朱漆木箱内，贴着后墙一字儿排开。箱盖虽有竿支起，惟箱深壁高，距柜台又有一两丈远，顾客即使踮起脚也看不到糕点的踪影，只能"隔山买老牛"，说出名称，任凭店伙去取。但顾客却个个放心，因为货真价实，久已有口皆碑。
>
> 饽饽铺的糕点，名目繁多，有大八件、小八件，又各有翻毛、起酥、提浆、酒皮等不同做法。属于蛋糕一类有油糕、槽糕。起酥一类有桃酥、状元饼、枣泥酥、棋子。应时糕点有藤萝饼、月饼、重阳花糕、元宵等。

唐鲁孙晚年在台湾，最惦记的就是饽饽铺里的藤萝饼。藤萝饼是京式四季糕点之一，每年春尾夏初，白丁香和紫藤花都灿烂盈枝，引得狂蜂闹蕊的时候，饽饽铺的藤萝饼就上市了。藤萝饼跟翻毛月饼做法大致一样，只是将枣泥豆沙换成了藤萝花，吃的时候带点儿淡淡的花香，就是糅合到一块儿的藤萝香、松子香，这让唐鲁孙不由得感叹，那真是冷香饶舌、满口沁心，太好吃了。

作为饽饽铺中的特色点心，藤萝饼和玫瑰花饼俘获了不少人的心，张学良在京时就喜欢去正明斋饽饽铺购买玫瑰花饼。梁实秋家小园里有一架紫藤，每到花开累累、满树满枝之际便摘掉少许，洗净，送交饽饽铺请其代制藤萝饼；红玫瑰初放时，也常摘取花瓣，送到糕点铺里请其代制玫瑰饼。鲜花自制出来的糕点，味道自然不同，气味浓馥，不比寻常，时常令梁实秋怀念。

月圆人圆事事圆

你可能没听说过藤萝饼，但月饼可是人人皆知。那可是集糖油之大成者，让人又爱又恨。新疆吐鲁番阿斯塔那唐墓出土的宝相花纹点心有着与如今月饼相似的印纹，被认为是月饼的早期雏形。

其实，月饼作为一般点心早已有之，只是形态各式各样，与如今的中秋月饼大不相同。苏东坡的诗句"小饼如嚼月，中有酥和饴"中提到的月饼，是一种加糖和油酥的小圆饼。南宋周密《武林旧事》中，被列在"蒸作从食"中的月饼是一种带馅儿的蒸制食品。它们都不是宋人过中秋的必备点心，未被列入中秋精美佳肴之列。

那么宋代人过中秋节，都享用哪些特别的节物呢？新酒（桂花酒）、水果、玩月羹是必须要有的。以北宋都城东京为例，每到中秋节前，诸店皆卖新酒，上至达官显贵、文人墨客，下及平民百姓、贩夫走卒，人人争饮。一边喝酒，一边赏月，何乐而不为？甜点则以新鲜水果石榴、梨、葡萄为主。至于中秋玩月羹是什么东西，只能靠猜，有专家揣测是"鸡蛋羹之类，或许有像月之形，至少是浇汁鸡蛋饼"。有烹饪史家认为，玩月羹当是以桂圆、莲子、藕粉等为

◀ 清代·佚名 《清院本十二月令图轴之八月》

画中描绘了中秋节人们高楼设宴、观赏月色、弹琴吹箫等庆祝活动

原料烹成，因为百年前岭南一带仍见玩月羹应市。不过等到月饼成为中秋特色点心后，也就没玩月羹什么事了。

将月饼作为中秋佳节互赠好礼及节日食品，大约是在元明之际。从明代开始，中秋节吃月饼已成人们普遍共识，并有意识地将月饼与天上圆月、人间团圆联系起来。如果说中秋节对宋人来说是一场狂欢节的话，那对明代老百姓而言，中秋节的意义在于月圆人圆。祭月的月饼必须是圆形的，上面印有嫦娥、月宫、桂树、玉兔等图案，材料以果馅儿为主。除自制外，北京城自八月初一起到八月十五，市场上即有卖月饼的，各式各样的，有高档的也有一般的，贵的值数百钱。

到八月十五日中秋节当天，家家供月饼瓜果，候月上焚香后，即大肆饮啖，多竟夜始散席者。如有剩月饼，就将其收拾好，放在干燥风凉处，至年末合家分用之，曰团圆饼也。因为凝聚着浓浓的团圆意味，所以月饼成为中秋期间亲友馈送、联系感情的最佳选择。

清宫月饼式样千奇百怪

到清代，月饼形制更为多样，有的直接做成了传说中的月亮形状，饼圆如三尺月，厚径寸而高致夺目；有的大者尺余，上绘月宫蟾兔之形；还有方形、多角形、椭圆形的月饼，名称多元，如"嫦娥奔月""三潭印月""银河夜月""冰片莲蓉""凤凰西山"等。

葡萄牙传教士安文思 1648 年抵达北京，为清廷制作钟表等机械装置，对中国人欢庆的盛大节日中秋节印象深刻：

> 从日落到月升，直到午夜，他们要和亲友到街上、广场、花园及高台上庆祝并观看月中出现之兔。为此，他们在节前几天相互赠送小面包及甜饼，他们称之为月饼(Yue Pim)，即月亮之饼。月饼是圆的，最大的直径约有两掌宽，表示满月，中央有一个用胡桃、杏仁、松子糊及其他原料制成的兔子。他们在月光下吃月饼，富人身旁还有美妙的音乐伴奏，而穷人则在用棍棒敲打锣鼓的噪声中过节。

▲ 清代月饼模子

　　清宫月饼种类繁多，有用香油和面制成的香酥皮月饼，也有用精炼后的奶油和面制成的奶酥油月饼，还有用猪油和面制成的月饼。有糖馅儿、果馅儿（蜜饯果脯）、澄沙馅儿（过滤后很细的豆沙）、枣馅儿，还有芝麻椒盐的甜咸馅儿月饼。宫廷用于祭祀的月饼，保质期长达三个多月，可以一直留到除夕再吃，也谓之团圆饼。

　　这是月饼工艺的核心所在。制作饼皮图案，饼模必不可少。据故宫博物院前研究馆员苑洪琪介绍，清宫月饼用梨木月饼木模印制，至今故宫还珍藏有各种图案的月饼木模多件，内刻广寒宫殿、桂树和持杵玉兔。其中两件图案很有特色：一是以云朵掩映下的广寒宫为主要构图，边上刻有八仙法物纹饰。持药杵的玉兔站在广寒宫的一侧，广寒宫阶下的曲栏蜿蜒，高大的桂花树枝叶婆娑，广寒宫、玉兔都在它的覆盖之下。二是以玉兔为图案主体，亦有八仙法物为边饰。重檐飞脊的广寒宫坐于须弥台基上，四周设栏板、望柱。广寒宫左、右各有一棵桂花树，繁茂的枝叶与云朵融为一体。神态专注的玉兔持药杵立于台阶正中。

　　每年八月十五前后，依据木模大小、纹饰不同，清宫制作出来的月饼各式各样。不用木模做的月饼，就用鲜艳颜色做印记。如今随处可见的满点中，自来红、自来白月饼就属后者。二者都是以小麦粉为主料，加白糖、猪油或食用植物油调制而成，馅料以冰糖、桃仁、瓜仁、山楂糕、青红丝为主要原料。烤制前，饼坯都是白色的，出炉后，自来红饼坯变成了棕红色，月饼上还多出了深红色的红圈，而自来白则不变色。另外，慈禧甚为喜爱并赐名的翻毛月饼也不用木模，其外皮层次细密，面皮与油酥层次极多，传言食用时稍一用力就会有小片油酥剥落，因飞起如雪白鹅毛而得其名。

这些京式月饼有个最大的特点，就是太甜了，南方人周作人时常抱怨，北京无好茶食。最初自来红、自来白月饼饼皮硬，咬开来馅心只有半边，加上内馅儿主要是糖，融化后再凝结还是硬的，咬起来相当磕牙。就连北京人梁实秋也受不了，他说：自来红、自来白乃是中秋上供的月饼，馅子里面有些冰糖，硬邦邦的，大概只宜于给兔儿爷吃。而北方的翻毛月饼，并不优于江南的月饼，更与广式月饼不能相比，不过其中有一种山楂馅儿的翻毛月饼，薄薄的小小的，我认为风味很好，别处所无。大抵月饼不宜过甜，不宜太厚，山楂馅儿带有酸味，故不觉其腻。

不仅是京式月饼，清朝苏氏、广式月饼也以甜馅儿居多，富于脂油，到苏式月饼新增咸味月饼。"至于咸月饼曩年仅有南腿、葱油两种，迩年又新添鲜肉月饼"，加上广式咸肉、白肉等月饼，月饼始有甜、咸二派之分。

（李崇寒）

参考资料：

[1] 王仁兴 . 中国饮食谈古 [M]. 北京：轻工业出版社，1985.

[2] 邵万宽 . 中国面点文化 [M]. 南京：东南大学出版社，2014.

[3] 温晓菊，宋蓓 . 中国古代茶食发展流变 [J]. 农业考古，2014（5）：117-123.

[4] 王世襄 . 锦灰堆 [M]. 北京：生活·读书·新知三联书店，1985.

[5] 乔凤岐 . 中秋月饼的由来及其制作工艺 [J]. 焦作师范高等专科学校学报，2014（3）：32-35+49.

[6] 唐鲁孙 . 中国吃 [M]. 桂林：广西师范大学出版社，2013.

[7]（葡）安文思，（意）利类思，（荷）许理和 . 中国新史：外两种 [M]. 何高济，译 . 郑州：大象出版社，2016.

吃着吃着就没了：古诗中消失的食物

翻开一本《诗经》，放眼望去能发现各种各样的蔬菜，什么荇菜、卷耳、蕈菲、薇菜……我们只觉得名字美丽，却没意识到，这些都是古人常吃的一些蔬菜。

其实，这样的食材有很多，它们出现在各种史书、诗文里，却鲜少出现在我们今天的菜谱里。

它们都是什么？曾经如何走上餐桌的？现在又为何退出了呢？

蔬菜：少了"吃"，却成"诗"

《诗经》里的草木，常作为起兴或象征譬喻的意象出现，事实上，它们都是古人餐桌上的常客，是古代先民将自己在田间劳作的日常经验、纯真的自然情感与质朴诗意相结合的体现。

荇菜

参差荇菜，左右流之。窈窕淑女，寤寐求之。

——《诗经·国风·周南·关雎》

荇菜是一种水生植物，根茎可用来煮汤。因其漂浮在水面上，流动无方，正如淑女之难求，所以在《诗经》开篇的第一首中，就作为起兴的工具闪亮登场了。

▲ 荇菜

毛亨的《毛诗诂训传》记载："荇，接余也。"陆玑在《毛诗草木鸟兽虫鱼疏》中则做了更详细的说明："接余，白茎，叶紫赤色，正圆，径寸余，浮在水上，根在水底，与水深浅等，大如钗股，上青下白。鬻其白茎，以苦酒浸之，肥美可案酒。"

在今天，随便一个浅池野塘，都能看见这种漂浮于水面的植物，只不过很少有人会想到去把它采撷来吃罢了。实际上，荇菜口味不佳，无论是口感还是营养价值，都远不如与它相似的莼菜。

对现代人而言，"参差荇菜"带来的印象也一定不会是吃，而是一幅古朴自然的生活图景。离开了餐桌的荇菜，同窈窕淑女密不可分，成为一种特定的诗意象征。

卷耳

采采卷耳，不盈顷筐。嗟我怀人，置彼周行。

——《诗经·国风·周南·卷耳》

卷耳，又叫苍耳。我们可能见过它，但很少吃过它。它可生长于平原、丘陵、山谷等多种地形，可以在荒野路边、田边见到，也可以在院子里见到，总之几乎随处可见。卷耳的幼苗嫩叶是可以食用的，然而滋味大抵不怎么样。古人采食之，既是因为农耕条件不发达，也是因为百姓人家普遍穷苦。年岁歉收时，卷耳是常见的救荒食草。

卷耳作为菜蔬难以下咽，但采摘它的图景中却包含缱绻优美的愁绪与诗情。在田间地头采野菜的女子，漫不经心地将卷耳装进筐中，心绪却飘向远方，思怀起出征在外的人来。那民谣回环复沓地唱啊唱，这卷耳却怎么采也不盈筐，忽将菜篮弃于道旁，对心上人的思念啊早已飞越高岗……

葵

六月食郁及薁，七月亨葵及菽，八月剥枣，十月获稻，为此春酒，以介眉寿。

——《诗经·国风·豳风·七月》

古有五谷，亦有五菜。李时珍在《本草纲目》中说："古者葵为五菜之主……古人种为常食。"葵菜，在两千年的时间里，曾经是"百菜之王"。

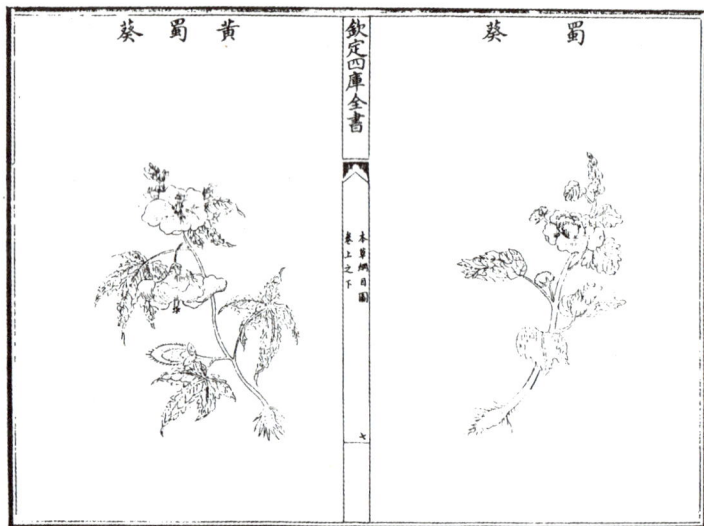

▲ 《文渊阁四库全书·本草纲目》中葵的图解

需要注意的是，这个葵不同于我们熟悉的向日葵。向日葵大约于明代传入我国，其叶苦涩，不可食用。乐府诗《十五从军征》有"春谷持作饭，采葵持作羹"，《长歌行》亦有"青青园中葵，朝露待日晞"，说的就是这种葵菜。

葵菜的流行，关键在于它肥嫩滑腻的口感。在古代，油最初主要是来自动物油脂的提炼。然而动物油脂十分难得，提炼后的荤油则更少。尽管后来芝麻油和花生油之类的植物油陆续出现，但它们依然价格昂贵，百姓根本无法作日常之用。本身含有黏液质的葵菜弥补了油的缺乏，因而受到青睐。另外，葵菜四季可生，在储藏和保鲜技术都较为低下的时代，它自然成为餐桌上的常客。

葵菜的消隐，是由白菜的崛起引发的。

起初，白菜只是长江流域一种地方性蔬菜，至少在南北朝时期（约5世纪—6世纪），南方已经开始栽培白菜了。至唐宋，白菜才逐渐传入北方。人们一种起白菜，就发现了它巨大的优势——产量大、耐寒、经过简单加工就可以长久储藏，另外，味道也比葵菜甜美。有说法认为，让白菜更进一步挤占了葵菜位置的，是始自明朝中叶的"小冰河期"。公元1500年后，气温骤降，大量作物因为无法抵御严寒而死亡。而白菜耐寒、耐储存，冷冬时节囤下大量白菜，可以救荒。因而，此后它的种植面积进一步地迅速扩张，成为新一代"百菜之王"，直到今天仍是我们餐桌上最常见的蔬菜之一。

茆（莼菜）

思乐泮水，薄采其茆。鲁侯戾止，在泮饮酒。

——《诗经·鲁颂·泮水》

孔颖达疏："茆……江南人谓之莼菜。"莼菜长得与荇菜有些相像，在今日作为菜蔬并不少见。在盛产莼菜的江南地区，人们常常食用它。不过比起古时名满天下的盛景，今日莼菜的地位已经衰微了不少。

到现代，野生莼菜的产量下降，它已成为一种珍稀植物，于1999年被列为中国国家I级重点保护野生植物。

古有"莼鲈之思"的典故，以寄乡情。正是这典故，让莼菜享誉全国。据

《世说新语·识鉴》的记载："张季鹰（张翰）辟齐王东曹掾，在洛，见秋风起，因思吴中菰菜羹、鲈鱼脍，曰：'人生贵得适意尔，何能羁宦数千里以要名爵！'遂命驾便归。"

西晋人张翰，生于苏州，在洛阳做官。因为思念家乡江左的莼鲈美味，便决然辞官而归，在后世传为一段佳话。人们不仅以"莼鲈之思"寄情故乡，更以此表达归隐之志。白居易曾写道："犹有鲈鱼莼菜兴，来春或拟往江东。"宋代方岳亦在《水调歌头·平山堂用东坡韵》中写道："芦叶蓬舟千重，菰菜莼羹一梦，无语寄归鸿。醉眼渺河洛，遗恨夕阳中。"莼鲈，可谓理想人生的象征。

莼菜口感嫩滑，味道清淡。叶圣陶写道："莼菜本身没有味道，味道全在于好的汤。但这样嫩绿的颜色与丰富的诗意，无味之味真足令人心醉。"其实这莼菜的味道，乃是家乡的味道呀！

主食："五谷"名存实亡了吗？

所谓"五谷"，是中国人再熟悉不过的表述。

《周礼·天官·疾医》："以五味、五谷、五药养其病。"郑玄注："五谷，麻、黍、稷、麦、豆也。"而《孟子·滕文公上》："后稷教民稼穑，树艺五谷，五谷熟而民人育。"赵岐注："五谷谓稻、黍、稷、麦、菽也。"

"菽"即"豆"，五谷中存在分歧的主要是"麻"与"稻"。不过，也有可能"五"为虚指，"五谷"是泛指各类谷物。无论如何，各家在注疏时，根据自己的生活经验解释五谷，恰恰证明了这几类谷物在古时的重要地位。

麻

"麻"在五谷中的地位不大稳固，至少它在古时就早早隐退，失去了粮食的价值，为"稻"所取代。

"麻"有大麻与胡麻两类。胡麻即芝麻，自异邦引进，"五谷"所说的麻与此无关。《梦溪笔谈》记载："古者中国止有大麻，其实为蒉。"《本草纲目》

▲ 汉代麻靴底

记载："五六月开细黄花成穗，随即结实，大如胡荽子，可取油。剥其皮作麻。其秸白而有棱，轻虚可为烛心。"

可见，这种作物既可制衣，又可照明，果实则能拿来食用，是很有经济价值的作物。

麻籽也叫苴。夏历九月，麻籽成熟，农民采拾以食。《诗经·国风·豳风·七月》："七月食瓜，八月断壶，九月叔苴，采荼薪樗，食我农夫。"对于古代劳动人民而言，麻籽是主要食品之一。然而这并不是一种美味的食物。之所以能位列五谷，乃是因为可以充饥，可见古代劳动人民生活之艰苦。

"麻"的地位衰落是随着人们生产力的发展悄然而至的。而"稻"，则因为灌溉条件的改善，产量与地位都提高了。它逐渐取代"麻"，直至今日仍是中国人最主要的食物之一。

黍与稷

古人常常将"黍稷"连在一起说。《诗经》中有"彼黍离离，彼稷之苗……知我者，谓我心忧；不知我者，谓我何求""九月筑场圃，十月纳禾稼。黍稷重穋，禾麻菽麦"，又有"昔我往矣，黍稷方华。今我来思，雨雪载途"。同时，黍稷均为古时祭祀作物，可见它们在先民生活中之重要地位。

"黍"为"禾属而黏者也"。它有赤、白、黄、黑数个品种。白黍黏似糯米，可以包粽子；黄黍可以做糕；黑黍可以酿酒。今日北方还能常吃到的黍子，又叫大黄米。总体而言，黍的出现频率已经不大可与古时相比。

常与"黍"相伴出现的是"稷"。人们自古以"社稷"指代"国家"。"社"，为土地之神；"稷"，为谷神。《本草纲目》记载："稷熟最早，作饭疏爽香美，为五谷之长而属土，故祠谷神者，以稷配社。五谷不可遍祭，祭其长以该之也。"

作为五谷之长，国家之代称的"稷"，地位举足轻重，却始终身份不明。一说"稷"就是粟，即小米；一说"稷"是"黍"中不黏的一种；一说"稷"即高粱。总而言之，"稷"是一种耐旱作物，因为古代生产水平较低下，抵御自然灾害的能力也较弱，所以，稷在很长一段时间里都是最重要的作物。

今日之黍稷，并没有完全脱离人们的食谱，不过，随着生产力的发展，小麦与水稻的产量大大提高，谷物磨制技术也在进步。比起古时，黍稷的地位算是大大衰落了。

辛香料：辣椒传入前，四川人吃什么？

我们都知道，今天的中国有一个以四川、贵州、湖南为核心的喜欢吃辣的饮食文化区，川菜、湘菜都以辣闻名。但是，辣椒是一种原产于美洲的作物，根据记载，它在明代才辗转大洋传入国内，而且最初根本不是作为食材，而是作为观赏植物。明代高濂《遵生八笺》之《燕闲清赏笺·四时花纪》："番椒丛生，白花，子俨似秃笔头，味辣色红，甚可观。"直到清初，国内才出现了食用辣椒的记载。康熙六十一年（1722 年）《思州府志》："海椒，俗名辣火，土苗用以代盐。"

那么，在辣椒传入中国以前的漫漫数千年间，中国人要如何获得辛辣的味道呢？除了辣椒以外，姜、花椒、胡椒、葱、蒜、芥末、烧酒等都能制造辣味，这些食材都是我们从古沿用至今的，不过也有一些曾是重要辛香料的食材，如今已经消失在我们的餐桌上了。

蓼

大宋第一美食家苏东坡曾在词中写："雪沫乳花浮午盏，蓼茸蒿笋试春盘。人间有味是清欢。"看来蓼这种菜滋味不错，能给人以"清欢"之感。

古有"五谷""五菜"，亦有"五辛"。苏东坡说的"春盘"也就是"五辛盘"。

《本草纲目·菜一·五辛菜》："五辛菜，乃元旦、立春，以葱、蒜、韭、蓼蒿、芥辛嫩之菜杂和食之，取迎新之意。"

春日吃五辛菜，是传统食俗，仿佛是人们要以菜肴为引，将春天迎接到餐桌之上。

这些辛香之菜中，葱、蒜、韭、芥都还常用，不过蓼已少见了。五辛盘也少有人知。这种蓼是蓼属植物中的一种，又叫水蓼、辣蓼。古人烹煮荤腥时将之放入，能去除腥味。《本草纲目》："古人种蓼为蔬，收子入药。故《礼记》烹鸡豚鱼鳖，皆实蓼于其腹中，而和羹脍亦须切蓼也。后世饮食不用，人亦不复栽，惟造酒曲者用其汁耳。"现在，蓼更多是作药材之用。

茱萸

我们对茱萸的印象，主要是来自王维那首《九月九日忆山东兄弟》："独在异乡为异客，每逢佳节倍思亲。遥知兄弟登高处，遍插茱萸少一人。"但是现代人还真很少知道茱萸也是能吃的。

茱萸有三种：山茱萸、吴茱萸和食茱萸。山茱萸长相圆润可爱，不过并没有什么滋味，后两种茱萸则有辛味。重阳节登高时要插在发中的是吴茱萸，它气味浓烈，古人认为可辟邪保佑平安。食茱萸又叫椿叶花椒，这名字听起来就够辛烈。它长得张牙舞爪，枝干分布着尖刺，连鸟儿也不敢在上面栖息，因此有"鸟不踏"之称。它们都是药食兼用的本草。

在辣椒传入中国前，川菜辣味香料的主要来源之一便是茱萸。《本草纲目》记载，茱萸"味辛而苦"，四川、湖北一带的人于八月采之，"捣滤取汁，入石灰搅成，名曰艾油，亦曰辣米油。味辛辣，入食物中用"。可见在从前，茱

▲ 嘉峪关新城魏晋墓出土炊事图画像砖

萸是十分重要的辛香料。不过，茱萸大多为野生，不易采摘，而且处理工序较为复杂，所以明代辣椒传入中国以后，茱萸逐渐退出厨房……

这些吃着吃着就没了的谷物蔬食，曾经在中国历史上扮演重要角色，也在中国人的情感文艺世界里留下深刻的印记，然而，出现在诗文中的它们，美则美矣，细究起来却多少带着苦涩。

比如《诗经》曾写到的几十种蔬菜，其中不少是歉收之年用以救荒的，"黍""稷"粗粝无比，"荇菜""卷耳"都不甚美味，但在生活简朴、聊以充饥即可满足的古代平民人家，它们都是可以维持生存的。

考察中国古代饮食史，先秦时期官民不同食，贵族与庶民在食材和食具上有明显的阶层分化。《左传·庄公十年》中有句著名的"肉食者鄙，未能远谋"，"肉食者"乃是贵族与官员的代称，可见肉类并非寻常百姓所能食用的。所谓"庶人无故不食珍"，非特殊情况（如祭祀等重要场合）下庶民食用鱼肉是违反礼制的。在这样的情况下，自然唯有五谷和田园蔬菜乃至野菜，成为饮食的主要内容。

占据了绝大多数人口的庶人农民，整个社会食材原料的贡献者，却都属于"果腹层"。他们的食谱实际上分外单调，主食是粗粝的五谷，而蔬食仅有自己耕种的菜品和各种能够采集到的野菜。农民需要把土地最大限度地用于粮食作物的种植，因而除了步履所及之处，很少可以吃到其他产地的食物。免受饥寒，已经是他们最大的奢求了。何况因为频繁的自然灾害，在丰年时也只能居安思危，"丰年且作歉年，有时常想无时"，更不要提繁重的赋税了。

从这个角度看，食物的消亡似乎并非是一件需要遗憾的事情。那些失去了食用价值的食材，正是因为人们能够吃到更美味、更高产的食物，才退出厨房的。那些为了满足果腹的基本需求才不得不充当食物的各色草木，它们的消失，不也正是社会阶层流动、生活水平提高的体现吗？

结语

那些已经消失或者正在消失的食物，并不会彻底销声匿迹。它们有的从餐桌走进历史，成为一种味觉记忆，引人追怀往昔岁月；有的则从田野走进了文学，成为象征，成为寄托，成为情感的载体。事实上，它们逐渐以另一种方式更加持久地保存着活力。

（李言）

参考资料：

[1] 李时珍. 本草纲目 [M]. 北京：人民卫生出版社，2004.

[2]（日）细井徇. 诗经名物图解 [M]. 北京：中国画报出版社，2016.

[3] 王作新. 古代食物类说 [J]. 文史杂志，1994（2）：34-35.

[4] 连燕婷. "五谷"的前世今生——"黍、稷、麦、豆（菽）、麻、稻"源流探微 [J]. 汉字文化，2014（6）：67-71.

[5] 高智.《诗经》里的菜园子 [J]. 文史杂志，2015（5）：78-79.

[6] 赵荣光. 试论中国饮食史上的层次性结构 [J]. 商业研究，1987（5）：37-41.

[7] 中国植物物种信息数据库 [DB/OL].http：//db.kib.ac.cn/.

[8] 虫离先生. 古卷食遗——先秦 [EB/OL].（2017-01-27）[2020-06-18].https：//zhuanlan.zhihu.com/p/24818469.

[9] 小马. 有哪些曾经常见的食材淡出了中国人的食谱？[EB/OL].（2017-11-16）[2020-06-18].https：//www.zhihu.com/question/49690737/answer/207726999.

中国哪里人最能吃臭？

"臭"是一种很玄妙的气味，它的反义词是香。浙江镇海小说家鲁彦，曾这样描述他对臭食的依恋：

> 我在北方住久了，不常吃鱼，去年回到家里一闻到鱼的腥气就要呕吐，唯几年没有吃臭咸菜和臭苋菜梗，见了却还一如从前那么地喜欢。在我觉得，这种臭气中分明有比芝兰还香的气息，有比肥肉鲜鱼还美的味道……

什么样的臭味美食能让人执念如此？
"臭"的食界，值得我们一探究竟。

喜食臭：古代的一种叛逆行为

食臭并非现代才有，古人也与臭食颇有渊源。

贾思勰在《齐民要术》卷八"作酱法"中"作鳢鮧法"部分记载了这样一个故事：汉武帝逐夷，追到海滨，见渔夫"造鱼肠于坑中，以至土覆之，香气上达"，结果"取而食之，以为滋味"。汉武帝很高兴，给这道食品取名"逐夷"，实即鱼肠酱。这种鱼肠酱，说有香气，实属"异香"，即带有臭味的香气。这便是有关臭食较早的记载。

享誉安徽徽州的"臭鳜鱼"也是在无意中创制出来的。相传200多年前，安徽沿江一带的商贩在贩鱼途中，为防止鲜鱼变质太快而在鱼身上撒一层薄盐，并经常翻动，当到达目的地时，鱼的外表虽保存完好，但腥臭之气从中阵阵发出，而后经过厨师加工洗净烹制后非但臭味全无，反而鲜美无比。在无意中创制出的闻名后世的"臭鳜鱼"，后随着徽商文化的传播逐渐走遍天下。

宋代朱铺著《溪蛮丛笑》中记载："牛羊肠脏，略摆洗，羹以飨客，臭不可近，食之既则大喜。"清代范宣在《越谚》有"苋菜梗"条云："苋见《易夫卦》，其梗如蔗段，腌之气臭味佳，最下饭。"不久后，"可与松花相比美，敢同虾酱做竞争"的王致和臭豆腐横空出世，这也意味着，"臭食联盟"进一步吸纳了动物内脏、菜蔬与豆制品。

青方之于清代就是一道绝妙的佐餐小食。据传，王致和臭豆腐曾作为御膳小菜送往宫廷，受到慈禧太后的喜爱，亲赐名"御青方"。青方虽奇臭无比，咴一小口，浓郁上头，直至浑身通泰，妙不可言，连慈禧都要感叹一句"闻臭下箸，入口醇香"。这里要指出的是，青方虽在北京城"闪亮登场"，但据传王致和为安徽省仙源县人，臭豆腐是其仿效家乡人做腐乳的办法，经一番改良加工腌制而成的。

如此看来，中国食臭地带似乎集中在长江中下游。这一带物产丰饶（中国豆腐也在此诞生），气候湿热。丰饶则升斗小民不致吃了上顿没下顿，湿热则家中所存食品易生霉变味。中国百姓过日子一向精打细算，霉变之物舍不得扔掉，便会想出腌、糟、臭、卤等腌制方法加工过后再吃。经加工后的食物虽臭却鲜，风味独具，一来二去，臭食遂逐渐流行。

再后来，逐臭之风在中国席卷南北各地，并延续至今。

臭食图鉴：天南地北臭飘香

"臭中之臭"，宁绍绝配。

宁波有"宁波三臭"：臭冬瓜、臭苋菜梗、臭菜心（芋艿梗）。绍兴有"蒸双臭"：臭苋菜梗与臭豆腐齐蒸，臭味直冲鼻腔。如果觉得不够爽，还有"蒸三臭"、"蒸四臭"、霉冬瓜、霉毛豆等着你。对"食臭狂魔"宁绍人民而言，

▲ 宁波三臭
从左至右依次是臭苋菜梗、臭冬瓜、臭菜心

万物皆可臭。令鲁彦为之盛赞的，正是宁波三臭之首的臭苋菜梗。臭苋菜梗被当地人称为"压饭榔头"，它在臭食界的王位可是由《风味人间》总导演陈晓卿亲口授予的。能有多臭？有人写成等价替换公式：1口臭苋菜梗=2口臭菜心=3口臭冬瓜，这下能感受到臭苋菜梗的威力了吧！

臭苋菜梗之所以被尊为臭食界的"祖师爷"，除了臭味令人灵魂颤抖，另一原因是臭菜心、臭冬瓜可以用它所熬制的"臭卤"腌制而成。这里不得不提到宁波人的"臭坛子"和"臭卤"。臭坛子，老宁波人称之为"臭卤甏"，是霉腌各种菜类必不可少的一样道具。冬瓜、苋菜梗、芋艿梗、千张在甏中的苋菜汁中发酵、发臭，腌出来的臭菜别有风味。宁绍人做臭苋菜梗，要选那种粗硬得不能炒菜吃的老梗，切成块儿，再焯成八分熟，然后经过沥水、撒盐、封瓮的一番炼臭洗礼，熬上半个月，这道"中国最臭的菜"便诞生了。等捞出来时清蒸一下，中间的茎肉口感就像果冻一般，噙住一头，轻轻一嘬，柔嫩中夹杂着一缕清爽爽、香酥酥的异香。宁波人还会撒点味精和小磨麻油添点味儿，咸臭鲜香的复杂滋味，对喜爱它的人来说，是无上妙品。

除了臭苋菜梗，绍兴霉千张与臭豆腐也能在臭食绝味中占有一席之地。

霉千张是用豆腐皮一层一层叠起来的，每一个吃过霉千张的人，都逃不开"闻霉臭，而欲避之；进食醇香，则欲罢不能"的真香定律。霉千张的吃法很多，最能保留其原味的当数清蒸，也有人喜欢把它和"千刀肉"（肉饼子）放在一起蒸，肉饼也染上霉味，咸臭咸臭的，臭到极致，吃起来的味道反而淡然而香了。

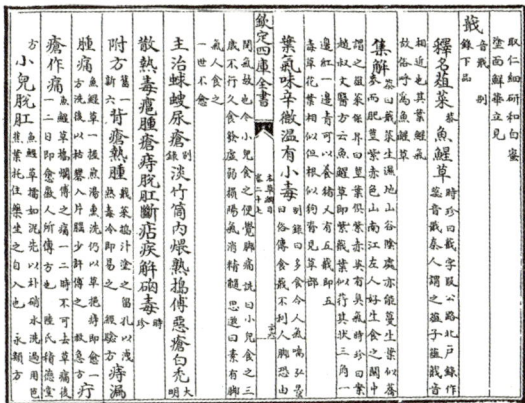

▶《文渊阁四库全书·本草纲目》
中关于鱼腥草的记载

　　绍兴臭豆腐的卤制方法很讲究，需要严格把关浸泡时间和霉苋菜卤水的酸碱度，发酵出的臭豆腐煎炸后才够酥脆。除了油炸，还可炒、煎、蒸、烹、炖，做成"本鸡炖香腐""酱肉蒸臭豆腐""虾仁煎香腐""银芽香腐""剁辣臭豆腐""腐皮包臭豆腐"……

　　说到臭豆腐，长沙"臭干子"和建水"烧豆腐"同样以臭闻名。与宁绍地区柔和的腌制方式不同，臭物到了湖南长沙这里，统统要历经一番至辣的淬炼。臭干子闻着虽臭，吃上一口就是直击鼻腔的火辣，嗜辣的湖南人将辣与臭两种至味融合，令臭干子别具一番风味，其遍布全国美食街就是其最有力的证明。

　　云南建水的"烧豆腐"，生来就带有豆类发酵的酸臭，经过炭火烤制与蘸水浸泡，结果却异香扑鼻。品尝地道的烧豆腐必得"眼疾手快"，若时间过短，外皮发白，豆腐会变酸；若火候过大，则外皮迅速发黑，豆腐会有苦味。

　　云南人在食臭方面极有天赋，不仅体现在烧豆腐上，还有更加"臭名远扬"的"折耳根"。在我国西南地区，人们一般把连叶带根的叫作"鱼腥草"，鱼腥草的根叫作"折耳根"。折耳根常年霸占"最难吃蔬菜榜"第一名，更有人形容它的气味仿佛十倍浓缩的鱼腥味加上肥皂味……但对云贵川人民来说，折耳根既清爽解腻，还有药用价值，有什么理由不吃？

　　作为调味点睛之笔，折耳根首先一定要切碎，切碎之后拌在菜里，折耳根本身的脆韧口感突出，鱼腥味就减弱了。云南人没有折耳根的一天大概率是不完整的：凉拌折耳根、折耳根鸡汤、折耳根蘸水、折耳根炒腊肉，就连狼牙土豆也得放点折耳根意思意思……

　　川渝地区的凉菜因为有着秘制红油，折耳根经过盐渍后变得爽脆可口，腥味也变得非常淡，入口全是麻辣的香味，还有清脆的口感，甚至还有一点点回甜，一口一小节好不过瘾。与其他地方不同，贵州人吃鱼腥草不吃叶，专爱吃它的根，也就是"折耳根"。贵州人不仅每天要吃掉将近三万吨折耳根，甚至贵州本土的奶制品企业还推出了折耳根味酸奶。

　　作为云南的好邻居，广西也有自身的食臭精髓。如果外地人去了广西，说广西到哪里都飘着臭臭的味道，那味道的"始作俑者"便是广西酸笋。《舌尖上的中国》曾介绍过柳州酸笋的制作方法，选取个大肉靓的大头甜笋，辅以专门从山上引来的山泉水，再用大瓦缸腌制，浸泡半月左右即成。腌制的酸笋色泽发暗，味道发臭，接受不了的人甚至把酸笋的味形容为下水道味，但它却是广西美食的灵魂——无论是臭得"出圈"的螺蛳粉，还是广西人家家户户都会做的酸笋鸭，有多少人厌恶它的"臭气熏天"，就有多少人爱它的"酸辣烫鲜香"。

　　刚才说的臭菜，几乎属蔬菜与豆制品之列。而安徽臭鳜鱼，则将古时的臭鱼传统发扬光大。

　　把新安江的肥美鳜鱼活杀，留下残留的血渍和肌肉细胞，在鱼身抹上盐，叠在樟木桶里，微生物的发酵由此开始。腌好的鳜鱼散发着令人难以忘却的臭味，安徽人把臭鳜鱼施以浓油赤酱的手法，得到一种"异香"：这种气味让一半人掩面而逃，另一半人则认为是人间至味、下饭"神器"。

　　如果你认为食臭是南方人的专长，那你就低估北方人民的食臭能力了。老北京豆汁儿、东北人家过年必备硬菜"熘肥肠"、西北人民钟爱的葫芦头泡馍（肥肠泡馍）分分钟可以给你上一课。北方人民对臭食的钟爱程度毫不逊于东南与西南，只不过地域不如长江中下游、云贵川那般集中罢了。

　　宁绍人多用蒸、炸、卤等方式来突出臭味，湖南人与广西人把臭作为辅佐辣味的存在，云南人擅长用搭配去掩盖或者提升食物的腥臭味，而安徽的臭味则有资格担当主角。不管借用老臭卤的臭味浸入食材，还是调动食材中的微生物发酵得到臭味，抑或是顺从食材原本的腥臭味进行搭配，中国人对臭味的理解和应用都绝世无双。

人间至臭是鲜香，也是留恋

人类最初接触腐败食物的原因是复杂和偶然的，后来，我们主动制造和掌控它，更多出于对风味的迷恋——越霉腐，味越鲜。这不是人的错觉，发酵会让蛋白质分解，产生游离氨基酸，而氨基酸就是提鲜的魔法棒。

《风味人间》指出：食物的气味分子从口腔扩散到鼻腔后端，大脑对此的感受与直接用鼻子闻到的气味完全不同。嗅觉上虽能闻到臭味，但味觉上却能感受到那些游离的氨基酸，得到鲜、香的反馈。这也解释了为什么闻着臭却吃着香。

因为味觉与嗅觉存在感知错位，人们想出了依靠至臭来衬托极鲜的烹制技法，用经过发酵的食品来"提鲜"。宁波三臭、安徽臭鳜鱼如此，长沙臭豆腐与柳州螺蛳粉亦是如此。

这股欲臭还香的怪味，是对于故乡美食的集体记忆。如同鲁彦对苋菜梗念念不忘，鲜明的臭食风味总在不经意间钻入游子心底，也唤醒了一代人对于乡土的集体记忆。

（牛腩）

参考资料：

[1] 戴勤蜂 . 宁波"三臭"[J]. 食品与生活，2009（8）：40.

[2] 李德忠 . 臭豆腐·霉苋菜梗 [N]. 绍兴日报，2009-6-30（6）.

[3] 王不易 . 中国食臭地理 [J]. 齐鲁周刊，2019（8）：60-61.

[4] 钱桂华 . "臭"之美食 [J]. 上海调味品，2004（4）：34-35.

[5] 汪朗 . 臭食巡礼 [J].IT 经理世界，2006（7）：55-56.

[6] 潘舒怡 . 你的浙江朋友，其实都在偷偷吃臭？[EB/OL].（2020-05-28）.[2021-03-30]. https: //mp.weixin.qq.com/s/IFLdojd0tBXkCAsryWq5Rg.

[7] 小楼，易小婉 . 中国哪里吃得最臭？[EB/OL].（2018-11-27）[2021-03-30].https: //mp.weixin.qq.com/s/G4J53wuDuKmVSgnBEIHBJg.

[8] 纪录片 . 风味人间 [EB/OL].https: //v.qq.com/x/page/t0028cehh47.html？ ptag= qqbrowser.

中国餐桌上的"四大下酒菜"都有谁？

"欢然酌春酒，摘我园中蔬。"

千百年前，肆意于山水间的陶渊明，趁着春意拂面，暖阳晴好，给自己温上一壶酒的时候，总喜欢摘点新鲜蔬菜，随便烹成几碟小肴。待到酒香弥漫、菜肴上桌，这才开始"细酌对春风"。

真不是陶渊明会享受生活这么简单。无酒不成席，无菜不饮酒。可以说，酒香飘了多久，这样的饮食法则就存在了多久。上到精烹细煮的大鱼大肉，下到只些许菜油、花生便可得的油酥花生米。古往今来，各色菜肴上桌入席，顶着"下酒菜"的名头，成了杯盏旁的特别点缀。

所以，一口酒，一口菜，这样的良缘背后，书写着什么？

古人的浪漫？过饭下酒花样多

"酒后高歌且放狂，门前闲事莫思量。"

还别说，香山居士笔下的这种肆意畅然，想想便让人直呼痛快。虽说我们做不到且酒且歌，但古往今来，光是两杯清酒，三两好友，再来上半日闲暇，就足够让人心向往之了。

可话又说回来，若真有穿越的机会，眨眼的工夫来到千百年前，提着两壶清酒，想拉古人找个幽静的地方推杯换盏、把酒言欢，怕是大概率会被嫌弃的。

毕竟，早在南北朝时期，大伙儿喝酒，就不习惯如此单调了。大概也是在这个时候，老祖宗们养成了"过饭下酒"的习惯，还琢磨出了几道像模像样的下酒菜。

比方说，《齐民要术》里出现的一道"鳢鱼脯"，就被安排得明明白白——"过饭下酒，极是珍美也。"

用现在的眼光看，鳢鱼脯算是一种风干咸鱼，不过，可不是随便什么咸鱼都能用来下酒。鳢鱼腹中先灌满加了姜和花椒末的咸汤，再在屋檐上经历好几个月的自然风干，还得被包上草、封上泥，在热灰的炙烤中慢慢煨熟，待到肉色雪白，才能顶着"下酒菜"的名上桌入席，在筷箸杯盏间散发香味。

大鱼大肉下酒固然畅快，却难免让人觉得腥重油腻，许是考虑到这一点，南北朝时期的下酒菜里，就多出了一些小清新的美食，果脯便是其中一类。比如，夏天桃李满园，尤其是李子，金黄澄亮，拿来下酒再合适不过。趁着李子个儿大味甜的时候摘下来，放进盐里反复揉搓，直到盐水渗进果肉里，再将果肉放到太阳下，晒到萎软，用手捻扁，再晒，再捻，用热水洗净，放进蜜里泡泡，让果子的清香裹上些甜腻味，便是一道正儿八经的下酒菜，唤作"白李"。

而伴随着耕种技术的发展，再加上农作物的引进，人们对食材的选择也逐

▲ 五代·顾闳中（宋摹本）《韩熙载夜宴图》（局部）
画面中的佐酒菜肴丰富，其中就有柿子

渐丰富起来。关于"下酒"一事,大伙儿的脑洞也越开越大。

宋代孟元老《东京梦华录》里记录的下酒菜,已经有了煎鱼、鸭子、粉羹等品类。蔬果下酒也算是常规选择。此时,下酒菜形成了"肴""核"两种品类,其中的"核"便是西瓜、甜瓜等各类果品。吃货代表苏东坡在《前赤壁赋》里那句"肴核既尽,杯盘狼藉",说的便是一番"风卷残云"后,杯中美酒告罄,拿来下酒的菜肴和果品也被吃个精光。

《水浒传》中,武松被充军发配到河南孟州牢城营,施恩为了款待他,送去了一注美酒不说,还专门加上了四盘果子。

除了蔬果,端起酒盏时,大伙儿的目光也可聚焦于其他品类的美食。白居易曾写过一首诗,专门描绘自家年宴的盛况,诗曰:"岁盏后推蓝尾酒,春盘先劝胶牙饧。"

虽说蓝尾酒没啥稀奇的,可这"胶牙饧"却是名副其实的用麦芽制成的糖。还原一下当时的场景,大家一边嗑着盘子里的麦芽糖,一边畅饮美酒。酒香混合着甜味,这番新奇,怕是很难在今日重现。

这还不算,不知是不是蔬果和糖没办法饱腹,南宋的下酒菜直接晋升为"主食"。

陆游曾记录自己参与的一次国宴,足足上了九道下酒菜——"肉咸豉""爆肉双下角子""莲花肉油饼骨头""白肉胡饼""太平饦锣(也写作'太平毕罗')""假鼋鱼""奈花索粉""假沙鱼""水饭咸旋鲊瓜姜",除了最后一道算是清爽可口的泡菜,其他的要么是大鱼大肉,要么是肉饼、包子、炒饭,活脱脱的是拿主食下酒。

之后,随着选择的丰富,也有许多清淡的小菜受到青睐,成了下酒菜的选择常项。在《儒林外史》里,"两块豆腐乳、笋干和大头菜"就是最常见的下酒菜了。

不过,要说古人下酒非得兴师动众地搞出诸多名堂也不尽然。北宋文人苏舜钦就曾手捧《汉书》,一边评点慨叹,一边端起一大杯美酒下肚。这事传到了杜衍的耳朵里,引得他笑叹一句——有这样美好的下酒物,喝一斗酒也不算多啊!

▲ 明代·陈洪绶 《蕉林酌酒图》

江湖角逐，谁是"四大下酒菜"？

虽然比不得古时的细思慢量，但后人在下酒这件事上也从没有放弃琢磨。蔬果、盐卤、腌菜……一个个新鲜面孔被拉进下酒菜的队伍，配合着各种美酒，在桌台、席间、舌尖绽放各种滋味。

弟兄多了，自然也就有了江湖争斗。如此，天南地北、锅旁灶间开始上演起各种排位赛。民间诸位饕客们各种观战不说，还专门甄选强者，评出的榜单层出不穷。其中，就有这么"几位选手"，经常蝉联各类榜单，甚至跻身于"四大下酒菜"行列。虽说入选原因各有不同，倒是都有说头。

清爽代表：拍黄瓜

别看江湖里缠斗得火热，"拍黄瓜"愣是在五花八门的斗争中，凭借一身清爽出了头。李春芳等民间美食家曾在《闾巷话蔬食》里，用几笔点出这道菜的精要——"拍黄瓜，最普通，将黄瓜拍碎，加点米醋、香油、烂蒜、细盐拌好"。

黄瓜本身实惠易得，选上最为翠绿新鲜的一根洗净，搁在案板上，几下切切，再用刀背这么一拍，往盘子里一装，再来点香蒜、醋、香油中和中和口感，加上猩红透亮的辣子点缀，生生激出黄瓜骨子里的清甜。

几分钟过去，席间的美酒多半也才倒上没多久，爽口的拍黄瓜就已上了桌。不仅仅是追求简易、快捷，拍黄瓜上榜的背后还真有着别的考量，透着几分老饕们的智慧。

现代营养学就发现，杯盏中的美酒都是纯粮食酿制，那可是实打实的"热量炸弹"，与这些高热量饮品适配的，恰恰是清淡脆爽的小菜。既方便制作，也容易吸收，这才能让厚重的佳酿下肚，唇齿间还能保持清爽舒适。脆爽的黄瓜在齿间碰撞，油香气、爽辣感和着些许清凉滋味直入咽喉，吞咽之间冲开了味蕾，这时一口浓酒入喉下肚，再把万千滋味过上一过，还真是件美事。

硬菜代表：酱牛肉

对醉心舌尖滋味的国人而言，有了清新脱俗的小菜，哪能少了奢华的佳肴？厚实筋道的牛肉菜品冲出江湖。甭管"拌牛肉""酱牛肉"，都是迷恋"杯中物"之人的心头爱。

到了什么程度呢？《水浒传》中江湖义士聚头豪饮，尤其喜好大口喝酒、大口吃肉，其中光是牛肉就被提到了四十八次。

在古代，牛是重要的生产工具。东汉时，只有三公和大将军过年时才可以分到两百斤牛肉，作为年终奖的一部分。董卓叱咤西北时，为了款待羌族的朋友，冒着极大风险宰杀了自个儿家的耕牛，羌族友人一看，又惊异又感动，饭后专门赠予他上千只牲畜作为补偿，间接让董卓的家底儿和势力都肥了起来。几经渲染下，牛肉成了金贵食材，能够吃到牛肉更跃升为身份象征。

拿牛肉下酒，奢华不说，更是豪横、讲排面之选。

随着游牧民族进入中原，以及各朝各代逐渐放开的法令，牛肉逐渐进入寻常百姓家，施耐庵笔下的李逵也可以动辄一句："叵耐这厮无礼，欺负我只吃牛肉，不卖羊肉与我吃。"

不过，长时间被束于神坛，大伙儿看着牛肉，自然也多了些求之不得的渴望，真入口中时，萌生的满足和欣喜又给牛肉增味了不少，使其长时间跻身肉品中美味之列。被精心烹饪后，摆上桌席，配上美酒，也就有了充分理由。牛肉自己也算争气，可塑性极强，尤其是凉拌之后，火辣辣的红油浇上去，撒上葱花点缀，色泽鲜亮，入口更是爽辣筋道，滋味渗进了肌理中，丰厚的蛋白质沉淀产生了多汁弹牙的口感。几筷子下去，客宾皆知，这是道硬菜，对得起大伙儿拿出陈年佳酿、把酒言欢的隆重。

口感代表：豆腐干

再有一位便是豆腐制品，尤其是历经洗、磨、煮、点、压、晒、炒才能成形的豆腐干，就像一块神奇的海绵，吸饱了各种汤汁酱料，摆到碟子里端上桌，便是极佳的下酒菜。在人们心里，豆腐和美酒的缘分倒像是天生注定，没有几块像样的豆腐，似乎酒也喝不美。

为了满足这样的神奇邂逅，人们绞尽脑汁创新菜色，硬生生搞出了商机。一百多年前，江苏有一家酱菜店，以方形五香嫩油豆腐干闻名。清朝时，一位名为梅理卿的安徽人，只身来江苏谋生，尤其喜欢喝点小酒，最爱的下酒菜便是这种豆腐干。

一次，梅理卿买好豆腐干，斟好酒，正准备好好享用一餐，一口下去，却觉得滋味大不如前。大失所望的他找到店家询问原因，谁料店家不大理会，还言之凿凿：你要有本事，就自己开作坊自己做去。这不说不打紧，店家此话一出，愣是让愤懑的梅理卿生出几分斗志，自己跑去开了一片酱园，生产酱油豆腐干。身处安徽的他特意吸取了家乡豆腐作坊的长处，从制法、形状、包装都做了改良。这下做出来的豆腐干，厚实耐嚼不说，还在红糖、黄酒、茴香、开洋（虾皮）、老秋油和冰糖的加持下提味增色，出产时，透亮深褐色的豆干厚薄均匀，坚实筋道，而且咸而不涩、甜而不腻、香而不厌，表面还有麻片状的花纹，备受食客喜爱。梅家的手艺也就如此传承下来，历经时光打磨，成了江苏的传统名产——和桥豆腐干。

所谓"渣豆腐下酒，一饱二醉""千有万有，离不开菜豆腐下烧酒"，此番巧合，还真应了民间的各种称赞。

下酒菜王者：花生米

还有一位常客，多年蝉联"下酒菜"前三，它便是花生米。事实上，和牛肉一样，花生之于美酒，最开始也是八竿子都打不着的关系。大约在明代，花生才慢慢进入中国普及开来。万历年间，便出现了"落花生原出福建，近得其种种之"一类的表述。虽说是外来户，但一上餐桌，就俘获了大家的心，弘治年间，人们面对这筷间小小的一粒，就发出了"霜后煮熟可食，味甚鲜美"的慨叹。

花生油脂丰富，有着"植物肉"的美誉，丰厚的油脂经过滚烫热油的烹炸，再裹上亮晶晶的食盐，味道鲜美香脆不说，还对胃有着滋养作用。材料易得、制作简易，自然成为下酒菜的上乘之选，更收获了大批的拥趸。

老舍先生便是其中之一。夫人胡絜青先生曾在《重访老舍在山东的旧居》中回忆道，老舍先生和友人经常一起散步聊天，来了兴致，还会就着花生米干几杯（酒）。

朱自清先生也曾在《说扬州》里晒出自己的下酒菜——"邀上两三个人去寻幽访古倒有意思；自然，得带点花生米、五香牛肉、白酒。"

花生米位列榜首，足可见老先生对这小小一物的看重。与此同时，人们对待花生米的烹法也不断改良。现代还有一道醋泡花生，让油酥酥的花生米浸润香醋，再裹上洋葱的香气，既能中和油腻口感，又能凸显坚果的香气，为诸多口味又增添一重满足。

当然，江湖争斗不止，各类排名榜单也是版本多多。不过胜负已然无人在意。

席面一开，美酿倒入白瓷杯盏，亲朋好友一坐，三两闲话一叙，一口一筷之间，自是浓香满齿，心满意足。

何为下酒菜？酿在杯盏中的温柔

锅台灶间，人们总停不下忙碌，止不住对佳肴的追逐。光是下酒菜一个门类，便可谓"豪杰四起，门派层出"。江湖里还出现了不少有着浓厚地域风味的猎奇选择，比方说傣族同胞喜欢用"竹蛹"下酒，贵州的喜欢爆炒螺蛳佐酒，西安的一口"梆梆肉"一口老酒。

面对琳琅满目的选择，饕客们的要求多了起来，还生出了几番心得，给下酒菜的江湖，添上了些许诗意。

痛快淋漓的追求之外，也有人喜欢在杯盏中逐风逐月。林清玄曾笑谈过自己为喝酒划下的三六九等，喝得杯盘狼藉是为下乘；就着几颗花生米和三两好友的天南海北，只能算为中乘；上乘嘛，得一个人独酌自酌，求的便是"举杯邀明月，对影成三人"。独酌之时，也需有物下酒，诗词下酒，便再好不过。淡酒入喉，宜读李清照；而甜酒在侧，得来几句柳永的婉转辞藻；饮烈酒时，配上苏东坡的豪迈酒脱，堪称是绝佳选择。美食家蔡澜则觉得，下酒菜的灵魂

▲ 清代·谢遂 《仿宋院本金陵图卷》（局部）
画面右侧的酒家中两桌宾客正在愉快地宴饮闲聊

恰好在于想象力。花生米一类菜色，简单易做是真，但总显单调。即便是家常相聚，他家里也常备着一罐泡好的鱼露芥菜胆，只等着友至酒开，一起推杯换盏，闲聊言欢。

他曾忆起一件趣事。宿在日本时，半夜与友人喝酒，却实在找不到像样的下酒物。几番寻找下，终于寻得一条咸萝卜干，苦于房内没有菜刀，二人只好拿啤酒瓶盖将其锯开，分食之，倒也是咸香满齿，怡然自乐。于谦也曾一语戳破下酒菜的面纱——只要是对酒有感情，把酒喝得明白，喝得通透，草木竹石皆可为剑。

正所谓"开君一壶酒，细酌对春风"。

如此说来，大鱼大肉也好，蔬果肴核也罢，诗词歌赋也可，注入下酒菜中的想象力原没有多么宏伟的意义和标准。不过是闲暇时光把酒言欢的半分适意，还有静下心智，在时光独享或者友朋漫聊中，伴上筷箸在盘碟间的轻舞，不经意之间，在杯盏间酿出的那份温柔。

你我期许的，或许不是美酒入喉、一口菜肴下肚后带来的惊艳口感，反而是蔡澜笔下的这半日光景——"把一个小火炉放在桌上，上面架一片洗得干干净净的破屋瓦，买一斤蚶子，用牙刷擦得雪亮，再浸两三小时盐水让它们将老泥吐出。最后悠然摆上一颗，微火中烤熟，'啵'的一声，壳子打开，里面鲜肉肥甜，吃下，再来一口老酒，你我畅谈至天明。"

（念缓）

参考资料：

[1] 缪启愉，缪桂龙．齐民要术译注 [M]．上海：上海古籍出版社，2006．

[2] 李湛军．《酒颠》译注 [M]．卿至，肖嬿，译注．北京：中国书店出版社，2018．

[3] 徐海荣．中国酒事大典 [M]．北京：华夏出版社，2002．

[4] 李开周．食在宋朝：舌尖上的大宋 [M]．成都：四川文艺出版社，2019．

[5] 李从嘉．舌尖上的战争：食物、战争、历史的奇妙联系 [M]．长春：吉林文史出版社，2018．

[6] 谌世龙．中国历史与文化 [M]．重庆：重庆大学出版社，2003．

[7] 曾学英．经典豆制品加工工艺与配方 [M]．长沙：湖南科学技术出版社，2013．

[8] 林清玄．林清玄散文精选（青少版）[M]．武汉：崇文书局，2017．

[9] 蔡澜．蔡澜雅玩人生系列：小酒小食小品 [M]．广州：广东旅游出版社，2017．

[10] 王吴军．《儒林外史》里的下酒菜 [J]．食品与健康，2014（11）：54-55．

第四章

古人闲暇“城会玩”

超想跟苏轼来一场说走就走的旅行

著名作家余光中曾说："我如果要去旅行，我不要跟李白一起，他这个人不负责任，没有现实感；跟这个杜甫在一起呢，他太苦哈哈了，恐怕太严肃；可是苏东坡就好，他可以做一个很好的朋友，他真是一个很有趣的人。"

苏东坡到底有多有趣？

天气好不好？也无风雨也无晴。

风景怎么样？天涯何处无芳草。

食物美味吗？尔尚欲咀嚼耶？

他不仅是一个有趣的人，而且足迹几乎遍布整个宋朝的疆域，堪称大宋朝第一旅行家。即使是今天，大概很多人都希望能跟苏轼来一场说走就走的恣意旅行吧。

杭州

苏东坡游历的地点非常多，与他波折的一生有关。有人把苏东坡的一生总结为"八三四一"，即曾任八州知州，分别是密州、徐州、湖州、登州、杭州、颖州、扬州、定州；担任过吏部、兵部和礼部三部的尚书；曾先后被贬到黄州、汝州、惠州、儋州四个地方；曾担任过一次"皇帝秘书"，即翰林学士知制诰。

尽管经历了无数艰苦，尝遍了无数冷暖，但苏东坡依然乐观开朗，喜欢游山玩水，回归自然。贬谪生涯也让他见识了无数的奇异风景和各地的风土人

▲ 宋代·佚名 《西湖春晓图》

情，为他的创作生涯增添了丰富多彩的素材。

苏轼很早就进士及第，出任大理评事、签书凤翔府判官。他还因为文采飞扬，担任过皇帝日常生活的秘书，负责为皇帝起草文件，他的仕途曾一片光明。但是熙宁四年（1071年），他的命运开始急转直下。这一年，他因为对宰相王安石的新法发表了不同言论，请求外任，被调到杭州担任通判，从此他基本与首都绝缘，开启了宦游天下的模式。

苏东坡曾两度到杭州做官，分别任通判和太守之职，前后约五年时间，与杭州结下了不解之缘。

他在任期间，革旧创新，移风易俗，全心全意当父母官。现在的苏堤，就是他留给杭州最好的礼物。他走遍了杭州的每一寸土地，这里的山山水水都印下他的足迹。

山水养人，改善心境。苏轼外放做官意味着失意，西湖的秀山美水，使他的心灵得到很好的休养，得以从失意的旋涡中走出来，沉浸在文学创作中。

他写西湖风光："水光潋滟晴方好，山色空蒙雨亦奇。欲把西湖比西子，淡妆浓抹总相宜。"

他写吉祥寺的牡丹:"人老簪花不自羞,花应羞上老人头。醉归扶路人应笑,十里珠帘半上钩。"

他写望湖楼的骤雨:"黑云翻墨未遮山,白雨跳珠乱入船。卷地风来忽吹散,望湖楼下水如天。"

他写凤凰山下的美景:"凤凰山下雨初晴。水风清,晚霞明。一朵芙蕖,开过尚盈盈。何处飞来双白鹭,如有意,慕娉婷……"

在他的笔下,江南的景色明丽秀雅,清新柔和,钱塘江、西湖、吴山、富春江,处处皆景。我们读他的诗词,仿佛自身也受到了杭州灵秀山水的浸染。

密州

熙宁七年(1074年),苏东坡调任密州做太守。在密州待了三年左右。

密州,就是今天的山东诸城。刚来密州时,苏轼还是很郁闷的。和杭州相比,密州是一个远离政治、经济、文化中心的穷乡僻壤,这里的生活艰苦了很多,也寂寞了许多。但是苏轼重读《庄子》,他满怀着现实的苦恼重温这些富有哲学的道理,心头常常涌起豁然开朗、如获至宝的快慰,时时忍不住拍案叫绝。就这样,苏轼从情绪的低潮中走了出来。

如果说杭州的诗情画意使苏轼的浪漫得以激发,那么密州强健彪悍、质朴无华的民风也激发了他个性中雄浑豪迈、狂放不羁的特征。于是,在苏轼的作品中,那些人们耳熟能详的千古绝唱——《江城子·密州出猎》《水调歌头·明月几时有》都创作于密州。

尤其是《江城子·密州出猎》,这首词上片出猎,下片请战,豪情壮志,大有"横槊赋诗"的气概。

老夫聊发少年狂,左牵黄,右擎苍。锦帽貂裘,千骑卷平冈。为报倾城随太守,亲射虎,看孙郎。

酒酣胸胆尚开张,鬓微霜,又何妨!持节云中,何日遣冯唐?会挽雕弓如满月，西北望，射天狼。

字里行间，那个即将进入不惑之年的苏东坡意气风发，豪迈之情跃然纸上。

短短两年，苏轼走遍了密州的山山水水，马耳山、九仙山、常山都留有他的足迹。他还去了楚汉相争时韩信与龙且大战的潍河。所到之处，他都会留下诗词，有名的山水经他题咏，便可名垂千古，不太有名的山水经他题咏，便有了文化精气。他在超然台上写的那首《望江南·超然台作》，把一个荒凉的密州，写得如江南一般秀美：

春未老，风细柳斜斜。试上超然台上看，半壕春水一城花。烟雨暗千家。

寒食后，酒醒却咨嗟。休对故人思故国，且将新火试新茶。诗酒趁年华。

他甚至在一首词里写进三个密州的景物："前瞻马耳九仙山，碧连天，晚云间。城上高台，真个是超然。"

苏轼在密州共留有两百多首诗词歌赋，也正是因为苏轼的驻足和他的诗词，千年后的诸城，每个角落仿佛都洋溢着他的气息。

黄州

元丰二年（1079 年），与苏轼政见不同的变法派从苏轼大量的诗作中挑出他们认为隐含讥讽之意的句子，说他妄自尊大、衔怨怀怒、指斥乘舆、包藏祸心，如此大罪可谓死有余辜。彼时，苏轼被调为湖州知州仅三个月，便被御史台的吏卒逮捕，解往京师，这就是北宋著名的"乌台诗案"。

苏轼下狱一百零三日，险遭杀身之祸。最后，宋神宗免苏轼死罪，将其贬为黄州团练副使，受当地官员监视。

黄州，就是今天的湖北黄冈。北宋将州的等级划分为辅、雄、望、紧、上、

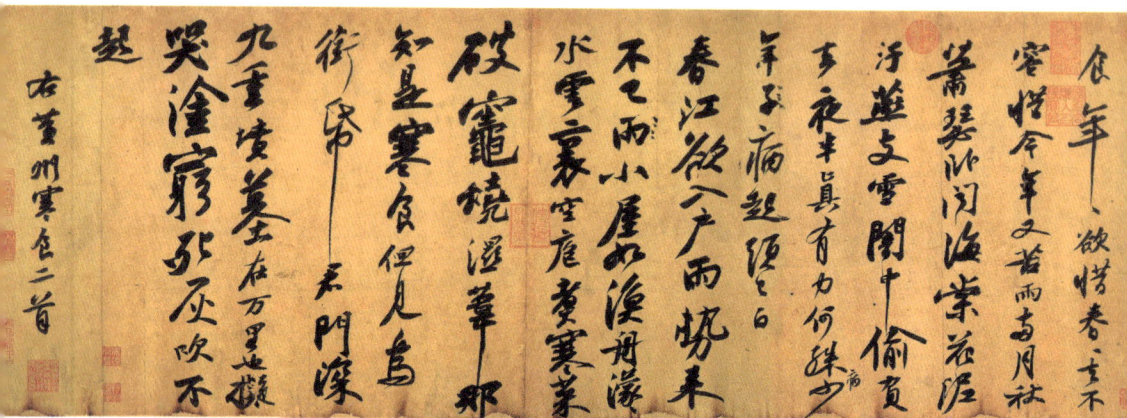

▲ 北宋·苏轼 《寒食帖》（局部）

此帖是苏轼行书的代表作。这是一首遣兴的诗作，是苏轼被贬黄州的第三年在寒食节所发的人生感叹

中、中下、下八个等级，黄州为最末端"下州"，可以说是一个典型的十八线小城。

苏轼刚来时，心理落差非常大，毕竟他之前是京官，他那首有名的《卜算子》中的诗句"惊起却回头，有恨无人省。拣尽寒枝不肯栖，寂寞沙洲冷"就是他心情的写照。更何况作为被朝廷贬谪的官员，不能自由行动，也享受不到地方官提供住宿地方的服务，他只能住进一个废弃的驿站——临皋亭，苏轼的家眷也都来到黄州，一家人全部挤在这里。

好在当时的黄州知州徐大受，对闻名遐迩的苏轼敬佩不已，不仅在生活上给予很多关照，还允许他自由活动。如果没有徐大受，苏轼不可能在黄州到处游山玩水，也就不可能写下光耀千古的佳作《念奴娇·赤壁怀古》《前赤壁赋》《后赤壁赋》。

为了改善生活，苏轼还在当地乡亲的协助下，在军营的废基上，盖了简单的房子。因为这一块地，是位于黄州东边的坡地，房子又落成于雪中，因此他命名为"东坡雪堂"。也因此，他为自己取了个别号"东坡居士"。

从这时起，他才有了"东坡"这个名号。

元丰五年（1082 年）七月，苏轼游览了黄州西北的长江边的赤鼻矶后，写下了有名的《念奴娇·赤壁怀古》。隐逸出世的生活伴着亲耕亲作的乐趣，使他对自然有着前所未有的敏感，对历史有着前所未有的通达。在这种心境下，当面对着浩荡东去的长江时，曾经的硝烟弥漫、杀声震天，在浪花涛声中再次重现。他的思绪随巍巍耸立的赤壁，随凄凉萧条的故垒，回到了几百年前那个英雄辈出的时代。于是壮志难酬的忧伤，强烈而复杂的内心矛盾，追求内心平和的迫切愿望，看穿宇宙人生的睿智思考，最终化作对天地的祭奠，对历史、英雄的祭奠，也是对自己生命的祭奠。

念奴娇·赤壁怀古

大江东去，浪淘尽，千古风流人物。故垒西边，人道是，三国周郎赤壁。乱石穿空，惊涛拍岸，卷起千堆雪。江山如画，一时多少豪杰。

遥想公瑾当年，小乔初嫁了，雄姿英发。羽扇纶巾，谈笑间，樯橹灰飞烟灭。故国神游，多情应笑我，早生华发。人生如梦，一尊还酹江月。

在黄州，苏轼还致力于研究猪肉的吃法，并专门写了《猪肉颂》："净洗铛，少著水，柴头罨烟焰不起。待他自熟莫催他，火候足时他自美。黄州好猪肉，价贱如泥土。贵者不肯吃，贫者不解煮。早晨起来打两碗，饱得自家君莫管。"他自创了东坡肉、竹笋焖猪肉等名菜，从此成为吃货界的祖师爷。

儋州

高太后去世后，宋哲宗执政，变法派东山再起。从绍圣元年（1094 年）开始，苏轼连续南贬，先被贬至惠州，后又被一叶孤舟送到了海南岛儋州。在宋朝，放逐海南是仅比满门抄斩罪轻一等的处罚。因为儋州地处边陲，孤悬海外，闭塞落后，被中原人称为"蛮荒瘴炎之地"、死囚流放之所。

可能是苏轼已经习惯了被贬，没有了以前那种哀伤忧郁。他把儋州当成了自己的第二故乡，在这里过得有滋有味。在离开海南前，动情地写下了"我本儋耳人，寄生西蜀州。忽然跨海去，譬如事远游"。

他在这里修桥铺路，兴办学堂，引得许多人不远千里，追至儋州，跟从苏轼学习。以至于苏轼获赦北归后，他的弟子连续不断地考上了功名，宋代海南地区共出十二位进士，使"蛮荒之地"放射出文化人才的曙光。

白粤山川、南海诸岛、奇珍异兽、瑶草琪花、风土人情等，无不使苏轼充满新鲜感。他惊异感叹，触物兴怀，为海南的风物所倾倒所陶醉。于是，他写下了"急雨岂无意，催诗走群龙。梦云忽变色，笑电亦改容。应怪东坡老，颜衰语徒工。久矣此妙声，不闻蓬莱宫"，"幽怀忽破散，永啸来天风。千山动鳞甲，万谷酣笙钟"等千古名句。

苏轼在路过黎母山时，看着黎母山的雄奇挺拔和其腹地的美丽景致，即刻感叹："突兀隘空虚，他山总不如。君看道傍石，尽是补天余"，"奇峰望黎母，

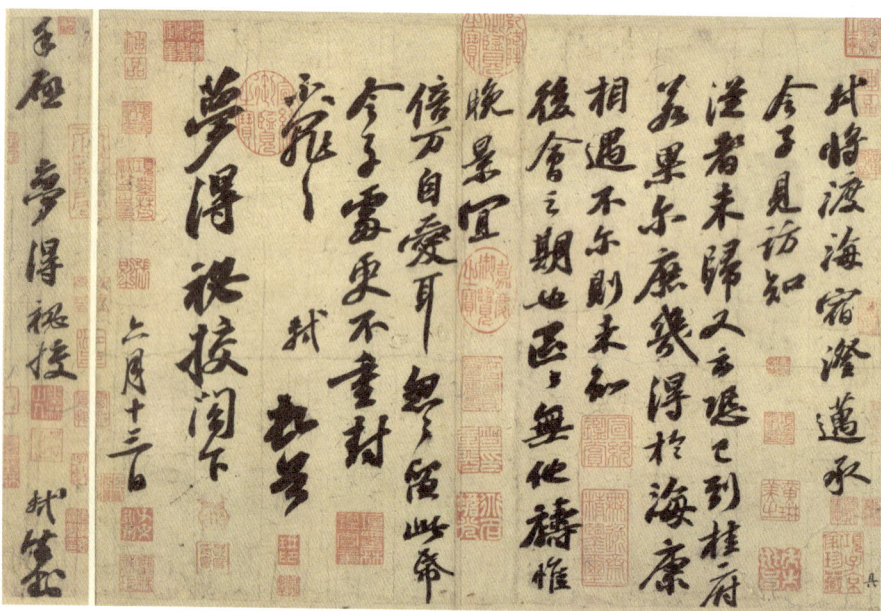

▲ 北宋·苏轼 《渡海帖》（局部）

此帖是苏轼晚年书法的代表作。元符三年（1100年），苏轼被诏徙廉州（今广西合浦），路过澄迈（今海南澄迈）时未遇赵梦得，便留下此札

何异嵩与邙。飞泉泻万仞，舞鹤双低昂。分流未入海，膏泽弥此方"。

在儋州的第二个春天，面对儋州独特的生机盎然和迷人景色，苏轼更是陶醉不已，"春牛春仗，无限春风来海上。便丐春工，染得桃红似肉红。春幡春胜，一阵春风吹酒醒。不似天涯，卷起杨花似雪花"。

苏轼在海南也打开了美食的新世界，据说他是第一个烹饪和吃牡蛎的人。他还给儿子专门修书一封，说："恐北方君子闻之，争欲为东坡所为，求谪海南，分我此美也。"一个天真的老顽童形象呼之欲出。

他在这片蛮荒之地浇洒心血，甚至感慨："九死南荒吾不恨，兹游奇绝冠平生。"人们也一直把苏轼看作是儋州文化的开拓者、播种人，对他怀有深深的崇敬。儋州至今还有东坡村、东坡井、东坡田、东坡路、东坡桥、东坡帽……甚至连语言，都有"东坡话"。

林语堂说，苏东坡是个"不可救药"的乐天派，有他陪伴，再难的生活都能过得乐呵呵。

我们读苏轼的诗词，同时就是在跟着他走遍整个中国的大好河山。

一边欣赏美景，一边咀嚼美食，"人间有味是清欢"。

苏轼用他的一生，告诉我们"人生如逆旅，我亦是行人"。

没有什么过不去的坎，"谁怕？一蓑烟雨任平生"。

（柏舟）

参考资料：

[1] 林语堂 . 苏东坡传 [M]. 长沙：湖南文艺出版社，2012.

[2] 莫砺锋 . 从苏词苏诗之异同看苏轼"以诗为词"[J]. 中国文化研究，2002（2）：1-13.

[3] 苏轼 . 东坡乐府笺 [M]. 朱孝臧，编年 . 龙榆生，笺注 . 上海：上海古籍出版社，2009.

[4] 朱玉书 . 苏东坡在海南岛 [M]. 广州：广东人民出版社，1993.

[5] 邹同庆，王宗堂 . 苏轼词编年校注 [M]. 北京：中华书局，2002.

[6] 邓子勉 . 新译苏轼词选 [M]. 台北：三民书局，2008.

古代没有音响设备，
观众如何听到戏台上的声音？

　　1906年，美国人德福雷斯特发明了真空三极管，开创了人类电声技术的先河。1947年，发烧圈中无人不知的威廉逊放大器公之于世，此后音响技术迅速发展，从电子管放大器、晶体管放大器、场效应功率管向着数字音响的时代迈进。

　　今天，只要麦克风在手，高歌一曲便可以响彻几十万平方米的"鸟巢"。可是回到两百年前，没有麦克风、没有音响，那时的人们是运用了什么样的方法和智慧，让那"西皮""二黄"稳定动听、最大范围地传输到听者的耳朵呢？

▲ 北京颐和园德和园大戏楼

让我们在中国目前保存最完整、建筑规模最大的古戏楼——北京颐和园德和园大戏楼中找找答案。

德和园戏台是清朝宫廷四大戏台之一，也是最后建造、规模最宏大、现存最完整的宫廷戏台，戏台设有升降装置，提供立体化演出。戏台底部设有地井，戏台顶部设有天井，顶部装有辘轳绞车和升降机关。

德和园戏楼高22.73米，底台宽17米，三层戏台，上"福台"，中"禄台"，下"寿台"；上层是仙境，中层是神道，下层是人间，台底下是地狱。三层戏台天、地井相通，可以同时演出，演员主要在一层表演，二层和三层是根据剧情需要布景亮相而用。

戏楼三层之间有天井相连，第三层设有辘轳绞车作为升降机关，可表演神仙从天而降的场面，同时在一层木地板底下还有地井，演员可以通过它演妖怪破土而出的场面，制造出一种出神入化的感觉。

作为观演建筑，视听效果是衡量其设计优劣的主要指标。在没有扩音技术的古代，作为开放空间的德和园戏台如何利用声学原理解决听戏的声效需求呢？

京剧各行当声音特性虽各不相同，但唱腔的特点之一是调门高，音质丰满、富于穿透性，这就要求厅堂音质对中高音频要有较好的再现能力，同时要

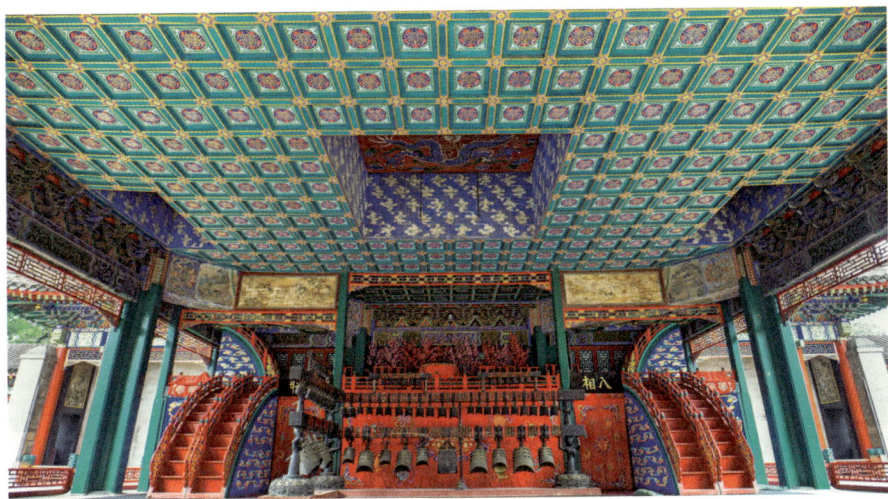

▲ 颐和园德和园大戏楼舞台

保证高调门快速演唱时的语言清晰度。同样，对于快节奏和中高频居多的京剧伴奏乐器发声特点来讲，也需要厅堂对音质的再现能力。

德和园大戏台能够将京剧艺术完美地展现出来，首先得益于戏台下面的地井，地面被设计成架空的木地板，于是戏台下面形成了巨大的空腔，这样就能使声音产生共振和共鸣，为现场表演的声音增强效果。

大戏楼的东西两侧还建有看戏廊，当声波碰到看戏廊的建筑，就会被反射回来，于是演员们的声音听起来就会更加饱满。这保证了以假声高音为主的京剧圆润有力，而戏台又是不完全封闭的空间，院落没有覆盖屋顶，声音可以适度地散失掉一部分。正是如此设计，才使德和园大戏台的混响时间长短非常适合戏曲的演出，既能使音乐声听起来圆润丰满，又不会影响京剧中语言表达的清晰度。

更为先进的是在舞台底部除了有地井以外，还有一口深达十米的水井和五口方形蓄水池，可以引活水上台，如水漫金山等戏曲就会运用到它。同时水还起到聚音的作用，以增加演出声音的共鸣效果，相当于今天的麦克风。在这里唱戏字音清楚，声音也显得洪亮。一百多年后的今天，科研机构对大戏台进行了声学实测数据分析，时至今日，大戏台依然声场均匀，混响时间非常适合京剧的演出。

德和园的名称源自《左传》"君子听之，以平其心。心平，德和……"，意为君子听了美好的音乐，就会心平气和，从而达到品德高尚。大戏楼始建于1891年，历时四年建成，此后十三年间，杨小楼、谭鑫培、孙菊仙这样的京剧名家，都曾在这里演出，因此后人把德和园誉为"我国国粹京剧的摇篮"。

（《国家人文历史》）

参考资料：

　　[1] 颐和园管理处 . 颐和园志 [M]. 北京：中国林业出版社，2006.

　　[2] 张驭寰 . 中国古建筑文化图史 [M]. 北京：知识产权出版社，2012.

　　[3] 翟小菊 . 德和园戏台研究 [C]// 于倬云，朱诚如 . 中国紫禁城学会论文集·第二辑 . 北京：紫禁城出版社，2002.

跟随古人"云聚会"：他们都会玩些什么？

今天很多的聚会娱乐项目，在中国古代已有原型，除了饮酒赋诗外，也有一些新奇的娱乐项目，让历代文人雅客乐此不疲。

文人雅集：曲水流觞

中国古代文人雅集时，饮酒赋诗是最重要的一项娱乐活动，最有名的便是东晋时的兰亭集会，兰亭集会又因"曲水流觞而成诗文"名扬天下。

东晋永和九年（353 年），时任会稽内史的王羲之与子侄王凝之、王徽之

▲ 明代·文征明 《兰亭修禊图》（局部）

画面中名士们在修竹傍水的春日美景中曲水流觞，在兰亭中谈论诗文

等以及名士谢安、谢万、孙绰等共四十二人，在会稽山阴兰亭举办修禊集会。修禊这一习俗源于周朝，在阳春三月，人们来到溪水边洗涤身体，来涤荡过去一年的旧病。这一延续千年的习俗到魏晋时期的礼仪意义已不再明显，逐渐成为文人出游聚会的一个契机。

王羲之环顾兰亭左右，周边"有崇山峻岭，茂林修竹，又有清流急湍，映带左右"，借着潺潺溪水，名士们玩起了"曲水流觞"的游戏：兰亭雅客列坐于溪流之旁，把盛酒的杯子从水的上游放出，顺流而下，杯流到谁面前，谁就取酒而饮即席赋诗，作不出的则要罚酒三觚。盛酒的杯子"觞"也很有讲究，它外形椭圆，浅腹平底，因两侧有耳，状如飞翼，又称"羽觞"。

兰亭聚会没有华丽的车服，没有宏大的排场，在杯子流动停止的瞬间，文士们随着心情、美景、一较高下的心态举觞赋诗，挥洒才学，在"一觞一咏"之间畅叙幽情。日暮西山时，曲水流觞结束，王羲之、王凝之、谢安、谢万、孙绰等十一人作出两首诗，王涣之等十五人作出一首诗，包括王羲之九岁的幼子王献之在内的十六人未能作诗，故而罚酒三觚。集会尾声，王羲之组织众人将三十七首诗集结成册，即《兰亭集》，他借着酒兴挥毫为之作序，这就是被称为"天下第一行书"的《兰亭集序》。

席间助兴：行令投壶

兰亭集会形成了一种"诗酒文化"，不仅是曲水流觞，酒令中的一系列文人娱乐活动对推动集会发展也起到功不可没的作用。

酒令是佐酒助兴、活跃聚会气氛的重要游戏，文人聚会的诗酒文化在宴饮的酒令中进一步发展。

酒令源于觞令，众人聚会时推举一人作为令官，余者听令轮流进行诗词、联语等游戏。唐宋之际文化

繁荣，筋令广泛出现并加以改进。唐代白居易诗云"花时同醉破春愁，醉折花枝当酒筹"，其中酒筹便是行令时用的计数筹子。

宋代酒令以文字令居多，如北宋初年的丞相丁谓聚会时，举令"有酒如线，遇斟则见"，对答"有饼如月，因食则缺"。这就是一个叠韵令。欧阳修与人行令时别出心裁，要求必须以罪当被判徒刑的事为内容。一云"持刀哄寡妇，下海劫人船"；一云"月黑杀人夜，风高放火天"；到欧阳修时，行令为"酒粘衫袖重，花压帽檐偏"。众人不解，欧阳修回答"当此时，徒以上罪亦做了"，意为纵酒过度和沾染风月之事，徒刑以上的罪也敢干了。

除行酒令外，随机饮酒、不按令出者也有代表：北宋名臣范镇每到春季花繁

盛时，便宴客于花下，与客约定"有飞花堕酒中者，为余罚一大白"，一阵微风吹过，春花撒落，在座所有宾客酒杯中浮满花瓣，众人在欢声笑语中一饮而尽。

文字酒令有"人名令""五行令""拆字令""飞花令"等，"击鼓传花令"则是曲水流觞的演化。不仅如此，曲牌、中药、节日、花木无不入令，如没有一定的文学修养，在聚会之中难以应对，这也正是文人聚会时酒令流行的重要原因。

射覆不同于文字酒令，是一种猜物游戏。自汉代到魏晋时宴饮聚会较为流行，李商隐在宴饮时写下的"隔座送钩春酒暖，分曹射覆蜡灯红"，正是对这种猜物游戏的写照。

与射覆相比，投壶更加闻名。投壶，发源于古代的射礼，是酒令中的投掷游戏。壶颈高七寸，腹高五寸，内装有小豆，以防投矢弹出。投壶之戏由司射仲裁，宾主交叉投之，在离壶二矢半约七尺处以矢投壶，中者为胜，负者罚酒。投壶活动中所蕴含的"不使之过，亦不使之不及"的"中正"思想，可以修身养性，得到历代文人的推崇。唐人高适在《钜鹿赠李少府》中写道"投壶华馆静，纵酒凉风夕"，宋代司马光在与张明叔兄弟聚会时也纵酒投壶，直到薄暮而散。

▲ 唐代章怀太子墓《马球图》壁画（局部）

马球活动深受唐代统治者喜爱，但自唐太宗开始"勤于治事"，并不大力提倡马球，直到睿宗之后才广泛流行开来

户外集会：球类运动

类似保龄球、高尔夫球这些今天的聚会娱乐活动，在中国古代就已出现。古人除了寄情山水、郊游踏青外，室外聚会时也进行一系列刺激而富有文化的球类运动。

唐代时，中国出现了类似于保龄球的娱乐方式——木射。木射，又名"十五柱球"，以球为箭，以木柱为靶，所以被称为"木射"。唐代《木射图》详尽记载了游戏规则：首先于远处立起十五根木柱，这十五根木柱下粗上窄，不易翻倒。十五根柱子均刻有文字，里面有十根是涂成红色的，上面刻着仁、义、礼、智、信、温、良、恭、俭、让，另外五根黑色的柱子刻有慢、傲、佞、贪、滥。参加木射比赛的选手用球滚击木柱，如果击中了上有红字的柱子则胜，击倒黑柱为负，击倒红柱多为胜者。这种游戏的发明创造深受儒家思想影响，体现着古代文人的道德追求。比起保龄球，木射的难度更高，木射可以在户外开阔场地，也能在室内的文人聚会中占得一席之地。

除木射外，唐代马球也逐渐流行。马球又称"打马""击鞠"，花费颇高，但朝廷组织的文人聚会中，文人打马不必担心用度，可放心在马球场上大展风采。唐中宗神龙年间，进士及第在长安慈恩寺塔下提名，继而参加朝廷组织的曲江宴会，聚会中的一项重要内容便是要这些文人雅客上马一展身手，在月灯阁进行马球赛。《唐摭言》有两处记载："咸通十三年三月，新进士集于月灯阁为蹙鞠之会。击拂既罢，痛饮于佛阁之上"；乾符四年（877 年），进士出身的刘覃到球场上与军将出身的击球手一较高下，"跨马执杖……覃驰骤击拂，风驱电逝，彼皆愕视。俄策得球子，向空碟之，莫知所在"。由此可见，唐代的文人聚会时更加豪迈，不仅饱读诗书，也能纵马击球，丝毫不输武将，盛唐气度可见一斑。

在马球的基础上，演化出新的运动形式：步打球，下马对抗，争夺球权。到了宋代，由于战马的紧缺与观念的转化，对抗激烈的步打球逐渐演化为依次击球无对抗的娱乐项目，名称也改为"捶丸"，即在一定距离外，将球击入指定的洞口为胜。明宣宗朱瞻基这位超级玩家，在皇家园林中开辟捶丸场地，自备多根捶丸球杖，在众太监的簇拥下进行捶丸。

以木射、马球、捶丸为代表的一系列球类运动，是文人聚会时的户外娱乐，离开了酒桌，文人墨客也照样能把聚会玩出新意。

另类聚会：博弈游戏

古代文人在室内聚会时，比较常见的是品茗弈棋、观赏古玩，然而具有博弈色彩的游戏也会使聚会气氛更加热烈，甚至逐渐出现以博弈为目的的文人聚会。

"博"指六博，"弈"指弈棋，"博弈"是二者的统称。六博在先秦时期就已出现，最早的六博为两人游戏，十二枚棋子，六黑六白，投掷骰子行走。六博自诞生以来就深受各阶层欢迎，汉代文人宴饮时为活跃气氛，六博、投壶同时出现，以至出现了"投琼著局上，终日走博子""投壶对弹棋，博弈并复行"的局面。

隋唐时，樗蒲、双陆等一系列的博弈游戏兴起，樗蒲玩法相对复杂，但深受文人喜爱，在与同僚聚会时进行樗蒲，总能使他们想起自己鲜衣怒马的少年时光。但对于这种游戏，时人也给予警示，李白在《少年行》中写道："君不见淮南少年游侠客，白日球猎夜拥掷。呼卢百万终不惜，报仇千里如咫尺。"其中的呼卢就是樗蒲计算中最上乘的卢采。到宋代时，不仅男性文人士大夫沉

▲ 马王堆出土西汉黑漆朱绘六博具

此盒高 17 厘米，边长 45 厘米。全套博具包括 1 个博局、20 个直食棋、42 根箅，还有黑白棋子各 6 个、18 面木骰子一个、象牙削和割刀各一件，都装在一个锥画漆盒中

溺于此，就连李清照也难逃博弈之乐，自述"予性喜博，凡所谓博者皆耽之，昼夜每忘寝食"。

除了专门设计的博弈游戏外，世间万物也在文人墨客的博弈赌彩范围之中，斗草就是其中一例。斗草又称斗百草，于魏晋时期开始流行，隋唐宫廷甚至为此专作乐曲。文人斗草，主要比的是花草质量、花式品种，以奇贵、寓意吉祥者为上品。这种斗法需要掌握相应的花草知识，且有时令性。史料记载："（唐）长安王士安，春时斗花，戴插以奇花多者为胜，皆用千金市名花植于庭苑中，以备春时之斗也。"

既然是斗草，也就和斗鸡斗狗一样有彩头，斗草似乎在女性中更流行，斗草的彩头往往是金钗。郑谷诗曰"何如斗百草，赌取凤凰钗"，李白也曾作诗曰"百草巧求花下斗，只赌珠玑满斗"，这些都点出了斗百草聚会时的博弈性。直到宋代，斗草的博弈性也没有消退，王安石的"共向园中寻百草，归来花下赌金钗"便是真实写照。

▲ **明代·仇英《汉宫春晓图》（局部）**
画中几个女子正在做斗草游戏

古代文人聚会的变化

　　古代的文人聚会，随着历史发展出现了两个明显变化：一是娱乐项目逐渐丰富，文人娱乐也逐渐下移到民间；另一个是聚会逐渐目的化，尤其是政治目的化。

　　以六博为例，其雏形创立后经过了漫长的发展、丰富，而后陆续有了樗蒲、双陆等游戏；弈棋也是如此，到宋代文化繁荣之时，不仅围棋、象棋与如今基本吻合，还发展丰富了新内容，如司马光所创"七国象棋"，将参与人数提升至七人，颇像今天的桌游。这些改进不仅丰富了文人聚会的娱乐项目，也使得很多游戏规则简化，走入百姓家，在儿童、女性中更受欢迎，从而更有生命力。

　　古代文人聚会经历了政治目的化的过程。魏晋时期的文人聚会成员通常以出身地域、家族姻亲为凝聚，在一些重要的节日中结伴相聚，寄情山水，饮酒赋诗，无论是兰亭集会还是石崇组织的金谷集会，从记述中可以看到聚会以宴

饮和赋诗为主，体现了魏晋时的洒脱风度。北朝在汉化过程中也有意进行这种性质的文人聚会，无论是拓跋焘还是苻坚，都组织过大规模的文人雅集。

随着时代的发展，中古时期魏晋风度逐渐隐去，文人聚会也从最早的娱乐演化为"娱乐为表，议政为里"。唐宋之际，朋党之风借由文人雅集再度抬头，北宋士大夫将"君子不党"扭转为"君子有党"，司马光、苏轼、秦观等人的《朋党论》给文人聚会提供了大量的理论依据。以苏轼为首的"苏门文人"逐渐成党，欧阳修称党人"不思国体，但树私恩"。北宋统治者出台了一系列限制文人交游聚会的政策，有些文人受处罚的理由是"交游非类，不修检操"，这种不明不白的罪责也能看出统治者对聚会的态度。

由于有结党之嫌，士大夫也纷纷减少交游、慎重聚会，聚会的内容与目的

▼ 明代·谢环 《杏园雅集图》（局部）

画面中，三杨被安排在核心位置。傍杏花处列坐三人，中间为大宗伯杨溥，左侧为少詹事王英，右侧为学士钱习礼；石屏之下正坐两人从左至右为大学士杨荣、少傅杨士奇，侧坐者为少詹事王直

也变得隐晦起来。人们不再像魏晋时期聚会者自述，而是通过参与者、画家甚至特务组织窥见一二，明代杏园雅集便是一例。

正统二年（1437 年），杨士奇等九名阁臣在杨荣家的杏园集会，画家谢环将这次聚会的场景描绘下来。聚会人物都是台阁重臣，且有七人来自江西，又多为同年，组成了以杨士奇为首的江西文官集团。

宴饮聚会时，三杨仍不忘政治家本色，杨士奇在《杏园雅集序》中写道："闲居未尝一日而忘天下国家"，所以即使与会者对杏园雅集讳莫如深，我们也有理由推测，杏园雅集很可能是针对时局，尤其是宦官猖獗的一次政治聚会，三杨的目的可能是挑选接班人。

从曲水流觞到六博弈棋，从马球到斗百草，中国古代文人的聚会玩乐项目越发丰富，但由于文人常常"醉翁之意不在酒"，因而内容上总是体现出既想寄情山水、闲云野鹤，又要处江湖之远时心系庙堂，娱乐时还反思不能沉迷其中而丧志。看来，对古代文人来说，单纯娱乐的聚会似乎是不存在的。

（潘雨晨）

参考资料：

[1] 杨志柏 . 宋代游艺活动探析 [D/OL]. 成都：四川师范大学，2013.

[2] 崔延平 . 北宋士大夫交游研究 [D/OL]. 济南：山东大学，2011.

[3] 徐林 . 明代中晚期江南士人社会交往研究 [D/OL]. 长春：东北师范大学，2002.

[4] 袁邈桐 . 曲水流觞：中国传统诗酒文化 [J]. 商业文化，2014（1）：52-57.

[5] 牛天伟，李真玉 . 浅析汉画中的酒文化 [J]. 南都学坛（哲学社会科学版），2000（2）：8-11.

[6] 林莉娜 . "超级玩家"之明·宣宗从朱瞻基行乐图谈起 [J]. 紫禁城，2014（2）：44-59.

[7] 宋若琳 . 绘画记忆中的古代高尔夫球运动捶丸 [J]. 东方收藏，2019（4）：94-99.

[8] 李若晴 . 玉堂遗音：《杏园雅集图》卷考析 [J]. 美术学报，2010（4）：60-69.

[9] 尹吉男 . 政治还是娱乐：杏园雅集和《杏园雅集图》新解 [J]. 故宫博物院院刊，2016（1）：6-39.

丝竹和鸣，雅俗共赏：古乐器中的天籁清音

《世说新语》中有"丝不如竹，竹不如肉"的说法，认为弹弦乐器的感染力不如吹管，吹管却不如人声，被后世引为名言。然而，人声受限于声带，有音域、音色、和声等无法达到的领域，器乐却冲破了这个极限，其声可嘹若天际，可深沉入海，远播八方，又沁人心脾。

飘裳高飞，天人互答

"酒酣把笛吹村曲，声曳兰风入山腹。"这句描写笛的诗句来自宋朝诗人赵汝鐩的《渔父四时曲·秋》。传统乐器中，笛的悠扬远播无人可以比拟，唐代赵嘏也写"谁家吹笛画楼中，断续声随断续风"，笛声随风飘散，可见山气氤氲、泉流清冽，秋湖江天，无处不到。

河南省贾湖遗址的骨笛，以鹤的翅骨为原料，距今约有8000年历史，是迄今为止发现的世界上最早的有音阶的发音器。它的材质来自时人无法企及的

▲ 新石器时代的贾湖骨笛

天空中的飞鹤，被先人赋予了特殊含义——人立天地间自觉渺小，希望感通天地，引召万灵，笛声响起时，天人互答，人便是天地万物主宰。

祭祀神灵时，笛的作用至关重要。另一件竹红漆描金朵莲纹龙形笛，是清代皇家御用祭天之物。它周身竹质，两端龙首尾为木质，并饰以花草纹，旁孔可坠五彩流苏，极尽奢华。在清代宫廷中，笛子的使用范围很广，朝会中和韶乐、丹陛大乐、祭祀乐、采桑乐、凯旋乐等都会有笛子，宫廷中还会备两把不同调式的笛子，在阳月和阴月交替使用。人们期望借助笛与神交流，听懂神的智慧。

钟鼓喤喤，金石之音

祭天庆典这样的隆重场面，需要更加宏大的乐器组合与之匹配，首推编磬和编钟。

在生产力低下的原始社会，人类始终疲于生存，他们狩猎采摘时，发现了敲击的力量可以驱赶野兽，而带有节奏感的敲击生动悦耳，可以激发内心的愉悦——"以节为拍，呼之为歌，舞之为蹈，伴以敲击"，古老的磬随之诞生。

打击乐器磬，传说在三皇五帝时由高辛氏发明制作，一直延续使用到清代。它取材于片状的石材，被加工成曲尺一样的形状，钻孔悬挂后被敲击。《尚书》里说，古人"击石拊石，百兽率舞"。这种石器原本可能是一种劳动工具，先民们发现不同大小的石头可以敲击出不同的音，后来又把这些石头连在一起，组成编磬。磬的声音清脆悦耳，与击铜声类似。商代出土的磬，一般都是三角形，但也有一些其他形状，外形普遍很美观。

▲ 商代妇好墓鸮纹特磬

▲ 西周四虎镈

单独的磬可以作为"鸣以聚众"的信号；而在古代宗庙祭祀或宗族大典时，编磬与编钟合奏，作为雅乐中的重要篇章。商代编磬多是三枚一组，殷墟也出土过五枚一组的编磬。战国时期，楚地的编磬雕龙立凤，以金色装饰其线条，石磬上刻大量铭文，以记录其制作情况和乐律。要敲击必定离不开工具，磬槌的材质选择更为挑剔，要抗冲击力强，不劈不裂，还要便于车旋加工，成形后也不能太粗，否则影响拿取。

20 世纪 70 年代，山西省夏县东下冯遗址出土了迄今为止最早的实物磬，该遗址位于山西南部夏县东下冯村北青龙河两岸台地上，正处在传说中的"夏墟"范围内。这件石磬出土于二里头文化东下冯类型文化层，时间是夏末商初。石磬的表面用细质沙岩打制，但未经打磨，表面还有些粗糙，且凹凸不平。中间偏上有一个悬挂所用的孔，两面钻透。以现代人的眼光来看，这更像是一块取自天然的大石片，而不是一件精心制作的乐器。

既然是大型祭祀乐器，编磬的奢华感必然要高于同时代的其他乐器。乾隆二十九年（1764 年），皇帝下令制作过一套碧玉描金编磬，采用新疆和田玉琢磨而成，两面饰以描金双龙戏珠和流云纹，纹饰的金黄色与玉质的碧绿色相映生辉。十六枚编磬共用一套架座，分别悬挂于上、下层梁上，自低音至高音依次排列。

琴瑟和鸣，丝竹不凡

周朝的音乐文化空前发展，周礼体系中有专门的音乐机构，演奏场面恢宏庞大，王者四面六十四人、公三面三十六人、侯三面十六人。周朝时见于记载的乐器已经多达七十多种了，依照其材料不同分为"八音"。八音指分别由青铜、石头、陶器、木头、竹子、蚕丝、葫芦和皮革制成的金、石、土、木、竹、丝、匏、革八类乐器。现代人熟知的八音盒，名称即由此而来。随着制丝技艺的成熟，中国古乐器史上的明星——琴出现了。

1977 年，美国国家航空航天局（NASA）灌制了一张名为《地球之音》的铜质镀金激光唱片，唱片中选取了二十七首体现地球人类文明艺术成就的名曲，随"旅行者"号飞船一起进入茫茫宇宙，这些曲目用于同可能存在的外太空生命进行生命信息交流，其中有一首来自中国，即古琴曲《流水》。

据传《流水》为伯牙所作琴曲《高山流水》中章节，此曲流传至唐代被分为《高山》《流水》两部。现在我们听到的《流水》基本上都是晚清青城山道人张孔山"七十二滚拂"的版本。

据说司马相如写了一首《如玉赋》赠给梁王，辞藻之华丽、气势之恢宏令梁王欣喜不已，便赠给司马相如一张"绿绮琴"。琴内有铭文"桐梓合精"意为桐木与梓木结合之精华。古人制琴以泡桐属的木材作面板，梓树的木作背板，称为桐天梓地。西方木质乐器采用硬木薄板作材，以求导音共振，中国制作古琴选取的却是软木厚板，求的是直取木质本音，乐器音质更沉稳而中和醇厚，这一特质也造就了古琴沉稳淡泊的品格。琴的种种特质，使其与中国传统文人士大夫有着天然无法割裂的联系，如果以物比人，那么琴就是文人。

名琴都有极为风雅的名字：南北朝时的谢庄有一把琴名为"怡神"；宋代宣和殿万琴堂藏有名琴"春雷"；楚庄王得到一张好琴，名为"绕梁"，琴声袅袅萦绕，似有勾人魂魄之功；东汉文学家蔡邕曾亲手制作过一张"焦尾"，琴材自烈火中抢救出来，这张琴依据木头原有的长短、形状随形而制，音色独特。

▲ 唐代"彩凤鸣岐"七弦琴

　　琴的表面由生漆包覆，使它可以长久流传。天长日久，琴身就会出现龟裂断纹，成为藏琴者鉴赏品评的话题。现存的很多古琴，不仅可追溯千百年的历史，且还可弹奏，如九霄环佩琴，经宋人周必大判定制造者为唐代名家雷氏，通体紫漆，面底发小蛇腹断纹。周必大评价此琴音质"故声和可以仰马，意杀形之捕蝉"，"大则歌南风，小即治筚父，举不出于斯焉"。

嘈嘈切切，雅俗共赏

　　唐代是中国封建时期社会文化发展的鼎盛时期，乐府细分为大乐署、鼓吹署、乐坊和梨园。乐器种类之繁多是最好的例证，据唐代段安节的《乐府杂录》

记载，此时的乐器已经超过了三百种。唐代出土的骑马乐俑很多，仅 1972 年陕西西安礼泉李贞墓就出土了多件。那些木俑手持不同的乐器，有排箫、铜钹、鼓吹、笛子等，如一支行进中合奏的乐队，带着异域奔腾的色彩，奔赴中原。大唐的开阔使华夷一家，万国来朝，造就了气象恢宏、辉映千古的灿烂图景。

琵琶被称为民乐之王，是弹拨乐器之首，在封建时代，上至帝王下至平民，都对它喜爱有加，它还是敦煌壁画的历代洞窟中被运用最多的一种乐器，约有七百件，分为两种样式，一种是直颈琵琶，一种是曲颈琵琶。

琵琶弹奏一般竖弹，反弹琵琶是敦煌壁画中的独特的艺术样式，约有四十多个，反弹有的是用直颈，有的是用曲颈。研究人员曾复制过一把反弹琵琶的乐器，并镶嵌了贝壳，将一组乐伎形象绘在上面。

琵琶一般是四弦，盛唐时流行五弦琵琶，并东传日本。在日本正仓院，保存着世界上唯一一面唐代五弦琵琶。这把琵琶采用了唐代具有代表性的螺钿镶嵌技艺，背板上镶嵌着大量人物、动物和花卉形象，尽显大唐的繁缛奢华。

魏晋时代文人辈出，关于乐器的诗文十分常见，如今已经不存的古乐器箜篌，今人有幸通过文字追忆。王维写过"赵女弹箜篌，复能邯郸舞"，阮籍也写过"夜中不能寐，起坐弹箜篌，箫管有遗音，梁王安在哉"。

与琵琶的雅俗共赏不同，汉唐时期，箜篌

▲ 唐代螺钿紫檀五弦琵琶

是皇家乐器，宫廷演乐必备。唐代梨园乐工李凭擅长弹奏此乐器，天子日日都要召见他，其名气远超歌手李龟年。李贺在诗中写道："吴丝蜀桐张高秋，空山凝云颓不流。江娥啼竹素女愁，李凭中国弹箜篌。"

民族乐器，国粹风华

宋元时期市民生活丰富，乐器的制作更加精良。勾栏瓦舍中杂剧表演很受大众欢迎，乐器的伴奏需求被进一步放大，二胡、板胡、笛、琵琶、三弦、锣鼓等成为流行乐器，在市民的生活娱乐中普及。乐器不再是贵族独享，音乐也不再专属于文人雅士。

二胡，顾名思义为二弦胡琴。它始现于唐朝，并非中原乐器，最早出现在隋唐时代的北方部落"奚"，也名"奚琴"。二胡琴筒以六边形居多，琴筒侧面是一层薄薄的蟒蛇皮，皮面中心是琴码，琴码固定两根琴弦。明代以后，戏曲成为人们生活中的主流艺术文化，而拉弦乐器的音质恰好满足了戏曲伴奏的需求，二胡得以迅速发展。

▲ 唐代三彩载乐骆驼俑

京胡是专门为京剧伴奏的拉弦乐器，它的发展时间虽短却自带光环。清末，京剧受到皇家统治者的垂青，一跃成为全国最有声望的戏曲剧种。琴师不仅要伴奏演员的唱腔，还要参与唱腔创作。京剧以唱西皮腔和二黄腔为主，京胡的伴奏也为适应不同的声腔而随时改变它的定弦音高。为切换方便，通常琴师都会准备三至四把琴放在身边，每一把的定调都不同。京胡为京剧而生，它伴随着京剧的兴起，见证了国粹的风华绝代。

文人雅士闻香论画，往往会弹奏古琴，但绝不会拉胡琴助兴，胡琴似乎自诞生起就被自动归为民间俗乐，其实胡琴也有如《二泉映月》《汉宫秋月》《草原上》这样意境深远、格调开阔的艺术呈现。音乐之雅俗，随时代发展而变化，古人曾视为俗乐的古筝，今天不是也登入雅乐殿堂了吗？

（周舟）

参考资料：

[1] 金开诚. 中国古代乐器 [M]. 吉林：吉林文史出版社，2012.

[2] 林谷芳. 宛然如真：中国乐器的生命性 [M]. 北京：北京大学出版社，2019.

[3] 白雪. 鼓瑟吹笙：中国乐器寻珍 [M]. 北京：化学工业出版社，2019.

[4] 曹捷. 试论乐器类文物的声音展示 [J]. 博物院，2017（2）：93-98.

晚明书商的"流量密码"：
什么样的小说最畅销？

　　研究文学史的学者通常认为，唐代的传奇和明清的白话小说，构成了中国小说史的两大高峰。但如果把这两个高峰上的小说家都列出来，会发现两个作者群明显不同。

　　唐代的小说家，和诗人或散文家的身份重合度很高；明清写小说的和吟诗作文的，则很大程度上是两个不同的圈子。代表唐代散文最高水平的韩愈、柳宗元，都写过小说性质的作品。如《莺莺传》这样优秀的传奇作品，其作者元稹也是有名的诗人。甚至，陈寅恪先生一直强调，中唐传奇的盛世是由韩愈的那个搞古文运动的朋友圈，和白居易、元稹搞新乐府运动的朋友圈一手打造出来的。

　　明清的情况则很不同。大诗人、大文豪多半不写小说，小说家的诗文水平往往也不怎么样。当然也有例外，如纪晓岚这样的人会写《阅微草堂笔记》。但正像钱锺书说的，例外的存在正是因为一般：《三国演义》《水浒传》里的许多诗简直不能以诗的标准来衡量，何况多半也不是作者自己写的。"红楼粉"当然会追捧林妹妹的诗，但如果不是和人物命运结合起来，《葬花吟》其实也就那么回事。

　　从出身门第来讲，唐代的小说家比起明清高出一大截。

　　唐代小说家多出身世家大姓，参加过科举考试，很多中过进士。进入仕途后，混得好的如张说、元稹、牛僧孺等人，有的甚至做到了宰相级别，就算官做得不大，担任的也是很有声望的官职。

▲ 《水浒传》（明容与堂刻本）中的插图

　　明清小说家则是落魄文人居多。《三国演义》《水浒传》《西游记》《金瓶梅》这所谓的明代"四大奇书"，作者是什么人都说不清楚。冯梦龙、凌濛初、蒲松龄之类，家庭背景都只能算中产，在残酷的考场竞争中做了失败者。吴敬梓、曹雪芹倒是出身好，但本人都不是官场人士。无论他们的命运是不是政治黑暗、社会不公造成的，照世俗的眼光来看，他们的有生之年的确是不如意。

　　当然，上面这两个区别某种意义上说是一回事，因为有名的诗文大家，往往都有不错的社会身份。赢家作诗文，失意者写小说，这是明清常态化的现象。比较成功的人写小说，往往要先承认自己无聊，表示这事只是消遣，总之做这事是有点不好意思。

明朝社会的读者

为什么会出现上述不同，或者说，明朝社会为什么造就不一样的小说？

第一，明清社会的识字率，比唐代高不少。唐代科举考试还不成熟，很大程度上仍是一个门阀士族内部的选拔机制，对社会中下层的影响力也比较小。宋代以后，科举考试的滚雪球效应越来越突出。

一旦走上读书这条"不归路"，人生的选择实在就不多了：如果不能考中，许多人也不甘心回到躬耕务农的生活中去。当时的职业选择又不是那么丰富，那么只考取最低一级功名，甚至秀才也没捞到的落榜生，很可能会选择成为一个教书先生，培养更多的读书人。

当然，也有很多人学习并不为考试，随着商品经济的发展，定合同、记账目也能促使很多人愿意去识字，甚至读点书。中国古代的识字率，在同时期全世界范围内是长期领先的。

从明代，更准确地说是从明代中后期开始，社会上产生了一个有阅读能力但并不会因此有多高社会地位的阶层，毫无疑问，这个阶层才是白话小说消费的主力军。

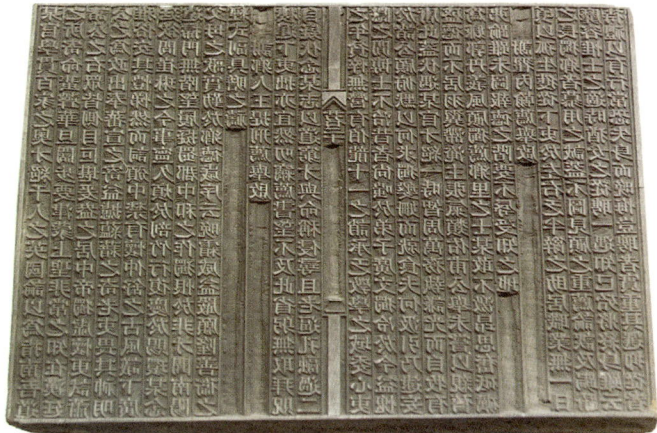

▲ 清代雕版版片

印刷术开始普遍应用于书籍出版。唐代雕版印刷虽然已经出现，但并不普及，而且主要印刷和宗教有关的文字和图画。要想复制文学作品，大体还是靠抄写，这就导致了书价非常高。

宋代印刷术开始普及，但走的还是较为精品化的路线，这项技术在商品经济中的价值还没有发挥到最大。一直到明代后期才发生了根本变化。

生活在16世纪的学者唐顺之发现，自己生活在一个文字信息爆炸的时代，身份卑微的人，去世时也要有一份墓志铭，稍有富贵名望的读书人，则会刻一部自己的诗文集。唐顺之敏锐地察觉到，这种现象不但上古三代的黄金盛世没有，汉唐也没有。不过，唐顺之不喜欢自己生活的时代才出现的新现象，他讥讽说：搞墓志铭、诗文集的人，其实根本不能保留多久，真要是长久保留了，那天下岂不是难以承载？

但不管他喜欢不喜欢，原本被认为不值得、不应该、不必要写下来的白话小说，被大量印刷出版了。

为了赚钱刊行的"小说"

《三国演义》和《水浒传》这两部杰作，已经以抄本形式流传百年，这个时代终于有了最早的刊本。再然后，《西游记》和《金瓶梅》的作者是谁固然难以断定，但这两部书，显然都是成书之后不久就雕版印行的。还有大量的白话小说，显然是为刊行才创作出来的。

明代的书价虽然比唐代便宜多了，但比起今天还是很贵。一部《封神演义》价值二两，大概相当于七品的翰林院编修的小半个月工资、八品的国子监博士的半个月工资。

所以，明朝人想读小说，更多的是租书看，购买还是有些困难。这个判断虽然没法做出统计来，但明人笔记中还是有不少支持材料。比如有书坊老板说，最喜欢的就是读书人记性不好，读过的书过几天又来借；又有正人君子嫌弃小说败坏人心，找书坊老板想把书买来烧掉……为此老板回应说：租书，我的利润生生不息，我才不卖呢。

《三国演义》《水浒传》《西游记》《金瓶梅》被称为明代"四大奇书"，不只是因为它们代表着明代长篇小说的最高水平，也因为它们代表着四种不同的小说类型。《三国演义》是历史演义，《水浒传》是英雄传奇，《西游记》是神魔小说，《金瓶梅》是世情小说。

从市场论，这四部都很成功，但从作品的价值论，在社会地位较高的文人眼里，它们不在一个档次上。

如谢肇淛《五杂组》里有一段议论，给章回小说划分等级：

第一档：《水浒传》显然拥有了凌驾在其他小说之上的地位，所谓"如《水浒传》无论已"，显然就是在谢肇淛那个圈子里，《水浒传》好已经是共识了。这里没提《金瓶梅》，但谢肇淛在别的地方高度评价过，他还有借了朋友的《金瓶梅》不还的黑料，《金瓶梅》也可以列入这一档。

第二档：《西游记》《南游记》等，它们好在哪里，需要说一说。谢肇淛评价《西游记》的文章，是研究《西游记》的人至今经常引用的。按照今天的看法，《南游记》相当一般，但在谢肇淛看来，此书比《三国演义》也要强一些。

第三档：包括《三国演义》在内的一系列历史小说，谁喜欢《三国演义》，谁没文化。

为什么《三国演义》最低，简单解释，小说作者的社会地位是卑微的，不了解帝王将相，写下来的自然不像。同样，不了解帝王将相的读者，可能觉得读历史小说有一种高级感，但谢肇淛这种级别的人一眼就能看出"假"。

为什么《水浒传》不上档次？

不光《三国演义》，另外几部奇书描写的上流社会也不大行。比如《水浒传》中林冲的职务问题，所谓"八十万禁军教头"只是很卑微的身份，为什么读者却总觉得林冲是有身份的人呢？不怪读者，因为《水浒传》的作者就是这么理解的。

按照小说描写，林冲的收入显然不低，工作也很清闲，林冲买了口宝刀，心理活动甚至于是这样的：

> 林冲把这口刀翻来覆去看了一回，喝彩道：
>
> "端的好把刀！高太尉府中有一口宝刀，胡乱不肯教人看。我几番借看，也不肯将出来。今日我也买了这口好刀，慢慢和他比试。"

他跟高俅这种高层领导有直接往来，还能开口借领导家里的宝贝，领导不同意还憋着和领导较劲，情商确实有点低，但这身份还低得了吗？

梁山征辽国时有个细节："朝廷特差御前八十万禁军枪棒教头，正受郑州团练使，姓王，双名文斌，此人文武双全，满朝钦敬将带京师一万余人，起差民夫车辆，押运衣袄五十万领，前赴宋先锋军前交割。"历史知识太多，读《水浒传》反而是一个障碍。

《金瓶梅》也一样，如写到西门庆派家人给蔡京送礼，蔡京见到礼物后的反应是：

> 如何不喜，便道："这礼物决不好受的，你还将回去。"慌的来保等在下叩头，说道："小的主人西门庆，没甚孝意，些小微物，进献老爷赏人。"太师道："既是如此，令左右收了。"……太师又向来保说道："累次承你主人费心，无物可伸，如何是好？你主人身上可有甚官役？"

堂堂当朝太师，眼皮子真浅。显然，作者大概没接触过比府县官员更大的官，只好凭想象胡写。所以，传说《金瓶梅》的作者是王世贞，即使没有其他证据，也是绝不可信的。弇州山人是簪缨子弟，高级官员，再怎么也不会写出个这样的太师来。

不过和《三国演义》不同，社会上层内容在《水浒传》《金瓶梅》中只占很小的比例，一旦写到自己熟悉的游民、市侩、胥吏、商贾、淫妇这些社会中下层的人物，小说作者立刻展示出自己观察世界的敏锐眼光了。

世情小说的一源三流

《水浒传》《西游记》对现实世界里的城市与乡村生活有很精彩的描写。和外行写的政治、军事情节形成鲜明对照的是，《水浒传》一旦写到县一级行政机构的运作，就精通得使人觉得他本来就是干这个的。《西游记》则正如鲁迅所说的"神魔皆有人情，精魅亦通世故"，当然，都是市民生活的人情世故。

《金瓶梅》则是第一部以普通人的现实生活为描写对象的长篇小说，所以在文学史上有特别重要的意义。有学者概括，它是一源而三流，又衍生出三种小说类型：才子佳人小说、艳情小说和人情小说。

才子佳人多半是写书生与小姐的恋情。严格说来，这类小说和《金瓶梅》关系不大。西门庆并非才子，潘金莲、李瓶儿也不同于一般所谓的佳人。这类小说，从唐传奇那边传承下来，但通常说来水平还不如唐传奇。毕竟，唐传奇的作者是真才子，主人公可能以某个真才子为原型（如《霍小玉传》的主人公李益是"大历十才子"之一），都比明清写才子佳人的小文人水平高太多。当然，

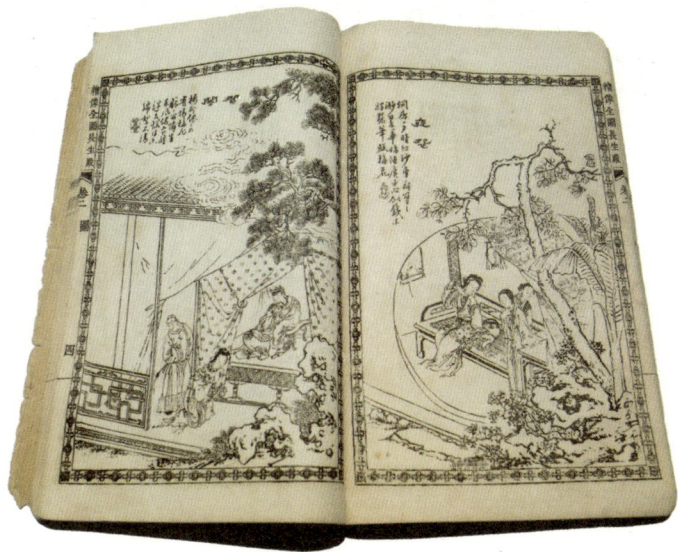

▲ 清代绘图版《长生殿传奇》

"玛丽苏""杰克苏"深受市场欢迎，倒没什么古今之别，仍然是晚明小说的一大宗。

艳情小说则是专注于肉欲描写。《金瓶梅》的淫书之名太盛，其实，书中的淫秽描写并不算很多，且不少是为塑造人物性格服务的。人民文学出版社1985年面向社会公开出版的《金瓶梅》洁本，删了19174字，有些《水浒传》和《金瓶梅》一模一样的内容，《金瓶梅》删了，而《水浒传》里却保留着。到2000年版，仅删4300字。一部八十万字的大书，这实在算不得是多大比重。

突破禁忌成了"流量密码"

不过，此后的晚明以及清代的艳情小说，倒真称得上色情描写泛滥。这当然和社会风气有关。晚明的社会风气是很开放的，从皇帝到士林往往不以谈论性为羞耻，相反，对房中术表现出了极大的兴趣。巫术思维配上粗糙的医药知

▲ **明代·仇英《西厢记图册》之一**
小说话本也成为明清时期画家创作的素材之一

识，使人们迷信各种奇奇怪怪的药方，以至于李时珍作《本草纲目》时，不得不努力为某些药方辟谣，有些药方流传至今，居然仍有人深信不疑。

这些内容，在小说里都有体现。鲁迅对这类小说的评价是："著意所写，专在性交，又越常情，如有狂疾。"

从文化比较的方面看，这种风气和欧洲文艺复兴时期的潮流颇有遥相呼应之感。薄伽丘的《十日谈》讲述私通故事时的那种欢快语气，就像是西门庆在对伯爵吹嘘自己和潘金莲、武大郎的关系。《十日谈》喜欢讲传教士们的淫荡行为，丢些"把魔鬼关进地狱"的段子出来，正如晚明小说也喜欢说和尚、道士的荤段子，甚至把寺院、道观描绘成了淫窟。

人情小说，指能够从更广泛意义上展示社会、风俗画卷的作品。

《金瓶梅》能够被视为一部文学上的杰作（不少研究者认为要给古代白话长篇小说排名的话，其可以是坐二望一），主要就是因为这方面的成就。

或许，政治幻想、升官发财、男欢女爱、突破禁忌是晚明时代的"流量密码"，毕竟一本书二两银子，值得书商们挖空心思，琢磨如何卖或租给更多人。

（刘勃）

参考资料：

[1] 鲁迅. 中国小说史略 [M]. 北京：商务印书馆，2011.

[2] 陈大康. 明代小说史 [M]. 北京：人民文学出版社，2020.

[3] 黄卉. 明代通俗小说的书价与读者群 [C]// 余金保. 第十届明史国际学术讨论会论文集. 北京：人民日报出版社，2005.

第五章

古人养生很拼的

明知道不可能长生不老，
古人为何还是痴迷丹药？

丹药之兴，源于古时人们对长生的追求。

战国时期，社会出现一批"方士"群体。他们号称懂得"仙道"，能参悟长生不死之理。这番言论马上受到当时上层贵族的青睐。方士们为证明自己所言非虚，一种是去所谓的"海上""仙山"采长生不老药，另一种则是自行炼制丹药，这便是早期的炼丹活动。

不过，出海寻求长生不老药毕竟风险比较大，后来越来越多的方士选择筑炉炼丹，丹炉之火由此开始熊熊地燃烧起来。

目的：从长生到养生

到西汉时，炼丹术已经比较成熟了，之后的帝王对此孜孜以求、乐此不疲。比如，唐太宗年轻时曾十分鄙视秦始皇寻求长生之举，但等自己年纪大了却同样不能免俗，最终因服用中天竺方士炼制的"延年之药"，导致病情加重而死，年仅五十岁。

中唐时的唐宪宗是一位比较有作为的皇帝，四十多岁时就开始想着长生不老，结果服用丹药中毒，数月不能上朝。之后的唐穆宗、唐武宗皇帝均是如此，中了丹药之毒，三十多岁时就去世。其余的唐高宗、武则天以及唐玄宗等皇帝也都服用丹药，只是没有造成严重后果罢了。

▲ 东晋丹丸

炼丹服食之风在唐朝最为鼎盛。王公贵族、文人名士大多以此为时尚。相互之间的见面问候语，基本上变成了像小说《红楼梦》中问候林黛玉那样："××，最近在吃什么药？"

唐之后，皇室炼丹之风稍减。最有名的要数明嘉靖皇帝。嘉靖帝在位四十五年，其中有二十多年时间没有上朝。他把大部分的时间和精力都投入到炼丹上面。他让手下的人收集年龄不大的处女，采集她们的经血用来炼丹，为此把这些少女放在宫里，每天不让她们吃粗粮，只让她们喝露水，有时候让她们吃点桑叶。最后有几个宫女实在受不了，合起伙来差点把嘉靖帝给勒死。

事实上，那么多的唐朝皇帝服用丹药，不光没有长生，反而多在壮年之际就驾崩，就像白居易诗中写的那样："退之服硫黄，一病讫不痊。微之炼秋石，未老身溘然……或疾或暴夭，悉不过中年。"社会上质疑和反对服食丹药的声音渐渐大了起来。丹药开始从长生不老的高级功能转向治疗疾病的普通功能。

推动这一转变的，是药王孙思邈。

孙思邈作为医生，看到丹药弊端的同时，也发现其妙处。他主张服饵应当先食后药，"先洞晓病源，知其所犯，以食治之，食疗不愈，然后命药"。他在《千金要方》中曾记载一种药，名为"太一神精丹"，由丹砂、曾青、雌黄、雄黄、磁石、金牙合炼而成，并谓"古之仙者，以此救俗，特为至秘"。由唐到宋，随着丹药功能的悄然转变，越来越多的大夫加入到炼丹群体中，丹药的重心落在了"药"上面。因此，宋代服食丹药之风尽管依旧不减，但大家的追求不再是长生不死，而是延年益寿。

宋朝的这一转变，一直影响后面朝代，比如清朝雍正帝，也是一名炼丹狂热爱好者，因为自己身体不太好，就在养心殿内设立丹炉炼丹。雍正帝对丹药的疗效十分推崇，不光自己吃，还推荐给大臣。雍正十一年（1733年）七月初，他在给大臣田文镜的奏折上批阅：此丹修合精工，奏效殊异，放胆服之，莫稍怀疑，乃有益无损良药也，朕知之最确。他所推荐的丹药名为"既济丹"。

随着丹药功能的转变，炼丹原料也发生了巨大变化。

原料：从金石到草本

炼丹的主要原料，有"五金八石三黄"之说。五金即金、银、铜、铁、锡；三黄为硫黄、雄黄、雌黄；八石则说法不一，一般指朱砂、矾石、硝石、云母、石英、石钟乳、赤石脂、黄丹。此外，水银和铅也是炼丹的主料。所谓"丹砂"，其实就是硫化汞，是硫与水银的无机化合物，因呈红色，故名丹砂。

西汉淮南王刘安十分热衷炼丹，手下养了上千方士修炼金丹。刘安不光有实践，还有经验总结，写有集聚各类炼丹术的《淮南万毕术》。据这本书记载，他手下的方士们采用的炼丹原料中，就包括了汞、铅、丹砂、曾青、雄黄等。

到了东晋时期，著名炼丹家葛洪也很推崇"金丹"为养生大药。他认为，草木虽可延年，但"非长生之药"。为什么服食金丹能使人长生不死呢？葛洪认为："夫金丹之为物，烧之愈久，变化愈妙；黄金入火，百炼不消，埋之，毕天不朽。服此二物，炼人身体，故能令人不老不死。"故而服食金丹就是"假求于外物以自坚固"，要长生不老，必须找一种不朽的、具有稳定性的药物作为支撑。这个解释，与我们今天"吃啥补啥"的说法倒是有点类似。

尽管服用丹药之人从未出现长生或成仙的现象，但方士们对炼丹坚信不疑。他们认为，之所以还没达到效果，与炼丹的原材料不够好有关。炼丹家们开始寻求更加稀有的、中原地区没有或尚未被发现的矿物、植物和香料。

随着交通日益发达，波斯国的一些金、银、石、珊瑚以及盐绿、雌黄等矿

李晞古煉丹圖

▲ 南宋·李唐 《炼丹图》

物流入中土，炼丹家们就有点崇洋媚外起来。他们只要有财力能弄到品质更好的进口货，一般就不用国货。据《本草纲目》记载，唐代一个叫李珣的这样评价："石硫黄，生昆仑国及波斯国西方明之境，颗块莹净，不夹石者良。蜀中雅州亦出之，光腻甚好，功力不及舶上来者。"可见，在炼丹家眼中，当时国内的石英在品质上是无法与波斯进口的高纯度石英相媲美的。同时，波斯产的绿矾、绿盐等矿石也很受炼丹家们青睐。

用这些矿石炼成的丹药中，效果最好、评价最高的称作"五石散"，由丹砂、磁石、曾青、雄黄和白矾五种矿物炼制而成。史载：三国时期，魏国人何晏就经常服食五石散，他人长得很帅，皮肤白嫩。当时的魏明帝曹叡怀疑他擦了粉，就在大热天请他吃热汤面，结果何晏热得不停擦汗，脸反而越擦越白。就像今天很多不正规的化妆品中添加可以起到美白效果的汞、铅，五石散中所含的砷化物砒霜虽是剧毒，但微量服用可以引导消化，促进血液循环，令人精神振作。所以何晏到处给五石散打广告，一时间，这种丹药在魏晋士大夫中非常流行。

不过，以金石作为炼丹原料，对人体的副作用太大。像唐朝的那几个皇帝服食丹药中毒身亡且不说，即便服食五石散这样的，如服用过量，轻则皮肤干燥起疹、生疮溃烂，重则昏迷不醒，心肌麻痹而死。孙思邈就认为万万不能服五石散，凡有进饵者"无不发背解体，而取颠覆"，所以"宁食野葛，不服五石，明其大大猛毒，不可不慎也"。他对五石散的配方做了改良，添加了桔梗、

▲ 唐代盛放"光明紫砂"的银盒

防风、人参、干姜等物，使之更适合人服用。

在孙思邈的影响和带动下，"魏晋时外丹黄白术皆用金石药"的做法慢慢变成"参用草木药"，制作原料已发生变化。宋代官修的《圣济总录》云："服饵草木，必取其柯叶坚固，形质不变，若松、柏、茯苓之类，其意盖以延年益寿为本，至于其他，非具五行之秀，则必备四气之和，其意深矣，《千金》谓服饵大法，必先去三虫，三虫既去，次服草药，草药得力，次服木药，木药得力，次服石药，精粗相代。由粗以至精，其序不可紊也。"

这种服食"以延年益寿为本"和草木金石药物"精粗相代"的观点，成为宋代乃至之后历朝社会的主流思想。丹药服食逐渐由草木药物取代了金石药物，而炼丹的技术也应用到草木药物的制作工艺之中，丹剂也成为中药剂型之一。

贡献：从化学到医学

古人炼丹，无心插柳地成为最早的化学实验。近代实验化学，一般认为起源于欧洲中世纪的炼金术，而欧洲的炼金术来自阿拉伯，阿拉伯的炼金术又是从中国传过去的。从这个意义上来说，中国古代的炼丹家们，应该是近代实验化学的始祖。

▲ **唐代炼丹原料——上上乳**
出土于陕西西安何家村窖藏，是一种质量上乘的钟乳石

▲ **唐代银石榴罐**
出土于陕西西安何家村窖藏，有学者
判断是古代炼丹用的简单蒸馏器

以丹砂为例，炼丹家葛洪发现，将丹砂加热后可分解出汞，进而发现汞与硫化合成黑色的硫化汞，再经加热升华，就又恢复到红色的硫化汞原状。这个过程，实际上就是化学的还原和氧化反应。不过，在葛洪眼里，这种现象倒是可以与长生联系起来。他在《抱朴子·金丹篇》中写道："凡草木烧之即烬，而丹砂烧之成水银，积变又还成丹砂，其去凡草木亦远矣，故能令人长生。"丹砂这种反复烧炼而不变其形的性质，恰好契合了炼丹家们对长生不死的追求，所以被誉为炼丹的上品第一。

除此以外，葛洪还在炼丹过程中给雌黄、雄黄两种硫化物加热，得到升华的晶体赤乳，更做过铁与铜盐的替代反应实验。尽管其初衷与化学无关，但实际上却揭示了众多的化学变化。他之后的另一著名炼丹家陶弘景同样通过炼丹，认识到水银可以和其他金属形成合金，黄丹和胡粉等炼丹原料可以人工制成等。除此以外，黑火药、砷元素以及"化铁为铜"等冶炼方面的成就，也都是古人在炼丹过程中发现的。

隋唐时期，中国的炼丹术传入阿拉伯，之后又经阿拉伯传至西欧。英国学者李约瑟在《中国科学技术史》一书中写道："中国古代的炼丹术从开始就对仙丹产生浓厚的兴趣，认为仙丹能赋予人们以不死与长寿。炼丹——中国早期雏形化学的特征，而欧洲则不然，一般人都认识不到，中国的炼丹术，通过阿拉伯，对西方产生了巨大的影响。"在他的眼里，葛洪是一位"炼丹术系统化者"。

炼丹术外传至中东与西欧，催生出了近代化学，在中国最终转向医学。比如，孙思邈在《千金翼方》中载"飞水银霜法"，水银霜就是升汞、甘汞，古名"红升丹""白降丹"，可用来治疗疥癣、湿疹等皮肤病。他制作的"太一神精丹"的化学药剂，其中氧化砷、氧化汞，能杀灭原虫和细菌，外用能治皮肤病，内服可治回归热和疟疾。同为唐朝人的王焘所编《外台秘要》记载，有一种氯化高汞具有较强的杀菌去腐作用，可用以提脓、拔毒、促进疮口愈合。

总之，炼丹家们的最初目的——长生不老是不可能的，但从另一个角度来说，作为古代炼丹术中的精华部分，化学合剂丹药在医疗领域也发挥了积极作用。比如红升丹、白降丹、太乙小还丹等各类丹药仍被用于治疗骨髓炎、骨结核、淋巴结核等疾病，在外科临床上发挥着重要作用。

所以，金食丹药之为益为害，不在于丹药，而在于用。

（番茄汁）

参考资料：

[1] 张觉人. 中国炼丹术与丹药 [M]. 成都：四川人民出版社，1981.

[2] 金正耀. 中国的道教 [M]. 济南：山东教育出版社，1991.

[3] 程志强，顾漫. 孙思邈与炼丹术和丹药服食养生及思考 [J]. 中华中医药杂志，2016（3）：1109-1112.

[4] 陈明. 方家、炼丹与西土药——中古道教医学与外来文化初探 [J]. 史林，2013（2）：51-63+192.

[5] 陈海东，李芳，等. 炼丹术的简史及其影响 [J]. 辽宁中医药大学学报，2009（2）：62-64.

没有保健品的古代，
古人通过哪些食物来养生？

"吃"是个永恒的话题。人们不仅要吃，还要吃出门道，这方面，食疗很有代表性。食疗历史悠久，在古人几千年的实践和总结下，产生了许多食疗理论和做法。人们以"吃"延年益寿，甚至靠"吃"争权夺利。不同吃法背后，是不同的需求、欲望和诱惑。

二苏的食疗"秘方"

"食疗"顾名思义，是指人们利用食物来调养身体，预防和治疗疾病。提起食疗，不能不提北宋文坛二苏兄弟——苏轼和苏辙。二人在食疗方面颇有造诣，不光对某些食物情有独钟，还配出了独到秘方。

苏辙曾专作《服茯苓赋》向钟爱的茯苓表白，言其"经历千岁，化为琥珀，受雨露以弥坚，与日月而终毕，故能安魂魄而定心志"。苏辙有意养生并开始服茯苓要从他三十二岁那年说起。那年，苏辙经人指点，通过"道士服气"之法，一年后治愈了自小就有的顽疾，从此便对养生有了兴趣。

他阅读古书，遍寻良材，终于发现了能和金玉相媲美的、有助于延年益寿的茯苓。常吃茯苓，他感到"神止气定，浮游自得"，可以"乘天地之正，而御六气之辨，以游无穷"，真有神仙般的快乐。

苏轼虽不像弟弟那样痴迷于茯苓，但也深感茯苓之好。

一次，苏轼写信告诉朋友程正辅，他的痔疮复发了……为了免除疼痛，他甚至坚持了两个月的终极忌口计划：休粮断酒断肉，拒绝酱菜盐酪，只吃清汤淡面，但怎么都不见好转。

在难熬的日子里，苏轼自制了"胡麻茯苓食疗方"，服食多日，增味充饥补气力的同时神奇般地治好了痔疮。美食达人东坡先生当然不忘附上做法："胡麻，黑脂麻是也。去皮，九蒸曝白。伏苓去皮，捣罗入少白蜜，为炒杂胡麻食之，甚美。"果然，对东坡先生来说，好吃才是最大的治愈。

苏轼也有自己钟爱的食物——芡实，而且他有独到"苏式"吃法：取熟芡实一粒，剥去外壳，放入口中，缓缓含嚼，直到津液满口，再鼓漱几遍，徐徐下咽。每天这样吃10—30粒，日复一日，年复一年，乐在其中，妙不可言。

二苏的秘方相对来说不易实现，也不具有普遍性，但是没关系，食疗宝库中有的是接地气的吃法。

雷打不动爱喝粥

在中医眼中，食物褪去了些许食欲色彩，所谓"医食同源，药食同用"，从神农尝百草到《黄帝内经》、从《伤寒杂病论》到《本草经集注》，都有与食疗相关的内容。唐代孟诜所著的《食疗本草》是世界上现存最早的食疗专著。宋代以后，食疗不仅愈加成体系，而且更多地融入百姓日常生活。

说起日常的食疗，不能不提粥。大江南北，无不喝粥。粥作为一种古老的饮食形式，在食疗领域不容小觑。古人食疗之法浩如烟海，但李时珍认为粥"最为饮食之良"，"大抵养生求安乐，亦无深远难知之事，不过寝食之间尔"。粥包罗万"材"、兼有荤素，有黑豆胡麻粥、粳米红枣粥、红豆薏米粥、鲤鱼粥、瘦肉粥、乌鸡粥等，几乎到了"凡食材皆可入粥"的地步。

在吃粥界，东坡先生应该比不上白居易和陆游，他俩简直是"粥粉"。一字千金的白居易，为粥花了许多笔墨。"老饥初爱粥，瘦冷早披裘"，在《履道新居二十韵》中直言喜爱；"何以解宿斋，一杯云母粥"，在《晨兴》中道出晨起喝碗粥的满足；"今朝春气寒，自问何所欲。酥暖莲白酒，乳和地黄粥"，

御米粥治反胃利大肠
绿豆粥解热毒止烦渴
赤小豆粥利小便消水肿脚气辟邪疠
薏苡仁粥除湿热利肠胃
莲子粉粥健脾胃止泄痢
芡实粉粥益肠胃解内热
菱实粉粥补肾胃益腰脚
栗子粥补肾气固肠胃
薯蓣粥补肾精固肠胃
芋粥宽肠胃令人不饥
百合粉粥润肺调中

钦定四库全书

本草纲目 卷二十五

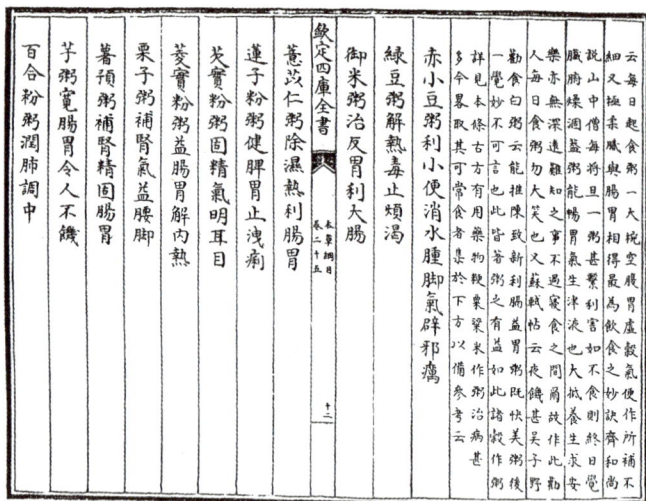

▲ 《文渊阁四库全书·本草纲目》中关于粥的记载

在《春寒》中，吃粥有三重愉悦，暖身、解馋、调脾养胃；"先进酒一杯，次举粥一瓯。半酣半饱时，四体春悠悠"，《新沐浴》里的粥配酒，那叫一个美！白居易爱粥不吝文字，也不惜金钱。据说白居易晚年工资不低，但他对大鱼大肉都不感兴趣，只想着"黄耆数匙粥，赤箭一瓯汤"，真爱总是很纯粹。

陆游很懂粥。在《食粥》诗中他写道："世人个个学长年，不悟长年在目前。我得宛丘平易法，只将食粥致神仙。"食一碗粥，便能羽化成仙，奈何世人苦苦追求艰辛的养生之道，不懂得金子就在眼前。陆游从吃粥的经历中悟出"最朴素即是最宝贵"的道理。

粥如此得人喜爱，不仅在于味道好、包容性大，也在于它确有一定药用价值。有学者研究，以粥辅药的记载最早见于东汉医圣张仲景的《伤寒杂病论》。此后，中医领域又系统总结了百余种药粥方。明代李时珍在《本草纲目》中记载，粥方"可常食用"。清代更是将粥用于日常食养食疗里，以贴近生活为原则，达到调养治疾兼备的目的。

所以，当妈妈再叮嘱你少吃火锅多喝粥时，一定要记得这背后有强大的理论支撑。

食疗界的畅销品

《黄帝内经》里提出"五谷为养，五果为助，五畜为益，五菜为充"的食疗原则，说明饮食要丰富多样。但在古代，能够享用各色食物的也只有天子贵族，平民百姓还是以粗茶淡饭和时令果蔬为主。人们为了提高生活质量，寻找到了一些食疗养生佳品，比如枸杞和红枣。

在古人食疗中，枸杞出现的频率很高。《食疗本草》记载，枸杞能"坚筋骨，耐老，除风去虚劳，补精气"，人们做枸杞茶、枸杞粥、枸杞酒、枸杞饭，把枸杞用得淋漓尽致。

枸杞的妙处还在于不光果实的食疗功效显著，枸杞芽儿也颇有好处。

《红楼梦》第六十一回中写三姑娘探春和宝钗忽来了兴致，要吃"油盐炒枸杞芽儿"。这枸杞芽儿说的就是枸杞的嫩茎叶，它味道清爽，还有清热、明目、益肾亏等功效。春天的枸杞芽儿最为鲜嫩爽口、饱满多汁，是一道常见的时令养生菜品。姑娘们想吃枸杞芽儿，甚至愿意拿五百钱来买。五百钱的价格自然是闺中小姐不懂市面行情的体现，其实老百姓花十多钱便可享用枸杞芽儿的清爽、甘美与功效。现在，仍然有人会做"油盐炒枸杞芽儿"，延续传统味道的同时也在延续古人"食在四季"的养生之法。

红枣的功效自不必多说，安中养神、益气补血、健脾和胃等作用及香甜平和的味道，使它很受欢迎，民间有"一日食三枣，岁月不显老"之说。

有一个故事，讲的就是药王孙思邈的"还阳枣"。据传，有一农妇患腹疾，百般求医问药，始终不见好转，甚至两耳失聪、日益消瘦。她的儿子抱着最后的希望，日夜兼程，把孙思邈请到家中为母亲医治疾病。孙思邈经过一番望闻问切，断定病人腹中有虫，便先开一剂药酒驱虫；随后，他又开一药方，并以红枣去皮去核配药。农妇服用几日，随即康复。

人们对孙思邈钦佩不已，也十分感激他不远千里治病救人。由于药王所用药材中人们对红枣最为熟悉，于是盛赞红枣为"还阳枣"，并由此衍生和改进出了很多药膳，红枣渐渐为人所钟爱。

食疗里的黑科技

吃吃东西就可以延年益寿，听着确实很有吸引力，不过，事情可没那么简单。食疗领域有不少黑科技和值得商榷的地方，我们一定要辩证看待。

比较极端的例子出现在电视剧《甄嬛传》中。齐妃为了防止受宠的叶澜依怀孕，给叶澜依送了一碗含有红花的红枣汤，叶澜依喝下便腹痛不止，致使终身无法受孕。而纯元皇后的死因也和食物有关。纯元怀孕时喜欢吃芭蕉，又经常喝杏仁茶，因此宜修便将杏仁茶中的杏仁偷偷换成了伤胎的桃仁，再加上芭蕉性寒，长此以往，到纯元生产那日，纯元难产血崩，产下死胎，母子俱亡。

其实，性凉性寒一直是中医食疗理论中常出现的词语。吃个食物已经上升到下毒功能，恐怕还是戏剧情节需要。

关于食疗的黑科技，苏轼的《东坡志林》里也有不少，最典型的要数"阴阳丹"。由于"阴阳丹"过于重口，我们就不详述做法了。简单说，阳丹的原料为溺（尿液），装入三十个带盖瓷瓶封藏三十日后，取其上层结晶清洗研磨，和酒服用；阴丹的原料为乳汁，在银器中慢火熬炼成丸，和酒吞服。

苏轼再三强调，阳丹阴炼、阴丹阳炼，此乃天机而不可轻易泄露于常人。可是，这样的"好"东西，我们根本无意消受。

食疗中还有著名的"以形养形"理论，俗称"吃啥补啥"，如吃肝补肝、吃肺补肺、吃核桃补脑、吃腰子补肾等。但其中有多少科学道理呢？我们来梳理梳理。

比如喝骨头汤补钙。据说一碗骨头汤里钙含量至多二三十毫克，如果按照成人一天摄入800毫克钙的健康标准来算，需要喝上不止一锅骨头汤，但结果就是钙没补上，肥肉长上了。

再比如吃相应的动物内脏来滋补脏器，也不具有科学性。毕竟动物内脏胆固醇、脂肪含量都很高，对患有慢性病和相应功能差的人群来说，常吃内脏反倒不利于身体健康。

"以形补形"是医学不发达的古代，人们通过对自然界长期观察、简单类比后总结出的一些认识，难免有很多牵强附会之处，不可尽信。

随着时间的推移，还产生了很多匪夷所思的做法，但讲究食物多样化、均衡饮食结构、养成健康的饮食习惯总是对的。食物不能完全代替药品治疗疾病，但合理的饮食有助于带来健康的生活。选择适合自己的食物和饮食方式，才能获取食疗的好处，否则只会适得其反。

▲ 清代·佚名 《苏州市景商业图册》内页之一

画面中两个赤膊男子在为药铺打广告，他们身后的药铺，招牌和墙上写着推销的商品——"清宁斋虔制参茸至宝膏""白玉膏""鲫鱼膏""参桂膏"

古代食疗文化博大精深，尽管其中有不合时宜之处，但食疗本身正体现了古人对自然的好奇、对生命的敬重和对生活的热爱。珍爱一蔬一果，珍视一餐一饭，这份讲究，如今看来最为可贵。

（冰粥）

参考资料：

[1] 刘思龙 . 古人食疗趣谈 [J]. 东方食疗与保健，2005（5）：4-5.

[2] 丁兆平 . 发现本草之旅 [M]. 北京：中国医药科技出版社，2018.

[3] 杨骥 . 古代小说与饮食 [M]. 广州：暨南大学出版社，2018.

[4] 端木蕻良 . 说不完的《红楼梦》[M]. 上海：上海书店出版社，1993.

热水不止用来喝：中国人为何那么喜欢泡脚？

对中国人来说，泡脚可能是一种最简单、最国民化的享受。那种由下至上的舒适、从外到内的温暖能够安慰疲乏的身心，让精力不足的自己瞬间复活。

中国人有多爱泡脚呢？

2013 年，江西宜春万人泡脚创造了一项吉尼斯世界纪录，这可能是最具舒适感的世界纪录了。

除了舒适，泡脚大概称得上是最方便的日常养生方式。

各式各样自动加热的泡脚盆成为电商平台的热销产品，不管送父母还是送爱人，保证不会出错。网红泡脚药包也赚足了曝光量，艾草、玫瑰、花椒、陈皮纷纷泡进洗脚水中。

早餐打卡、健身打卡、读书打卡还不够，泡脚养生打卡又带出新时尚。感冒、胃痛、拉肚子除了建议喝热水，还多了泡脚这一选项。

相信小时候的你一定也有回家给父母泡个脚的家庭作业，那天晚上父母想必和颜悦色。

是的，泡脚还有助于家庭和谐。

中国人为什么如此喜欢泡脚，又为什么把泡脚视为养生法宝呢？

泡脚的舒适有谁知？

泡脚到底有多舒适，问问苏轼就知道了。

在《上巳日与二三子携酒出游随所见辄作数句明日》中他写得真是充满惬意：

> 主人劝我洗足眠，倒床不复闻钟鼓。
>
> 明朝门外泥一尺，始悟三更雨如许。

泡完脚去睡觉才能正经睡出真谛，一夜无梦，一宿无扰，神清气爽。

在悠久的泡脚史上，刘邦也可以占据一席之地。

郦食其初见刘邦的故事想必很多人都知道，《史记·郦生陆贾列传》中载：

> 郦生至，入谒，沛公方倨床使两女子洗足，而见郦生。郦生入，则长揖不拜，曰："足下欲助秦攻诸侯乎？且欲率诸侯破秦也？"
>
> 沛公骂曰："竖儒！夫天下同苦秦久矣，故诸侯相率而攻秦，何谓助秦攻诸侯乎？"
>
> 郦生曰："必聚徒合义兵诛无道秦，不宜倨见长者。"
>
> 于是沛公辍洗，起摄衣，延郦生上坐，谢之。

刘邦此时正处在攻秦的关键时期，求贤若渴。

这一天，郦食其被引荐给刘邦，但他见到刘邦正在被侍女伺候泡脚，看起来很舒服的样子，也没有起身接待自己的意思，这让本就狂妄的郦食其很不快，他不客气地问刘邦，是想帮秦打诸侯还是要率诸侯攻秦。

刘邦一听气不打一处来，怒斥道：你小子说话过分了啊，我当然不会助纣为虐。

郦食其这才表态，自己前来投奔却遭怠慢，觉得刘邦太傲慢。

刘邦恍然大悟，哦，原来是泡脚惹的祸，赶紧起身谢过，二人开始了友好交流。

不管怎样，这件事让我们知道，刘邦的确曾用泡脚解除疲劳。泡脚的历史不要太悠久。

陆游在《泛舟过金家埂赠卖薪王翁》一诗中大呼洗脚之快意："洗脚上床真一快，稚孙渐长解烧汤。"

小孙子也长大懂事了，知道为爷爷添热水泡脚，洗脚这件事真乃人生一大享受。

然而这种舒适在古代却不是人人能享受的，比如宋明时期缠足的女性。她们没有唐朝女性"洗素足"的快乐，简单、舒服的洗脚对她们来说只有痛苦和无奈。洗脚也仅是出于清洁，没有舒适可言。

缠足女性洗脚往往要耗费一两个小时，而这一两个小时的痛苦会让一些女性很多年都拒绝洗脚。

民国建立之后，中国女性才彻底拥有了泡脚自由。

总之，近代以来，全民基本都能开心地洗脚、泡脚。

为了舒适和卫生的泡脚只能算是初级水平，更高级的是养生泡脚。

养生泡脚一二三

乾隆皇帝超爱泡脚，而且还有"晨起三百步，晚间一盆汤"这样的养生名言。

乾隆专用泡脚盆做得比较深，可容纳整个小腿，当热水没过脚脖，双脚得到按摩，估计他内心会直呼"真想再活五百年"。

清朝皇室里泡脚养生的不只乾隆皇帝，慈禧太后也榜上有名。慈禧太后每日泡脚在《宫女谈往录》里记得很是详细。

慈禧泡脚用的是银盆，斗深，中间是木胎。银盆可以防毒，木胎不易散热。她每次洗脚会用两个盆，一个盛熬好的药水，一个盛清水。四个贴身丫头都受过专业搓脚训练，有一套娴熟的技艺。

慈禧太后泡脚不仅是为了卫生，更重要的是为了保养。她对保健从不放松。

她的"洗脚水是极讲究的，譬如：属三伏了，天气很热，又潮湿，那就是杭菊花引煮沸后晾温了洗，可以让老太后清眩明目，全身凉爽，两腋生风，保证不中暑气；如果属三九了，天气极冷，那就用木瓜汤洗，使活血暖膝，四体温和，全身柔暖和春"。

当然太医会根据四季变化、慈禧的身体状况来修改处方，如果三伏天慈禧有中暑迹象、三九天上火发燥，那就停止用药。

同样把泡脚作为重要养生之法的还有曾国藩。同治五年（1866年）六月初五，曾国藩在给弟弟曾国潢的信中讲到养生五事："养生之法，约有五事：一曰眠食有恒，二曰惩忿，三曰节欲，四曰每夜临睡洗脚，五曰每日两饭后各行三千步。"

信中，他说自己坚持洗脚已有七年之久，因为习惯坐着看书、写字、办公，下肢血液容易凝滞，睡前洗脚能舒筋活血，抗劳解乏。他还建议澄弟平时也讲求养生之法，不可临时乱投药剂。

泡脚真的养生吗？

中医的常见理论认为"养树需养根，养人需护脚"。《黄帝内经》讲足部保健能对穴位产生刺激。足部有六十多个穴位，另外五脏六腑在脚上有相应的投射区，三阴经和三阳经都走脚，足三阴与肝、脾和肾有关，足三阳与胆、膀胱和胃有关，泡脚能利用温热作用加强脚部的气血循环，又通过足部的这些经脉穴位，保健全身各脏腑，提神健气，预防疾病。

有一种外治法叫"足浴"，足浴不光是拿热水泡一泡脚，还要加上按摩，必要时会用草药来治疗脚癣、脚裂、脚臭等。

《华佗秘笈》中有"足心道"一说，主要以一系列按摩为主，类似于现在的足疗或足道。

晋朝葛洪《肘后备急方》里的"治风毒脚弱痹满上气方"主要用来治疗脚气："千金翼，治脚气冲心，白矾二两，以水一斗五升，煎三五沸，浸洗脚，良。"

这里的泡脚带有治疗性，现在治脚部皮肤病也会用草药泡脚，是很常见的外部疗法。

而从西医角度看，泡脚主要是因为促进了血液循环，调节了内分泌，所以才会有好的反馈。

但泡脚也有讲究，不是普遍适用的，有些人群不适合泡脚，比如患有糖尿病、静脉曲张、动脉血管闭塞、严重心脑血管疾病以及足部皮肤问题（如疱疹）的，随意且盲目泡脚很可能加重病情。

一句话，泡脚虽好，也要适度。

不过，从古至今，对忙忙碌碌的中国人来说，每到晚上，端起洗脚盆泡个脚，一整天的疲劳、焦虑和不安都淹没在洗脚水中。接着睡个好觉，不比什么都要来得舒适吗？

（冰粥）

参考资料：

[1] 粉条 er. 热水泡脚也有健康风险 [EB/OL]. （2014-11-13）[2019-04-12].https：//www.guokr.com/article/439484/.

[2] 曾国藩 . 曾国藩家书·精选点评版 [M]. 北京：中国画报出版社，2016.

[3] 邓玉娜，马金生 . 大清皇室的延寿经 [M]. 北京：中国青年出版社，2011.

[4] 许家和 . 趣谈"足浴"与足部保健 [J]. 心血管病防治知识（科普版），2017（3）：46-47.

古代冬季取暖的 N 种方法

现代人的冬天，基本上离不开暖气、空调，再不济也会有火炉、火箱、电取暖灯、暖宝宝……为人御寒保暖。可在没有暖气和空调的古代，人们如何过冬？

从火堆到火塘

对生活在温带的旧石器时代早期人类，尤其是对距今约 28 万年的辽宁营口金牛山人来说，要度过一年当中最难挨的一段时光，唯有靠火。火的使用和控制，是人类数百万年进化过程中的关键一步。有了火，先民们告别"茹毛饮血"，吃上熟食，这一饮食习惯的改变，间接促进了人类大脑、体质的进化。据测定，金牛山人脑容量为 1390 毫升，比周口店北京人脑容量平均值（1088毫升）多，接近现代东亚人脑容量平均值（1415 毫升）。他们虽然不会人工取火，但已想尽各种办法将火引入山洞，通过不断添加树枝、柴草的方式保持火的燃烧，并在固定的地方保存火种，借此抵御寒冷的侵袭与野兽的攻击。

考古学家曾在金牛山人居住的洞穴里发现大量用火遗迹和遗物，仅灰烬堆就发现了十一个，其平面、剖面都比较规整，灰烬堆周围，遍布烧骨和被火烧过的石块。专家推测，金牛山人经长期摸索，已学会在火堆旁垒起圆形的石头圈，以便更好地维持火势，保存火种。白天，他们外出打猎，采集植物和果实，晚上回到洞穴后，扒开封火的火堆，围坐在一起，享受烤好的美食，度过漫漫冬夜。

新石器时代，随着人们由狩猎、采集向农耕生活方式的转变，因烧烤、取暖生起的火堆被搬到了室内，早已掌握人工取火的仰韶文化居民们，在其定居的房屋中心部位，往往会挖出一个小坑，四周垒上砖石，中间用来生火取暖和做饭，这就是火塘的由来。

火塘形态多呈不规则的圆形、方形或是瓢形，位置一般面对门道，既有助于吸收氧气助燃，又能阻挡寒风。火塘边上有时还埋有陶罐，罐中满是火种炭灰，可随时将火塘的火重新点燃。人们的室内生活基本围绕火塘展开，烹饪、进食、取暖、议事、睡眠都在火塘边进行，商周时代也是如此。一直到现在，火塘仍是南方一些少数民族家庭的核心场所，在普米族、纳西族、白族、傣族等少数民族人眼中，火塘不仅用来烹饪、取暖，也是最神圣的所在，是家族昌盛的象征。

最早的壁炉和温室

春秋时期，出现了可移动的取暖器具——燎炉。从河南省新郑县李家楼出土的"王子婴次"青铜炉（高 11.3 厘米、口纵 45 厘米、口横 36.6 厘米）可看出，此时火盆腹部较浅，形制小而简单。与炉配套出土的炭箕或漏铲，用来转移火种和添加木炭。这种小型火盆虽然便利，提供的热量终究有限，如何让整屋暖和起来，达到温热如春的效果，古人做出了很多探索。

有人发现地面被火烤热后不但不会潮湿，还会长时间保持适宜的热度，于是有意识地将地面烤热，坐卧其上，这种"烧地卧土"的取暖方式便是最早的火炕原型。春秋时期宋国一个叫作柳的宦官就是通过上述方式赢得了宋元公的宠爱。柳曾服侍宋平公多年，宋元公还是太子时就十分讨厌他，一度想置其于死地。宋平公去世后，失去靠山的柳想尽办法讨好宋元公。依规定，在寒冬十二月守丧，宋元公不得"衣狐裘，坐熊席"，但宋元公的席位总是暖和的，原来是柳预先用炭火将席位烤暖，待宋元公将至再将炭火去掉。屁股暖暖的宋元公一高兴，柳便保住了性命，再次成为宠臣。

不过，这种情况只适用于小范围取暖，毕竟大面积烧地太过消耗能源，又

▲ **春秋"王子婴次"青铜炉**
此为烧炭燎炉，炉腹部浅，提供热量有限

会在屋内产生大量烟尘。为了解决寒热不均、乌烟瘴气的情况，秦代建筑师们为秦王设计了大型取暖设施——壁炉。1974 年在秦都咸阳一号建筑遗址中发现的这些壁炉，宽 1.2 米，纵深 1.1 米，高 1.02 米，炉身由土坯砌造，炉膛呈覆瓮形，可使热气在膛内有充分回旋余地，便于炉烟迅速排出。"入"字形的炉顶有利于扩大散热面积。炉口前有灰坑，炉左侧有存放木炭的炭槽，木炭燃烧时间较长，可长时间保持室温。壁炉被发现时上部建筑已被毁坏，无法得知烟道样式。专家推测，发现的三座壁炉有两座供浴室采暖用，一座似高级统治者专用。

花椒不仅可以当作香料，还"性温"，将其捣碎了和泥涂在墙壁上可使人感觉到温暖，以花椒为保温材料的"温室"相继出现在西汉皇宫和贵族家中。典型代表如西汉未央宫里的"温室殿"。"温室殿"建于汉武帝时期，殿内"以椒涂壁"，设有壁炉，挂有大雁羽毛做成的帷幔，地上铺放着来自西域的毛毯。皇帝经常在此与朝臣商议国家大事。因椒泥良好的保温性能，"温室殿"冬季还可陈列花木，成为一时奇观。

这种富贵人家在冬天"捣椒泥四壁"，布置温房的做法一直延续到唐代。一到长安大雪天，豪贵家里"到处爇红炉"，夜夜弦歌宴饮。木炭为人工烧成，在当时仍属"奢侈品"，只有上层人士用得起。唐开元天宝年间，宫里曾收到一批从西凉地区运来的"瑞炭"百条，"各长尺余，其炭青色，坚硬如铁"，烧于炉中，无焰有光，每条可烧十日，热气逼人，使人无法接近。

居家必备神器

俗话说，人冷先冷四肢，今有火笼、暖手宝、暖脚宝等各种神器，古也有熏笼、手炉、汤婆子等小型取暖用具。如今常为南方所用的火笼很可能就是由熏笼演变而来。熏笼为先秦时的熏衣用具，人们用竹篾编作透空的网罩，其下置炉，炉上置炭，或添香草，用以熏香衣物。从出土实物来看，熏笼不大，高度在二十厘米左右。南北朝出现的竹火笼与其类似，加上提梁后可随身携带，火笼内有红泥小炉，放置炭火，将竹火笼放入衣袖内，周身可暖。

武则天时期，有人设计了一种迷你取暖神器，名"卧褥香炉"，其实就是香球与迷你火炉的结合。拿来放在被子里取暖、熏香用。它的构造十分精巧，由几个轴心线相互垂直的金属环构成，中央轴心处安装置放木炭的容器，外面以镂空金属球包裹。它的神奇之处在于，任凭球体香炉怎么旋转，燃点木炭的容器始终处于水平位置，丝毫不用担心火炭会倾覆、外撒，放进被窝里安全又方便。

铜的导热性能好，人们在椭圆形的铜质炉内放火炭或是尚有余温的灶灰，炉子外加罩，炉上加上小提手，便成了可握于手中、暖手暖心的手炉。古装电

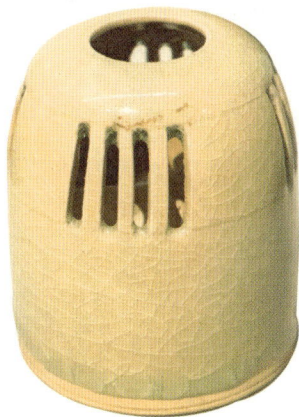

▲ 隋代青瓷镂空熏笼　　　　　▲ 明代鸣岐款方形铜手炉

视剧中，手炉经常出镜，《琅琊榜》中身中火寒之毒的梅长苏，相当怕冷，一到冬天就得围上毛披肩，手里常捧一只铜手炉。《甄嬛传》中的娘娘、小主儿们，也是个个穿着毛领，捧着手炉，抵御风寒。手炉是明清帝后、嫔妃们常用的取暖神器，在清人陈枚为描绘宫廷嫔妃深宫生活所作的《月曼清游图册》中，嫔妃们手中的手炉，看起来跟小茶壶一样，金光闪闪。

　　民间常用的一种取暖神器则是起源于宋朝、名为"汤婆子"的金属圆壶，一般以铜、锡制成，使用方法与热水袋类似。冬天在圆壶里装上热水，拧上盖

▲ 清代·陈枚 《月曼清游图册》之《踏雪寻诗》
画面中伞下着深色服饰的女子手里正提着手炉

子，包上布，放入被窝中暖脚，又得名"脚婆"。这汤婆子不容易损坏，特别实用，有了它，宋人黄庭坚能"夜夜睡到明"。一直到现在，"汤婆子"都是南方很多家庭必备的过冬神器。

没棉花前穿什么取暖？

冬季待在室内当然是最好的选择，如果非要出门，古人如何保证自己不被"冻成狗"？靠羽绒服、棉衣？——这些在唐宋之前都还没有出现。那穿什么取暖？有钱人家当然穿由狐狸皮、貂皮等贵重兽皮制成的裘，平民百姓则选择粗糙、价格低廉的羊皮、狗皮，或以丝绵、麻絮填充衣物。

古人穿裘，有毛的一面是露在外面的，战国初，魏国开国君主魏文侯有一回出宫巡视，路上碰见一个反穿皮裘身背柴草的人，很是纳闷。问及原因，那人回答道："因为只有一件皮裘，如果干活时把毛穿在外面的话，毛就会被磨光了。"魏文侯大笑道："难道你不知道，等皮板磨坏以后，毛也就掉光了吗？"

唐宋时期，造纸业和造纸技术大为发展，用于取暖的纸衣、纸被相继出现。如果拿现在又轻又脆的纸做一件衣服、一套被子，你肯定会严重怀疑它的可用性，更别提保暖了。可那时的纸不一样，多为以树皮为原料的皮纸，坚韧敦实，特别是宋代纸衣、纸被的用料，主要为拉力强、耐折耐磨的楮树皮纸，只要控制好一定的厚度和打浆度，就可制成既便宜又能挡雨露风寒的纸衣。

起初，穿纸衣只是无布可衣的穷人的无奈之举。当时的制作工艺相当原始，就是拿几张纸黏结起来，围身挡寒。至宋代，制作纸衣已成为专门的行业，有一套完整的工序：首先为处理纸衣料，"每一百幅用胡桃、乳香各一两煮之，不尔，蒸之亦妙，如蒸之，即恒洒乳香等水，令热熟阴干"。然后将纸卷在箭杆上，通过各种方式让它变得柔韧。接着才是剪裁缝补、增添衬里等各种工序。纸衣里纳麻絮，便成纸袄。再往大了做，就成了纸被。

纸衣价廉，方便制作，严冬时节给流落街市的乞丐散发纸衣成为宋代官方济贫举措，有的机构直接散发纸被，节省经费。纸料洁白轻软，"无声白似云"（陆游语），颇符合宋代文人士大夫的美学趣味，着纸衣、盖纸被成为当时文人圈的一种风尚。

对于纸被在大雪天带来的温暖，陆游深有体会，他曾写诗感谢赠其纸被的友人，赞叹道："纸被围身度雪天，白于狐腋软于绵。"如果纸被变脏变旧，吱吱作响了，大生活家苏东坡教你应对方法："纸被旧而毛起者，将破，用黄蜀葵梗五七根，捶碎水浸涎刷之，则如新。或用木槿叶捣水刷之，亦妙。"纸衣、纸被的最大问题在于不透气，长期用对身体不好，所以冬天防寒还得将布衣、纸衣换着穿。

紫禁城里的"地暖系统"

"南人习床，北人尚炕"，千年间火炕伴随北方人度过了无数个寒冬。至迟在魏晋时期，东北地区已有使用火炕的记录。当时方法比较原始，人们白天在灶台煮饭做菜，晚上撤去炊具，堵上火孔，置席睡卧其上。这就是原始的"暖床"。后来，暖床经过不断改造与完善，与灶分离成用烟道相连接的两体，烟道里的烟顺着屋外烟囱排出，火炕就此产生。

辽金之际，火炕技术发展到相当完善的程度，"人们以土做炕床，一面联墙，一边有火门，炕内中空如盆。天冷时，开火门点火借以取暖；天热时，闭火门用以纳凉"。金人睡觉、饮食、娱乐均在炕上进行，就连"金主聚诸将共食"，接见异国使臣大设国宴，也是在炕上"用矮台子或木盘相接"。

南宋文人朱弁（朱熹叔祖）曾自荐为宋朝使节赴金，在北方被扣留多年。当他看到火炕时，简直惊呆了，原来冬天可以这么温暖！"御冬貂裘弊，一炕且踪伏。"他不由得写诗感叹连貂皮衣服都无法抵御的北方严寒问题，就这样被暖洋洋的火炕解决了。

明、清定都北京，偌大的紫禁城里，如何取暖成了重要问题。建筑师们根据火炕原理，发明了火地取暖法，即在紫禁城宫殿下面铺设地下火道，或在炕床下砌火道，然后在殿外廊下灶口处烧炭，由此产生的热气通过火道传到室内地面，从而实现地暖功效。

火地由烧火用的工作坑、炉膛主烟道、支烟道、排烟道几部分组成。工作坑设在室外，深约一米，不用时用木板盖上，如平地一般，用时则掀开木板，由专管点火烧炕的太监下到工作坑里去烧炭。排烟道也在室外，如此一来可避免烟灰污染，又可保障炭火热气沿着主、支烟道分流到各个烟室、地面，确保受热面积均匀，室内温和。如若在有火道流通的地方以木板隔断，将此区域包围起来，便成了名副其实的暖阁，皇宫里东西暖阁取暖的奥妙就在此。

意大利传教士马国贤深受康熙皇帝赏识，在紫禁城待了十三年，对宫中取暖方式印象深刻。他说："北京冬天使用的炉子，不像我在德国、荷兰和英国见的炉子。欧洲的炉子立在房间里，像小灶一样。这儿的炉子在室内不占地方，热量通过火道传导到室内，这些火道完全铺设在地板的下面。按照欧洲取暖的方法，当我们双足还冷时，头已很热了，在北京双脚却总是舒适而暖和。适度的热量均匀地充满在房间的每个角落。"

冬季防火防毒很重要

在宫里铺设地下火道，不仅耗费不少人力物力，施工稍有不慎便容易引起建筑下陷，火地取暖更多适用于寝宫而非紫禁城大殿，如太和殿、中和殿、保和殿。皇帝冬季上殿，举行殿试、宴会等大型活动，还得靠最常见的方法来御寒，那就是烧火盆。为了防止火灾，炭盆外有制作精美的透气笼罩，时人称之为"熏笼"。熏笼有大有小，放置在太和殿、中和殿、保和殿、乾清宫、坤宁宫等处，现在在紫禁城三大殿里还能看见。

炭盆取暖不是每一座宫殿、每一个人都能享用，而是有严格的等级制度。配给炭盆及供给炭的数量依地位等级分配，"皇帝妃嫔中答应、常在等地位低下的人就没有资格使用炭盆取暖"。宫里冬季使用燃料无外乎煤、炭、木柴，熏殿用的火盆主要使用红箩炭，由易州（今河北易县）一带山中硬木烧成，运到红箩厂，按尺寸锯截，每根长尺许，圆径二三寸不等，放在圆形荆筐里，外刷红土，表明宫廷特供。这种炭很耐烧，不会爆出火星。

红箩炭无烟无味，大冬天在室内燃烧，若通风不好易导致一氧化碳中毒，明代太监刘若愚曾注意到，红箩炭"如经伏雨久淋，性未过尽，而火气太炽，多能损人，倏令眩晕，昏迷发呕"，大人闷了尚可到室外透气，可襁褓中的"皇子女婴"很可能因此中毒早早夭亡。乾隆年间，宫廷用炭量惊人，当时标准为：每日，皇太后一百二十斤、皇后一百一十斤、皇贵妃九十斤、贵妃七十斤、公主三十斤、皇子二十斤、皇孙十斤。

从明永乐十二年（1414年）紫禁城初具规模到民国元年（1912年）大清王朝灭亡，将近五百年时间里，皇宫共发生火灾五十八起，清代发生的十一起火灾中，有一起就与炭盆用火有关。那是清嘉庆二年（1797年）冬十月的一天，

▲ 清代·陈枚 《月曼清游图册》之《围炉博古》

画面中下方为取暖用的火盆

乾清宫掌火太监郝士通夜里将火盆木炭闷灭后，随手将其放在乾清宫东穿堂楠木隔旁。没想到，待他走后，未被完全熄灭的余烬死灰复燃，烧到了楠木隔，火势很快从乾清宫蔓延至附近的交泰殿、弘德殿、昭仁殿，一时火光冲天。虽然大家极力救火，无奈火势太猛，就连交泰殿后的坤宁宫前檐也被火熏灼，幸亏西北风起，才幸免于难。乾清宫、交泰殿、弘德殿、昭仁殿就此化为灰烬，嘉庆帝龙颜大怒，处死郝士通，并重罚与火灾相关联的二十五名太监。

清嘉庆二十四年（1819 年）冬十月的一天，嘉庆皇帝严饬内务府大臣在太和殿放置太多火盆，这样既不暖和，又费钱，尤其是窗户一开，火星乱蹿，幸得御前大臣侍卫等纷纷踹灭才不致引起火灾。此后，嘉庆帝下令以后在保和殿、太和殿设宴，只准在两角处设炭火两盆，盆内炭火用灰掩盖，窗户只能开中间的；在太和殿、中和殿举行阅视祝版（祭祀时书写祝文之版）时，不需安设火盆，两边隔扇亦不准开。如有违规者，降职处理，由此杜绝一切火灾隐患。

可见，古人避寒取暖，无不围绕"火"展开，大至火塘、火炕、壁炉、熏笼等供暖设备，小至手炉、脚炉、卧褥香炉等居家必备取暖神器。如恩格斯所说："摩擦生火第一次使人支配了一种自然力……从而最终把人同动物界分开。"学会生火也让古人想出诸多应对凛冬的方法，把冬天变成了春天。

（李崇寒）

参考资料：

[1] 周振宇，关莹，王春雪，等 . 旧石器时代的火塘与古人类用火 [J]. 人类学学报，2012（1）：24-40.

[2] 王石天 . 试论古代中国的衣料 [J]. 玉林师范学院学报，2001（4）：42-45.

[3] 游修龄 . 纸衣和纸被 [J]. 古今农业，1996（1）：39-40.

[4] 扬之水 . 也说纸被兼及纸衣 [J]. 文史知识，2003（1）：95-100.

[5] 朱庆征 . 关于明清皇宫冬季取暖的几个问题 [J]. 沈阳故宫博物院院刊，2007（2）：23-32+6.

躺着"挺尸"，侧着"卧佛"：
古人觉得怎么睡才睡得香？

人生五大事，吃喝拉撒睡。

人的一生，大概有三分之一的时间在睡梦中度过。对很多现代人来说，睡个好觉，似乎成了一种奢求。前段时间，讨论哪种睡姿更健康的话题上了热搜，多少反映出人们在这个方面的焦虑。

不过，在古人看来，这实在算不上什么问题。

首先，他们很重视睡觉，一年有四季，他们就有四种讲究：春季"夜卧早起，广步于庭"；夏季"夜卧早起，无厌于日"；秋季"早卧早起，与鸡俱兴"；冬季"早卧晚起，必待日光"。在他们眼中，"吃人参不如睡五更"就是"朴实无华且枯燥"的真理。

其次，他们认为睡眠是阴阳调和的产物，"阳气尽，阴气盛，则目瞑；阴气尽而阳气盛，则寤矣"，人应该顺应自然规律，所以就养成"日出而作，日落而息"的习惯。

第三，在没有电也缺少晚间娱乐生活的古代，"奄奄黄昏后，寂寂人定初"，天黑之后也只有睡觉这个选项。

在他们看来，保证充足睡眠，仅仅是睡好觉的一方面，具体怎么睡、用什么样的姿势睡，也一样重要。

仰卧、侧卧还是俯卧？

在仰卧、侧卧以及俯卧三种常见睡姿中，古人最不推荐的是第一种，故而有"侧龙卧虎仰瘫尸"的说法。

这首先是受孔子影响。《论语·乡党篇》中有句话："寝不尸，居不容。"意思是，睡觉时不要像死尸一样直挺挺地躺着，在家里也不需要讲究仪容仪表。孔子在此是想强调人在自己家里要放松、随意一点，但也看出他对"仰卧"的贬斥。

而且，古人睡觉用的枕头，多由石头、玉石或瓷器制成，质地比较硬，不像现在的枕头那样松软。如果采取仰卧姿势，时间长了颈椎也受不了。

从健康的角度看，仰卧状态下，手容易放在胸口或腹部引发不适甚至噩梦，这方面很多人应该都有切身体会，比这更严重的是，仰卧可能引发口水或异物进入气管，从而导致食物反流甚至引起窒息等危害。

所以，相比仰卧，古人更推崇的是侧卧，也就是"卧如弓"。

唐代孙思邈在《备急千金要方》中说道："屈膝侧卧，益人气力，胜正偃卧。"道家经典《道藏·混元经》也认为"仰面伸足睡，恐失精，故宜侧曲"。

▲ 金代金磁州窑白地黑花芦雁纹虎枕

▲ 敦煌莫高窟卧佛造像

在古人看来，侧卧比仰卧更利于提高睡眠质量。

唐末宋初的著名"睡神"陈抟老祖，在其所著《希夷安睡诀》中详细描述了侧卧之法："左侧卧，则屈左足，屈左臂，以手上承头伸右足，以右手置右股间。右侧卧，反是。"传说他能一睡数年，"昏昏黑黑睡中天，无暑无寒也无年"。因为能睡，他活到一百一十八岁。

清代的李庆远在陈抟的基础上，提出"卧当如犬"的说法："犬之为物，其卧地也，恒侧其身，伸前足而蜷其后足，直起颈，如此则内脏舒伸，而百脉调匀，气血周行，可以无阻。气能周行则清，气清神安，神安则心定，如此入睡，魔不能扰，此其旨也。"

虽然陈抟和李庆远两位睡眠专家并没有在左侧卧、右侧卧上提出倾向性意见，但从大多数人的选择上看，还是以右侧卧为主。比如，佛家在侧卧方式的选择上，就选用的是右侧卧，像敦煌莫高窟内有两座著名的卧佛，都是呈右侧卧状态，佛家称之为"吉祥睡"，更适合老人。清代曹廷栋在《老老恒言》的"安寝"条中称："如食后必欲卧，宜右侧宜舒脾气。"

从现代科学观点看，侧卧的确更值得推崇。心脏位于人体左上部，肝脏位于右下部，胃肠的开口也都在右侧，这种姿势可以减轻心脏压力，也使血更易入肝，从而更有利于人体的新陈代谢。而且，侧卧的姿势，如胎儿居于母亲腹中，四肢百骸、皮肉筋骨均处于充分的松弛中，使精气内守，安然入眠。

至于俯卧，在古人观念中尽管排序第二，但在实际选择上可能要排到末位。仅就枕头一条，足以把俯卧给排除掉。面对硬枕头，短时间仰卧或许可以，俯卧恐怕连一会儿都坚持不住。

再者，俯卧会压迫到人的胸部，造成心脏不适，严重时甚至可能会压迫呼吸系统，造成人体吸入氧气减少。心脏或者呼吸系统有问题的患者，更不能趴着睡觉。

同样是睡觉，躺对了延年益寿，躺错了可能积患成疾。无论是古人还是现代人，都不提倡俯卧睡姿，看来是有其深刻的内在原因的。

其他细节也很重要

除了仰卧、侧卧和俯卧这三种基本的睡姿外，古人对睡觉的讲究还体现在其他细节上。比如，在方向上，古人认为应根据季节而变换。《备急千金要方》中说："凡人卧，春夏向东，秋冬向西。"即春夏两季，睡觉时宜头东脚西；秋冬则相反。调换的时间点，以立春和立秋为起始。宋人蒲虔贯在《保生要录》中也指出："凡卧，自立春后至立秋前，欲东其首；自立秋之后至立春前，欲西其首。"

总而言之，睡觉朝向以东为上，西次之，后面是南，北则基本不在选择范围内。理由是北方属水，乃阴中之阴位，主冬主寒，如朝北而卧，则阴寒之气直伤人体元阳，损害元神之府。

《孔子家语·问礼》更直言："生者南向，死者北首。"所以有的养生专家干脆主张"寝恒东首"，也就是睡觉时固定头朝东。在古人的认知中，东方主春，主升发之气，"顺生气而卧也"，四季朝东睡觉都合适。

在时间选择上，古人认为上床时间最晚不宜超过夜半子时，即 23 点至次日凌晨 1 点。明代谢肇淛在《五杂俎》"事部"中称："夜读书不可过子时。"指晚上读书再晚不能超过凌晨 1 点。他认为，读书过子时，"盖人当是时，诸

▲ 南宋·赵大亨 《薇亭小憩图》

血归心，一不得睡，则血耗而生病矣"，即熬夜读书将严重透支健康。这与俗语说的"一夜不睡，三日不醒"是同一个意思。

此外，古人还主张"卧不覆首"，就是说不要蒙着头睡觉。这一主张源于《备急千金要方》中"冬夜勿覆头，得长寿"。按中医说法，头为诸阳至会，为一身阳经汇聚之所，气血运行旺盛。把头盖住，一来影响气血运行，二来可能引发头部出汗，从而让病邪乘虚而入。从现代医学角度看，蒙头睡影响呼吸，降低睡眠质量，是不可取的。

睡好才是硬道理

作为人生五大事之一，睡得好，可以说是古今中外的一致追求。

宋代周密在《齐东野语》中写过一首诗：

花竹幽窗午梦长，此中与世暂相忘。

华山处士如容见，不觅仙方觅睡方。

在他看来，一个能睡好觉的方子，比一帖长生不老的仙方还重要。

长生不老的仙方不存在，睡好觉的办法倒不少。

白居易对午睡很看重。他写过一首叫《闲眠》的睡觉诗：

暖床斜卧日曛腰，一觉闲眠百病销。

尽日一餐茶两碗，更无所要到明朝。

清代李立翁更是给出具体解释：夏日午睡，犹如饥之得食，渴之得饮，养生之计，未有益于此者。

苏东坡的策略是，一定要睡好"回笼觉"。他每天起床后并不立即开始工作，而是在梳洗穿戴整齐后，再找一张干净的床榻闭眼躺一会儿。他感觉，这种"假寐"的方式，"数刻之味，其美无涯；通夕之味，殆非可比"。

宋代另一名研究睡眠的人士蔡季通则认为睡眠应"早晚以时，先睡心，后睡眼"，即睡觉有规律，睡前保持神志安宁、情绪稳定。

不同的人，选择改善睡眠的方式并不一样。需要强调的是，按时按点上床睡觉、保持良好的生活习惯，才会有好的睡眠。少了这个前提，反而纠结于哪种睡姿，就属于舍本逐末了。

（番茄汁）

参考资料：

[1] 刘汉琴 . 不觅仙方觅睡方——谈睡眠有益养生 [J]. 现代养生，2019（12）：4-5.

[2] 金满楼 . 古人如何睡觉养生 [N]. 海南日报，2021-9-6（B14）.

[3] 倪方六 . 古人睡眠有哪些讲究 [N]. 北京晚报，2014-7-4.

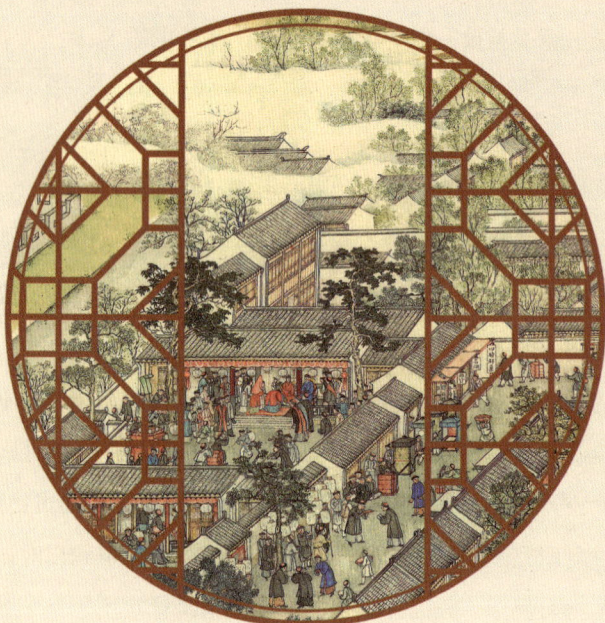

第六章

古人的婚里婚外

想说"古风"版浪漫情话，
起码得先学点诗词歌赋

从"我喜欢你""我爱你"到"今晚月色真美""我有一个超能力——超喜欢你"……无论是浪漫还是"土味"，表白似乎都被玩出了花。

其实，表白不仅仅是现代人的浪漫，流传至今的诗词歌赋中，也有不少古人搜肠刮肚而写下的倾慕与爱意。

浓浓倾慕

西周至春秋时期，古人便作诗言情，他们对情感的表达含蓄，并不影响他们爱得诚挚热烈。

古人常会借成对的飞鸟或其他动物来做比喻，发出羡慕的声音并期盼自己也能找到"另一半"，早日成双成对。

先来看看这首最早的爱情诗歌——

诗经·周南·关雎

关关雎鸠，在河之洲。窈窕淑女，君子好逑。

参差荇菜，左右流之。窈窕淑女，寤寐求之。

求之不得，寤寐思服。悠哉悠哉，辗转反侧。

参差荇菜，左右采之。窈窕淑女，琴瑟友之。

参差荇菜，左右芼之。窈窕淑女，钟鼓乐之。

▲ 清代乾隆款双凤交颈玉执壶

    他钟情于一个常在河边采荇菜的美丽姑娘，日日夜夜在想着追求心上人。他希望他们能像河心小洲上那成对的水鸟，互相唱歌和曲以表达彼此的爱慕。可姑娘没有答应他的追求。日思夜想，辗转难眠，他还是忘不掉她，便在她采荇菜的时候，弹琴瑟、敲钟鼓来示好，让姑娘开心……

    故事的最后是开放性结局，姑娘是否被打动我们不得而知，但耳边似乎仍有琴瑟伴着水波摇动的声音，那君子唱着："关关雎鸠，在河之洲。窈窕淑女，君子好逑……"

    这首《关雎》记录的爱情单纯、真诚。雎鸠这种鸟，据朱熹注《诗经》时所言："生有定偶而不相乱，偶常并游而不相狎。"这是一种忠贞的鸟，雌雄形影不离。男子以雎鸠做比喻，彰显了其一心一意的赤忱倾慕。

    《关雎》中男子锲而不舍地追求女子，其浪漫既在潜藏的执着心意里，也在愉悦心上人的行动中。

    "窈窕淑女，君子好逑"后来经常被用来表白，用上这句话，在普遍理解中，可以说是既称赞了心上人美丽动人，还顺便吹捧了下自己是君子。

    除了成对的"雎鸠"，古人还会以"凤凰"自喻。

凤求凰　其一

有一美人兮，见之不忘。

一日不见兮，思之如狂。

凤飞翱翔兮，四海求凰。

无奈佳人兮，不在东墙。

将琴代语兮，聊写衷肠。

何时见许兮，慰我彷徨。

愿言配德兮，携手相将。

不得於飞兮，使我沦亡。

　　司马相如和卓文君的故事大家都不陌生，传说《凤求凰》就是司马相如在卓家求爱时所弹的古琴曲，《凤求凰》两首诗便是其琴曲的"歌词"。

　　记有司马相如与卓文君故事的《史记·司马相如列传》中，并未言此曲此诗具体为何，到陈朝徐陵编的《玉台新咏》中始见收录两诗，唐代《艺文类聚》、宋朝《乐府诗集》等书亦有收载，有人质疑其或为琴工假托司马相如制作。所以这诗究竟是否真为司马相如所作我们不得而知。不过，用其故事内核与文字表达来说表白这件事还是没问题的。

　　《凤求凰》诗有两首，热烈的倾慕与追求主要在第一首。诗里，司马相如自喻为凤，把卓文君比作凰，他对文君的追求就是"凤求凰"一般的求偶。成对的"雎鸠"形影不离，"凤凰"这种存在于传说中的神鸟的浪漫又是什么呢？

　　这是古人独有的浪漫，如果不熟悉中国传统文化，大概是难以理解这种浪漫。

　　第一，凤凰是神鸟，雄曰凤，雌曰凰。古人称麟、凤、龟、龙为天地间的"四灵"，凤凰则为鸟中之王。将自己和才女卓文君比作凤凰，很可能是司马相如自命非凡，同时也吹捧了人家才女。

　　第二，古人常以"凤凰于飞""鸾凤和鸣"来比喻夫妻和谐美好。举个例子，《左传·庄公二十二年》有：初，懿氏卜妻敬仲。其妻占之，曰："吉。是谓'凤皇于飞，和鸣锵锵'。"

杨伯峻作注时表示，"凤凰和鸣"就是说夫妻幸福美满。

第三，凤凰除了在夫妻方面有美好寓意之外，还与音乐相关联，司马相如用《凤求凰》来打动喜欢琴曲的卓文君，可以说非常机智，既投其所好，又有以琴引觅知音之意。

《尚书·益稷》有："箫韶九成，凤凰来仪。"神鸟凤、凰会随着动听的音乐起舞。

《列仙传》也有和音乐、凤凰相关的浪漫故事：秦穆公女弄玉与其夫萧史吹箫，凤凰皆来止其屋，穆公为作凤台，后弄玉夫妇皆乘凤而去。

这首诗适用度最广的诗句是"有一美人兮，见之不忘。一日不见兮，思之如狂"。简而言之就是对美人一见钟情了，还相思成疾，比起"喜欢你""好想你"有文采多了。这文采一来，美感也就有了。

其实《凤求凰》这首诗已经相当不含蓄了，男子为女子写诗直言"见之不忘""思之如狂"，若这诗真是司马相如写给卓文君的，那他真的挺会追女孩子的。面对如此露骨的表白，文君想不动心也难，也难怪她会跟着司马相如私奔了。

以凤凰表白的，除了《凤求凰》，还有李商隐的"身无彩凤双飞翼，心有灵犀一点通"。

身上虽没有彩凤的双翼，不能与心上人比翼齐飞，内心却像灵犀一样，有心灵感应，感情息息相通。相思与相爱表达得比司马相如含蓄了不止一点点。

说了几个男子的表白，再来看看古代的女子怎么表白。

先说个女子直白表达爱意的故事吧！

　　王安丰妇，常卿安丰。安丰曰："妇人卿婿，于礼为不敬，后勿复尔。"妇曰："亲卿爱卿，是以卿卿；我不卿卿，谁当卿卿！"遂恒听之。(《世说新语·惑溺》)

晋武帝咸宁年间，因为带兵平吴有功，"竹林七贤"之一的王戎晋爵安丰县侯，被人称为"王安丰"。他的妻子总爱以"卿"称呼王戎。

"卿"这个字在古时可以是君称呼臣，也可以用作第二人称，表示尊敬或者是爱意。王戎妻子用这个称呼明显是第二种用法，差不多就是今天的"亲爱的""亲""宝贝"。

这种亲昵的称呼在士大夫王戎看来，自然是有些不合礼节的，他对妻子说："妻子称丈夫为卿，在礼节上算作不敬重，以后不要再这样称呼了。"当然，我们也不知王戎究竟是觉得羞臊还是真觉得于理不合，反正就让妻子改口。

但他的妻子并不愿意，还说："我是因为爱你才喊你亲爱的，如果我不能喊你亲爱的，那谁能喊？"

这一记"直球"打过来，王戎自然举了白旗，任凭妻子喊自己"亲爱的"了。

严格来说，王戎妻子的表白不能算作诗词歌赋，后世多流传的是其衍生的成语"卿卿我我"，这种在日常生活中使用的话语反而更体现了她对丈夫的诚挚爱意，古时女子这样率直的表白也属罕见。

除了这位女子的表白，还有一首描写女子心理与情感的诗可能更适合用来表白。

思帝乡·春日游

春日游，杏花吹满头。

陌上谁家年少，足风流？

妾拟将身嫁与，一生休。

纵被无情弃，不能羞。

韦庄的这首诗描写的心理活动非常细腻。烂漫春日，姑娘外出踏青郊游，阵阵春风吹拂，吹落杏花飘了满头。春光正好，悠然赏景，一眼瞥到那原野小径上有位仪表堂堂、风度翩翩的少年郎。姑娘对少年一见倾心，心里想着，不知那是谁家的少年郎，要是能够嫁给他，我的一生也就满足了。就算日后被无情休弃，我也绝不后悔！

杏花飘飘，陷入思慕与爱恋的单纯少女含羞地关注着小径上的俊朗少年，好一幅青春美好的初遇景象！

"陌上谁家年少，足风流。"这句话描述的场景仿佛掠过了时间，女子被一个翩翩少年打动，从此念念不忘的心情，现代人也能感同身受。

在表白用途上，这句诗非常适合用在搭讪、一见钟情时。

这首诗后半部分的表白可以看到少女的勇敢、坚决及洒脱——少女陷入爱恋，就算最后没有好结果也依旧坚持喜欢他，想要和他在一起，一切不过是始于倾心而已。

不过，这样的"决心"虽然很美很浪漫，但现实生活中大家还是要理智一点，始于颜值之后，还是要了解人品等因素，保护好自己。

一诺一生

说到坚定的表白与承诺，有一首诗不能不提。

上邪

上邪！

我欲与君相知，长命无绝衰。

山无陵，江水为竭，冬雷震震，

夏雨雪，天地合，乃敢与君绝。

这首诗也随着电视剧《还珠格格》而家喻户晓，不知当时迷倒了多少观众。

琼瑶在那么多情诗里偏偏选用这首，自然是因为这首诗极富浪漫主义色彩，其诗句言辞间表露的情意犹如岩浆喷发不可遏制。

女子下定决心与"君"在一起时，充分发挥了她的想象力进行了表白，希望他们的感情能够永不破裂、永不衰减。她连举五种自然界的"不可能"表示：要想背叛我们的誓言，除非山平了，江水干了，冬日里雷声阵阵，夏天里大雪纷纷，天与地合而为一。

一件比一件想得离奇，一桩比一桩不可思议。

这些根本不可能实现的自然现象，被女子用作"与君绝"的条件，无异于

▲ 明代 · 仇英《西厢记图册》之一

说"与君绝"是绝对不可能的。足可见其对这份爱的坚定，也表达了自己和"君"要永远地相爱下去的期望。

入骨相思

实际上，诗词歌赋中以女子口吻说出的"表白"数不胜数，只是有不少都是闺怨之词、相思之语，句句诉说着女子入骨的相思，那思念大概是日思夜想的程度吧。

卜算子·我住长江头

我住长江头，君住长江尾。日日思君不见君，共饮长江水。

此水几时休，此恨何时已。只愿君心似我心，定不负相思意。

异地恋的情侣只有彼此思念才能长久地维持感情，心灵才能得到滋润与慰藉。"只愿君心似我心"用于异地恋互诉衷肠可太合适了，想一想，一封书信里写满相思，还有君心我心的期盼，可谓解相思之苦的良药。

同时也不禁让人想到现代言情故事中常用的承诺——"只要你不放弃我，

落花人独立 微雨燕双飞

宋人词

余集写

▶ **清代·余集 《落花独立图》**

此画依据唐诗《春残》中「落花人独立，微雨燕双归」一句所作，诗中描写了女子与情人分别一年后，总是触景生情、忧思难解的心境，画面与诗情相得益彰

我永远都不会放弃你。"

爱是相互的，表白爱意与经营爱情都不是一方的事情。可见浪漫的情话是一脉相承的。

除了这首，还有很多诉相思的诗句。

彼采葛兮，一日不见，如三月兮！

彼采萧兮，一日不见，如三秋兮！

彼采艾兮！一日不见，如三岁兮！

——先秦《诗经·王风·采葛》

玲珑骰子安红豆，入骨相思知不知。

——唐代·温庭筠《南歌子词二首·其二》

衣带渐宽终不悔，为伊消得人憔悴。

——宋代·柳永《蝶恋花·伫倚危楼风细细》

……

古人表达倾慕与浪漫的可不只上面简单说的几首诗，还有经常被化用的"山有木兮木有枝，心悦君兮君不知"等。列举不多，但我们还是可以简单地从古人那里学几招浪漫告白的技巧：以真心换真心，多夸夸心上人，诚挚地说且做，营造浪漫的意境与氛围，勇敢地做出承诺……

（李媛）

参考资料：

[1] 司马迁 . 史记 [M]. 陈曦，王珏，王晓东，等，译 . 北京：中华书局，2019.

[2] 左丘明 . 左传 [M]. 郭丹，程小青，李彬源，译注 . 北京：中华书局，2016.

[3] 刘义庆 . 世说新语译注 [M]. 张万起，刘尚慈，译注 . 北京：中华书局，1998.

"情人节"的花式暴击，回到古代会躲开吗？

　　每年七夕，神仙眷侣们你侬我侬说不尽甜言蜜语，连带着空气都浮动着浪漫气息。只是，这方"日日与君好"的缱绻，落在单身朋友的眼里，怕是早就退去大半美好，只剩一堆烦忧。你看，打了一年光棍的牛郎，总有一日能踩着鹊桥和织女约会；地上，不知还有多少男子正翘首期待能够邂逅自己的另一半，憧憬着"在天愿作比翼鸟，在地愿为连理枝"。

　　都说古今的悲喜实则相通，那这种久久形单影只打光棍的滋味，古代男儿又是否尝过呢？

可以成光棍，但没必要

　　在为古代"光棍"落下同情的泪水之前，得先搞清楚一个问题：古代男子是否有机会独行一辈子，成为名副其实的光棍？至少在理论上，这种可能性是存在的。《诗经》中就有一段记载。

> 乃生男子，载寝之床。载衣之裳，载弄之璋。……
> 乃生女子，载寝之地，载衣之裼，载弄之瓦。
>
> ——《诗经·小雅·斯干》

　　生儿子，称为"弄璋之喜"，要给他睡炕床、包衣裳、玩玉璋，可如果生的是女孩儿，得给她睡地坎、包破裈、玩陶制的纺锤。三言两语，这天上地下

▲ **唐代彩绘陶俑**
三人一组，怀抱婴儿，共享天伦之乐

的待遇就清清楚楚。

当然，现代早已摈弃了这样离奇荒谬的"重男轻女"思想，可放回几千年前，在如此性别观的指导下，人们的生育大多是冲着男婴去的，也难免存在抛弃女婴或者放弃女胎的行为。如此一来，可能造成的潜在后果，便是男多女少。历史学家宋镇豪曾对殷墟中的材料进行研究，推测殷墟王邑中男性人数远远高于女性。也有学者在统计明代以后的地方志时发现，中国古代整体的性别比例，是男性居多数。

男多女少，一夫一妻只能勉强可行，可偏偏古代一部分人为了子嗣，还会纳妾，原就稀缺的女性中还有一部分没办法堂堂正正地嫁为人妻，反而沦为妾室。再加上古代婚礼仪式繁复，其中的聘礼更是讲究多又重，上到汉平帝聘王莽的女儿为后，直接出手黄金两万斤，下到司马相如因为家境贫寒拿不出足量的聘礼，无奈之下带着卓文君私奔逃走。

桩桩件件证明着，古代男儿想顺顺利利把媳妇儿娶回家，并不是件容易事，那在理论上，实在娶不上媳妇的，自然就成了光棍。

然而，这只是理论上的情况，放回现实里，想孑然一身成光棍真没这个必要。男女比例看着失衡，但古代战乱频发，例如战国时期，每逢两国交战，兵卒死伤一片，这期间绝大多数折损的是男性。一番损兵折将后，人口数锐减不说，更可能直接影响男女比例。有学者考证，东周和汉代，因为连年战乱，中原地区居民中曾存在过女多男少的情况，最夸张时男女性别比达到0.72∶1。即便除开这种特殊情况，大多数时期中，男女人数是大致相当的，唐时中原地区男女比例差不多是1∶1.04，换句话说，要想拿"女孩儿不够"来给自己的单身找借口，怕是行不太通。

然而，让男儿们成不了光棍的原因，远不止此。

可以打光棍，但不敢

都说一生一世一双人，男女比例再平衡也只是冷冰冰的数字，真正的佳偶天成却是两人的相知相许、情生意动。所以，若是没找到自己心目中的另一半又不想将就，或者压根儿就喜欢一个人的潇洒自由，不想被婚姻家庭牵绊，是不是就可以心安理得地打光棍了呢？

对现代人来说，这想法再正常不过了，可放到千年前的古人身上，多半怕是不行的，或者说，没胆量动这个心思。

往大了说，对古人而言，缔结婚姻从来就不是两个人的事，是否情深意浓到非要以身相许，也没有那么关键。《礼记·昏义》有言："昏礼者，将合二姓之好，上以事宗庙，而下以继后世也，故君子重之。"

短短二十来个字，便刺破古代婚姻的实质，一来祭祀宗庙，二来继嗣。最后，这样也只是给家庭寻来一个"贤内助"，至于双方是否有情，并不是必须考虑的条件。而且即便是特立独行，硬着头皮逃过了文化习俗的桎梏，马上又得面对朝廷的压力。两姓合好，缔结姻缘，对家庭而言便是家和万事兴，而对统治者而言，这不仅是长治久安的基础，更是让自己皇位坐得久的真正秘诀。南宋思想家叶适曾一语"道破天机"——"昔者战国相倾，莫急于致民，商鞅所以坏井田开阡陌者，诱三晋愿耕之民以实秦地也。汉末天下殚残而三国争利……盖蜀之亡也，为户二十四万；吴之亡也，为户五十余万，而魏不能百万而已。”

换成大白话，人多，自然劳动力多，战斗力也多，国家也多了一重稳固的屏障。那想要积累人口就得鼓励大伙儿生育，生育的前提可不就是缔结婚姻吗？这样简单明白的道理，被历朝历代的统治者牢牢记着，相应地，催婚催育也就成了治国理政中极为重要的一环。许多朝代都设置有强制性的婚龄，比方说周时规定，男子最晚不可超过三十岁，女子最晚不能超过二十岁，就必须得结婚；宋仁宗时期要求，男子十五岁娶妻，女子十三岁出嫁；明太祖时则变为男子十六岁娶妻，女子十四岁而嫁。如若遇上连年征战，人口锐减，朝廷更会铆足了劲催促百姓结婚生子。

事实上，"早婚"早就成了整个古代社会婚姻的大体趋势。有研究曾对《唐代墓志汇编》中记载的三百多位上层女性的初婚年龄做过统计，最小的不过

▲ 唐代·周昉 《戏婴图》

十一岁，最大的也就二十七岁，其中十四岁到十九岁嫁人的为多数。还不只是普通百姓，皇家更是如此，东汉明德马皇后刚满十三岁就被选入太子宫了，梁高祖的女儿富阳公主十一岁便离宫出嫁。根据统计，历朝历代坐上皇位的统治者里头，十五岁以下就步入婚姻的几乎占到了三成。

早婚是风尚，相应地，晚婚就不怎么受待见了，更有甚者，还会面临严厉的惩罚。按照汉代的规定，女孩要是过了十五岁还不成婚，要被加倍征税，最高可达"五算"。"算"是专门用于征税的单位，一算等于一百二十钱，五算则是六百钱，放在当时这可真不是个小数目。宋代更狠，《宋书·周朗传》记载："女子十五不嫁，家人坐之。"这就不是罚钱的问题，反而升级成了牢狱之灾。

往小了说，即便胆肥心大，真的撑过以上关卡，世人眼光和家族责难也不会让人好过。首先，朝廷天天要求"早婚"，社会也多以早婚为荣。孔夫子就曾提倡："男子二十而冠，有为人父之端，女子十五许嫁，有适人之道，于此而往，则自婚矣。"正因如此，大伙儿骨子里就不会产生"家庭束缚""婚姻是爱情的坟墓"之类的想法，真正怕的就是找不着对象。《诗经》中的《国风·召南·摽有梅》曾这样写道：

> 摽有梅，其实七兮。求我庶士，迨其吉兮。
> 摽有梅，其实三兮。求我庶士，迨其今兮。
> 摽有梅，顷筐塈之。求我庶士，迨其谓之。

情景模拟一下，便是一位适龄的青葱女儿看着一棵梅树又急又忧，暗自神伤——梅子落地了，树上还剩七成，有心追求我的小伙子，就不要耽误良辰；梅子落地了，还剩三成，要追我的小伙子，不要再等了；梅子落地了，收拾要用簸箕，要给我表白的小伙子，你倒是快点呀！

虽然我们无从知晓主人公最终有没有寻到如意郎君，可字里行间的着急上火倒是分明可见。也不怪她思郎心切，哪怕不考虑大家对爱情的渴望，光是这社会压力就不会轻松。古代社会对形单影只的男女，真算不上太友好。古代对剩男剩女有着专门的称谓——旷夫怨女，正所谓"皆男、女嫁娶过时者，谓之怨女、旷夫也"。这词出自《孟子·梁惠王》，实则是孟子劝齐宣王学一学周太王，做到"当是时也，内无怨女，外无旷夫"，这样即便宣王"好色"也不会影响王政。可见早在那时，杜绝女孩找不到丈夫、光棍找不到妻子这样的现象，就成了统治者和谋臣们的心头大事，而且这样一看，"怨女""旷夫"两词绝对没什么好意头，被安上这样的名号，也绝对不会是光彩的事情。

再看一个词，古代对长期打光棍或者老而无妻者也有一个专门的称谓——鳏。据考证，这字本是指一种生性凶猛、喜欢独行的鱼。《释名》中认为，无妻男子因独身而"愁悒不寐，目恒鳏鳏然明也，故其字从鱼，鱼目恒不闭者也"。你看，在世人眼里，这种找不到妻子的人都天天发愁到无法入睡，根本不是什么潇洒儿郎。孟子说得就更直白了："老而无妻曰鳏。老而无夫曰寡。老而无子曰独。幼而无父曰孤。此四者，天下之穷民而无告者。"这四者，都真真是可怜到走投无路的人呀！

同情之外，有时候，长久打光棍，也会成为众人的取笑对象。《笑林广记》里有一则笑话便名为"老鳏"。说苏州有个老光棍，有人不知道他找到媳妇没，就问他："你有儿子了吗？"老光棍顺势答道："提起我的儿子就让人心酸呀。早年我妻子的祖父为我的老丈人定亲，却被一个混账从中作梗，所以我岳父大人没有娶到丈母娘，也就没生下我的妻子，所以到今天我的儿子也没有着落。"

绕来绕去，说的还不是没找到对象？啼笑皆非之余，倒是多了一重辛酸滋味。晚婚乃至"光棍"的社会地位和处境，从中也可窥视一二。再者说，找不到妻子，有时还得面对家庭的诘难。本身晚婚就可能让左邻右舍指指点点甚至受到刑罚，再加上古人奉为圭臬的"不孝有三，无后为大"的处世原则，无婚自然无育，也就没有后代可以谈起，几重罪状叠加，定是让人抬不起头，让家族丢了脸面。

所以，上到社会风俗和朝廷律令，下到世俗眼光和家族压力，重重桎梏下，古人多半不敢轻言打光棍。

当然，在这背后，还有原因。

可以当光棍，但很难

说到找对象，有人或许也会为古代男子叫屈——就算他心里一百个愿意，可就是找不到咋办？

想找对象却因为找不到合适对象而成为光棍，在古代也是件难事。找不着？别担心，自然有人帮你找。出手的还不是别人，正是朝廷。

这就得提到中国古代一种特别的制度——官媒。官媒制度最早出现在西周。掌事之人被称为媒氏、媒官，负责的事情直接明了——"媒氏掌万民之判。凡男女自成名以上，皆书年月日名焉。令男三十而娶，女二十而嫁，凡娶判妻入子者，皆书之。"（《周礼·地官》）

简单点说，就是专门负责介绍、管理男女的婚嫁，登记有关信息。职责中的重中之重便是敦促年满三十岁还没娶亲的男子和满了二十岁还没嫁人的女孩，抓紧时间赶快结婚。除此之外，官媒还有一项极为重要的任务——合独，也就是帮助鳏夫和寡妇重组新家庭，帮忙整合他们的财产和田地。如此，即便是因为连年战乱而导致的百姓丧妻丧夫问题，也基本能被解决个七七八八，让因丧偶而出现的"光棍"无处"遁形"。

西晋时期，官媒的行事就更加"简单粗暴"，比如《晋书·武帝纪》中记载，如果女子年满十七岁，父母还没有给她挑好婆家的，那也不必挑了，一律交给官媒，由官媒负责给她配给丈夫。按现在的目光来看，活脱脱的就是一个"拉郎配"。元代时，官媒还获得了专门的"营业执照"，真正成了几百年前的"民政局"，这时候的媒官也有了新的名字——媒互人，其名取的就是"互结为连理"之意。明清时期的官媒管得就更宽了，除了普通老百姓，还当起了女犯、女奴的婚姻中介，有时也管管女差役的婚事。夸张点说，碰上不娶妻、不嫁人的主儿，国家比谁都急。

除了直接"发对象"，历朝历代也想尽了办法免除大家的"后顾之忧"。你看，"光棍"拿不出昂贵的聘礼钱，朝廷说"没事儿，国家给你补贴"。汉朝便有政策规定——"其贫无礼娉，令长吏以下各省奉禄以赈助之"。此外，

▲ 清代·徐扬 《姑苏繁华图》（局部）
画面中是一对新人成亲的热闹场景

不少朝代都有律法或者规定，倡导大家尽量减少在婚礼上的用度，有个意思就行，没必要把兜里的钱全掏出来。南北朝时期就明令："合卺之礼无亏，宁俭之义斯在。如故有违，绳之以法。"《元史·刑法志》说得也很直白——"诸嫁娶之家，饮食宴好，求足成礼。以华侈相尚，暮夜不休者，禁之。"如此，也算是费尽心思减少因为贫穷而放弃婚姻的现象。

不过，这么多的条条框框，虽说能解决实际问题，但难免有些强人所难。事实上，这还真不意味着"牛不喝水强按头"，古人的催婚策略仍有着对两性之情的尊重。春秋时期便会定期举办"仲春会"，图的就是"中春之月，令会男女"。虽说仍是官方主办，但实质上给适龄男女提供一个大型相亲平台，要是有男女能互相钟情，自然再好不过。仲春之月，草长莺飞，花开满园，微风和煦，女子娇羞掩面，男子彬彬有礼……

想象着这样的画面，或许我们也能揣测，几千年来，大伙儿为了减少光棍多管齐下、绞尽脑汁。除去发展生产力的刚需和延续宗族的压力，也许依然吐露着人们对两性之情的憧憬与守望。也正因如此，千年后，我们还能为陆游唐婉"红酥手，黄縢酒"的悲剧而扼腕，听着司马相如卓文君当垆卖酒的故事而感动，念着苏轼笔下的"十年生死两茫茫"而潸然泪下……

古今之情，原是相通。

（念缓）

参考资料：

[1] 丁新正 . 合二姓之好：礼法传统中的婚姻制度 [M]. 贵阳：孔学堂书局，2018.

[2] 陈顾远 . 中国古代婚姻史 [M]. 郑州：河南人民出版社，2016.

[3] 赵沛 . 汉唐流风——中国古代生活习俗面面观：礼尚往来 [M]. 济南：山东友谊出版社，2000.

[4] 姬旦 . 周礼 [M]. 钱玄，等，注译 . 长沙：岳麓书社，2001.

[5] 宋镇豪 . 夏商社会生活史 [M]. 北京：中国社会科学出版社，1994.

[6] 葛剑雄 . 中国人口发展史 [M]. 成都：四川人民出版社，2020.

[7] 许晖 .100 个汉语词汇中的古代风俗史 [M]. 桂林：广西师范大学出版社，2019.

[8] 卢乐山 . 中国女性百科全书（文化教育卷）[M]. 沈阳：东北大学出版社，1995.

[9] 游戏主人 . 笑林广记 [M]. 贾西周，编译 . 西安：三秦出版社，2018.

[10] 冯国超 . 中国古代性学报告（增补版）[M]. 北京：华夏出版社，2014.

[11]王艳杰，周亚威 . 中原地区古代居民的人口学研究[J].黄河·黄土·黄种人，2017（8）：46-54.

古代大家庭中，正妻的权力有多大？

男主外、女主内，在中国有着悠久历史。

古代大户人家往往一妻多妾。在古装剧中，我们常听到人们称男主人的正妻为"夫人"，夫人是负责整个家庭的事权与财权的主心骨。

那么，古代家庭中的正妻到底有哪些权力呢？

夫、妻、妾的家庭地位

成书于周朝的《易经》云："女正位乎内，男正位乎外，男女正，天地之大义也。"这段话说明，"男外女内"的格局至少在周朝已开始形成。

古代家庭实行父权家长制。父权家长在家庭中处于至高无上的地位，拥有财产支配权、主婚权以及教令权等，妻妾及子女都顺从于家长。简单来说，就是"三纲五常"中的"父为子纲、夫为妻纲"。丈夫与妻子虽然在名义上是平等的，对外是"夫妻齐体"，对内则是夫尊妻卑。妻须以夫为纲、受夫支配。以婚姻地位为例，妻子必须遵守一夫一妻制，而男子则除了娶妻外，还能纳妾。如果丈夫伤害妻子，量刑较轻；如果妻子对丈夫造成伤害，则量刑较重。

不过，妻子的位卑，只是相对丈夫而言。古人大多数时候实行的是一夫一妻多妾制。也就是说，一户大家庭中，有且只有一位妻子。因此，娶妻是一件非常重要的事情，讲究门当户对、明媒正娶，过程隆重而烦琐。具体来说，分为纳采、问名、纳吉、纳征、请期、亲迎六个步骤，又称作"六礼"，缺一不可。一般来说，家族越大、门第越高，在家中男子婚娶问题上就越讲究。

所以，对家中的妾、家仆及子孙后代而言，妻是家中地位仅次于夫的尊亲属，又处于相对的尊长地位。这种情况一直延续到清末，乃至民初。作为大家庭的女主人，在男人主要负责对外的情况下，家庭内部诸多事务自然都由妻子来掌控。

妾在家庭之中，与丈夫有夫妻之实却无夫妻之名。《喻世明言》中讲了这样一个故事：一个小官贾涉，携一仆人到杭州钱塘，途经王小四门口，想停下歇脚，就在门外喊道："屋里有人吗？"这一喊出来个妇人（王小四之妻），虽着荆钗布裙，却一副妖娆模样，长得是"随他呆子也消魂，况是客边情易动"。贾涉看得发呆，欲买之为妾，王小四一口应承，讲明身价四十两银子。贾涉大喜，马上请来村里的教书先生，写了卖妻文契，双方在上面落了字画了押，王小四就把老婆卖给了贾涉。

可见，纳妾是随意的。妾主要有两个功能：一是满足男主人的生理欲望；二是为男主人家生儿育女。就像小说《妻妾成群》中三太太梅珊说的那样："不就是这么回事，有什么可瞒瞒藏藏的，你要是不给陈家添个人丁，苦日子就

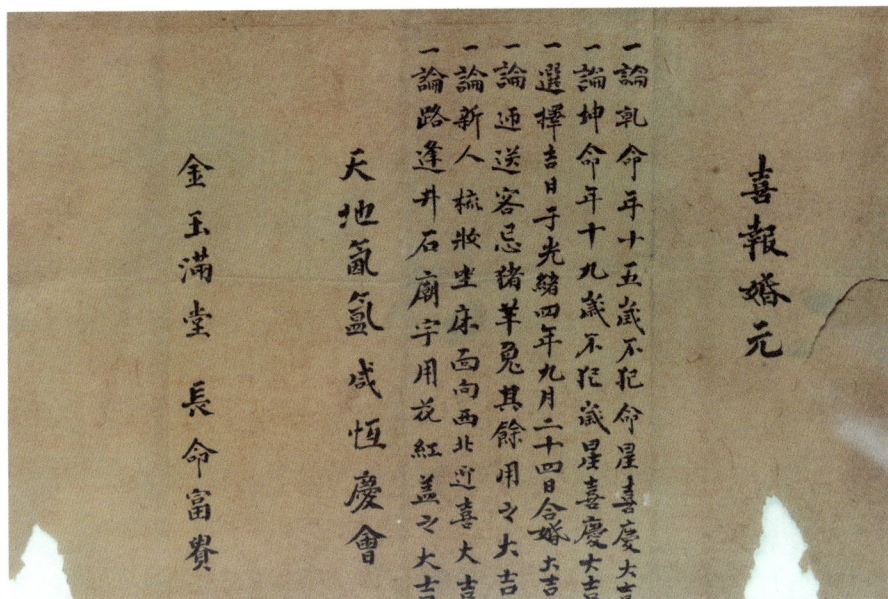

▲ 清代光绪年间民间婚书

在后面了，我们这样人都一回事。”因为是买来的，算是家庭财产的一部分，所以妾地位更低，不能像妻子那样入族谱，不能参加家族祭祀，所生子女也不能自己亲自抚养。而且，一旦失宠或男主人死掉，很可能面临着被重新买卖的命运。

正妻的权力

女治内，主要是操持家务，类似侍奉公婆、丈夫，养育子女、做女红等。可悲的是，对有的丈夫来说，他最喜欢的往往并非正妻，而是妾。

更可悲的是，在古代家庭之中，妻子虽贵为家母，但在严格意义上并没有自己的财产，即便是她从娘家带过来的嫁妆，虽然拥有名义上的所有权，但具体处理起来却并不自由。

唐律中，一方面规定妻子可以独立支配从娘家获得的财产，女性在婚姻关系结束后可带走嫁妆；另一方面又规定了禁止女性“蓄私产”，再考虑到女性在婚姻中的弱势地位，其在主动结束婚姻方面受到重重限制，这种独立支配权也仅仅是水中月、雾中花。宋律沿袭唐律，规定妻的财产，由夫与妻共同为主；丈夫典卖妻子的妆奁田产，不违法；妻子如果要典卖妆奁田产，应由丈夫出面立契。

虽然没有所有权，但作为家母，妻子在家庭日常事务上还是有一定的实权，具体来说就是管人、管事和管钱。《红楼梦》中的王夫人和《妻妾成群》中的毓如，虽然表面上看都是吃斋念佛不问世事，但实际上都掌控着管家的核心权力。不过，这种管理权，也仅仅限于家庭内部日常消耗，而不是全部的家庭财产。

以《红楼梦》中的王熙凤为例，她作为王夫人的代理人，掌握着荣国府内大小事务，从月钱发放、物资领取到大观园内工程发包，都在她管理范围内，名副其实地扮演着“当家人”的角色。第三回，在与黛玉初次见面的场合，就初步展示了王熙凤作为当家人的管理内容。王夫人问她，月钱放过了不曾。凤姐答：“月钱已放完了，才刚带着人到后楼上找缎子，找了这半日，也并没有见昨日太太说的那样的。"

第二十三回，贾琏在凤姐面前想替侄儿贾芸谋个事。凤姐答道："园子东北角子上，娘娘说了，还叫多多的种松柏树，楼底下还叫种些花草，等这件事出来，我管保叫芸儿管这件工程。"到了第二十四回，王熙凤果然把大观园内种植花草的工程给了贾芸。这件事说明，在内部事务上，女主人的权威较大，像贾琏这样的说话都不好使。

管人方面，除了家中仆人，还包括管理丈夫纳的妾们。妻可对妾随意打骂，贬为打杂烧饭的奴婢，还可任意卖妾。明代陆容在其所著《菽园杂记》中记载了这么一件事。

▲ 清代·姚文瀚 《岁朝欢庆图》（局部）

画中描绘的是清朝南方一户人家过年时的场景，男女主人端坐宴席正中，体现了家族中的尊卑之序

苏州人俞钦玉是刑部尚书俞士悦之子，娶妻邱氏。钦玉颇知书，但轻财好色，以邱氏无子为借口公开置妾七人。作为正妻的邱氏，尽管对丈夫置妾未加阻拦，甚至待妾还相当"慈惠"，但对这些小妾则严加防范。小妾每天早晚出入房间，皆有节制……成化年间，俞钦玉游览京城，客死于教坊司一妓女家中。结果，丧事一办完，只留下生有儿子的两位小妾，其他均遣发改嫁。

在管钱方面，除了家庭日常开支外，妻子的财政权，还包括对丈夫遗产的继承。

丈夫去世后，其以往在家庭中所享有的"独尊"地位自然为妻子所继承，其中就包括整个家庭的经济管理权。元稹的传奇小说《崔莺莺传》中，崔莺莺的母亲郑氏就是一位掌管家庭经济大权的寡妇。《金瓶梅》中，西门庆死后，其妻吴月娘将孟玉楼改嫁，把潘金莲赶出家门，行使的就是对丈夫财产的处置权。唐律规定："凡同居之内，必有尊长，尊长既在，子孙无所自专。"此处的"尊长"，父亲亡故后，自然就是寡母了。同时还规定，家长在而子孙别立户籍、分割家产的，列为"不孝"之罪，犯者要"徒三年"。

严格来说，妻子对丈夫遗产的继承，属于古代儒家对家庭妇女"三从"，即从父、从夫、从子中的"从子"说，也就是实际继承权在儿子那边，妻子不过是代子掌管。不过，在子女未成家立业前，寡母成为家庭财产的实际掌管者。而且，在讲究"长幼有序"和"孝"的古代，即便子女成人，实权依旧掌握在寡母手中。

当然，妻子能继承丈夫的遗产，前提是要尽抚养子女等义务，在子女成年前不能改嫁。即便子女成年后改嫁，之前所继承的财产也要交还夫家。这也说明这里继承的，还是管理权，而不是所有权。

正妻为什么能掌权？

某种程度上说，正妻的权力是天然形成的。

首先，古人的婚姻，是炫耀、获取、巩固家族政治和经济地位的重要手段，带有强烈的功利性。表面上看，婚姻是男女两个人的事，实则关系二人背后所代表的两个家族。在这样的使命背景下，男女个人的情爱反而是次要的。《警世通言》中记载，王爷明知儿子王景隆喜欢玉堂春，出于综合考虑还是给他娶了名门宦族的刘氏。有这样的娘家在背后，妻子的腰杆自然要硬不少。

其次，与古代嫡长继承制有关。商以前，王位的继承顺序比较乱，像夏禹在病危时让其助手伯益接位，伯益自感能力不如禹之子启，启最终成为夏的第二代君王。商末周初，才逐渐建立起嫡长子继位制度。嫡长子，又是以嫡妻制为基础，而非单纯地按出生顺序论。之后，这套宗法继承制度逐渐在封建社会推广开来，得到历代统治者的支持和采纳。像李世民的嫡妻长孙皇后的儿子李承乾被立为太子。康熙的皇后赫舍里所生的胤礽，尽管并非长子，仍被立为太子。民间做法与皇家相似，也讲究母以子贵，嫡母所生之子的地位自然要比其他庶出的儿子高出许多。

再次，从正妻自身来说，作为大户人家的女子，无论是受教育程度还是平时的见识、交际的圈子，都是平民人家的女儿所没法比的。《红楼梦》中黛玉、宝钗、湘云以及探春等人，能吟诗作画，能管家理事，从小就是按照正妻的标准来培养的。即便像凤姐那样的，大字不识几个，但打小与贾府的几个公子哥儿混在一起，不仅颜值高，"言谈又极爽利，心机又极深细，竟是个男人万不及一的"。

总而言之，在以男权为核心的古代社会，女子无论做妻还是做妾，都缺乏独立人格和自我意识，只是男人的附属物。正妻的那点权力，最终也都演化成一幕幕"女人何苦为难女人"的闹剧和悲剧。

（番茄汁）

参考资料：

[1] 段塔丽."从子"说与中国古代寡母的权力和地位——以唐代家庭寡母生活为例 [J].妇女研究论丛，2001（6）：42-45.

[2] 李响，刘建昌.宋代已婚妇女之财产权初探——以妻与妾为例 [J].兰台世界，2015（5）：114-115.

[3] 顾鉴塘，顾鸣塘.中国历代婚姻与家庭 [M].北京：商务印书馆，1996.

古代女子的嫁妆，丈夫能动吗？

姑娘又看了一眼母亲，缓缓转过身，盖上红盖头，离家、出嫁。

千亩良田，十里红妆，嫁妆也跟着新娘来到了夫家。由此，一个婚后财产所有权的问题便出现了：

在古代，嫁妆究竟是妻子的个人财产、夫妻的共同财产，还是整个大家庭的共享财产呢？妻子真的能独立支配自己的嫁妆吗？

能是能，但此事没这么简单。

早期有无嫁妆支配权：面子上有，里子上难说

大手笔花钱的习俗，总是源于贵族。

先秦时期，奴隶主贵族间以"媵婚"为婚制。"媵"意为"陪送"，贵族女子出嫁时必须陪送一定的媵妾、媵臣和媵器。比如，当年西周韩之国君娶妻迎亲时，随新娘一起出嫁的是数辆四马八銮的车和多不胜数的媵妾。

后来，聘礼和奁产的婚嫁习俗开始流行，《诗经·卫风·氓》中"以尔车来，以我贿迁"的"贿"即有奁产之意。奁产就是嫁妆，"奁"原指古代女子的梳妆盒，后来引申为女子嫁妆之意。

至秦汉，原本流行于上层贵族的奢靡婚嫁之风在上行下效中逐渐蔓延于平民阶层，"厚嫁女"成为社会风气，且"内卷"严重。据《盐铁论·国病》载，汉代无论贫富，举凡嫁女，妆奁定要极尽奢华；在严重的攀比心理之下，富人们有的为此倾尽家财以致破产，穷人们更是因之生计艰难。

通过铭文可知，此鼎应是春秋时期楚王为嫁到随国的女子芈加所做

由于数额巨大，奁产的归属问题日渐突出。秦汉时期，虽然没有明确的法律条令规定奁产具体属于谁，但是竹简上的案例可以给出线索。《睡虎地秦墓竹简·法律答问》有："'夫有罪，妻先告，不收。'妻媵臣妾、衣器当收不当？不当收。"

也就是说，夫妻婚姻破裂，在罚没家产时，妻子陪嫁的人和物不属于夫家财产，官府不收走。而且，当时也有女子利用嫁妆来补贴夫家生活、孝顺舅姑的事例，可以佐证妻子对自己的奁产是有支配权的。

法律有法律的说法，但观念有观念的坚持。春秋以来，儒学家们向来强调宗法制礼法，如"宗族一体""同居共财"和"家长制统治"。儒学典籍《礼记》中更有"子妇无私货，无私畜，无私器，不敢私假，不敢私与"，若是媳妇获得了财物，也要"受而献诸舅姑"。

矛盾已现。在家长制下，"共财"与"异财"显然对立，由于这时人们以宗族式的大家庭同居共财为主，所以妻子的奁产往往会被并入夫家，其拥有的仅是有限的所有权。

▲ 汉代双层九子漆奁

随着时代的发展，重妆奁的风气只增不减，初唐时期甚至盛行起"财婚"。这倒和过去没什么本质上的差别，但是唐代的一项重要制度直接赋予了嫁妆颇为功利的用途，也将它的重要性数倍放大。这项制度就是大名鼎鼎的科举制。

科举制带来了一批新兴贵族，才俊们凭借优异的考试成绩谋得了不错的官位，先前的门第观念自然受到了冲击，门第在婚姻交易中的分量也随之减轻。

这样一来，出于与科举才俊联姻的需求，家族中若有未婚女子，家长们往往会为其准备颇为丰厚的嫁妆，甚至将具体的妆奁标准明文写进族规。

当时由于整个社会都非常重妆奁，未婚女性应从家中分得的奁产数额也就渐渐作为律令被固定下来。唐《开元令·户令》规定："兄弟亡者，子承父分（继绝亦同）。兄弟俱亡，则诸子均分。其未娶妻者，别与聘财。姑姊妹在室者，减男聘财之半。"

对于婚后嫁妆的所有权，《唐律》对奁产是否能够独立于家庭财产同样有规定："诸应分田宅者及财物者，兄弟均分，妻家所得之财，不在分限……（注云：妻虽亡殁，所有资财及奴婢，妻家并不得追理。）"即妻子从娘家获得的财产是可以独立支配的，并且延续了汉代"弃妻，畀之其财"的规定，女性可以在婚姻关系结束后带走嫁妆。

但是，法律条令的落地不尽然代表着观念的退场。当时的社会极为推崇"夫妻一体"的婚姻观念，且鼓励女性将自己的奁产献于夫家。《唐律》也明文禁止女性"蓄私产"，并以"七出"中的"盗窃"来限制女性财产权。

嫁妆支配权的强化

宋代沿袭了唐关于奁产的一系列法律规定，并进一步做出了细化。如对奁田的过户手续及税收进行了详细规定，以此来明确妇女的田产嫁妆归属。

宋徽宗也曾有敕令："凡民有遗嘱并嫁女承书，令输钱给印文凭。"当时甚至还有丈夫去世后，妻子二话不说就带着自己的奁田光速跑路的案例。这条敕令不久后就被作废了。

这一时期，女性的私有财产权观念强化，奁产逐渐从家长支配下的家产成为夫妻间的专属财产，且约定俗成由妻子来支配。

既然奁产由妻子说了算，作为一家之主的丈夫看着那么大一笔钱却不能动用，保不齐就动起了坏心思。同时，在宋代"婚姻不问阀阅"的观念驱使下，不少男子其实是冲着女方丰厚的嫁妆而娶亲的。

就这样，各式各样的算计生成了五花八门的奁产纠纷案。

宋仁宗景祐年间，有一个聪明过头的进士叫韩元卿。韩元卿被调到京城后，心里总萦绕着"哪里有富婆，我不想努力了"的念头。后来，他如愿娶到了一位"富室之女"，姑娘带着家里置办得极为丰厚的嫁妆随他来到老家。犹如一道惊雷响彻天际的是，姑娘发现自己的丈夫早就有老婆了，而且还育有好多个儿女。这如何了得？姑娘马上给家里人写信求助，并一心想要揭露韩元卿"有妻更娶妻"的无耻骗婚之举。但是韩元卿为了掩饰自己的违法行径，且一心想要霸占富家姑娘的嫁妆，于是屡次耍手段拦截信件，牢牢控制着她。

姑娘写了一封又一封信，没有一封送到了家人手里。最后，她"悒抑而卒"。

韩元卿的丑恶行径最终还是为世人所知，遭社会唾弃。他不堪承受社会压

力，留下一张"赃滥分明，罪宜处斩"的字条，割喉自尽。

士大夫骗取奁产及抢夺妻子私财的行为在当时的社会上造成了非常不良的影响，直接助长了平民阶层的弃妻之风。

还有一个聪明过头的人叫江滨臾，他对妻子不满很久了，既想抛弃发妻，又贪图她的嫁妆。于是，江滨臾诬告妻子偷盗家中财物，还扬言这些赃物就在妻子房中。衙门的人逐一调查了妻子房中被称为"赃物"的东西，发现件件都是娘家早些年置办的嫁妆。于是，经执法官员判决，江滨臾和妻子原地离婚，同时江滨臾被施以杖刑。

从这一案例也可看出，妻子对奁产有明确的独立所有权。但是"同居共财"的观念毕竟在宗法制社会中长期存在，因此关于丰厚的嫁妆，不仅丈夫惦记，丈夫的族人也惦记。

北宋时期，洋州人李甲的哥哥去世了，他打起了嫂子手里那一大笔嫁妆的

主意。思来想去，李甲到处乱说，扬言嫂子的孩子其实是他亲生的，又买通官员，致使寡嫂幼侄无处申冤，反遭刑罚。过了十几年，嫂子找到了当年的接生婆，这才洗清了自己的冤屈。

此案能够佐证的是，当时的女性若想维护自己的权益，诉讼成本是非常高的，不仅耗费钱财，还要忍受巨大的精神压力。因此，很多已婚女性面对嫁妆遭算计时，宁可破财消灾，也不愿对簿公堂。

至明清时期，随着商品经济的发展，富商迭出，而他们打通各自商业帝国任督二脉的途径之一便是联姻，且以此来谋求更高的社会地位。在这样的社会环境下，陪嫁的攀比之风愈盛。清代的法律和族规并没有明确规定妻子的嫁妆该不该独立存放与由谁支配，但是根据史料记载的案例，可以推知奁产支配权仍握在女方自己手里。

道光二十九年（1849 年），四川巴县有一则嫁妻文约，其中关于嫁妆的表达如下："情因先年凭媒产娶周姓之女为妻。过门七载，与身不睦不噫。周氏幼失教育，不尽坤造，数凭岳父理处，随身择户另嫁，不得从中异言阻滞。故身遵命，再三请谢宗文为媒说合，嫁与邻近石贵禄足下为妻。得受水礼布尺，凭媒亲收，至原日周姓嫁奁概交石姓。自嫁之后，明周不得藉故另生枝……"

这里的马明周与妻子周氏感情不和，于是在征得岳父同意的情况下，经媒人走动，将妻子卖给了石贵禄，价钱是"水礼布尺"，而妻子的嫁妆则要全部移交出去。

在清代，"卖妻"常见于社会中下层的家庭，可知马明周非有钱人家。而其前妻周氏过门后七年，被卖给石贵禄时仍能带走完整的嫁妆，说明此间这笔钱财并没有被夫家花掉，是独立存放的，其真正所有者一直都是周氏。

而在明清小说中，也多有女性在自己的遗嘱中独立分配奁产的事例，可见那时女性对奁产支配权的所有以及其家族内部地位的相对提升。

另作他用的嫁妆

虽然从理论上讲，嫁妆是已婚女性独有的财产，但是她们在家庭面前很多时候是无私的。

北宋时期，越州人杜衍出身贫寒，从小靠替别人抄书讨生活。后来，杜衍得遇一富人相里氏，并娶了他的女儿为妻，由此生活有了改善。婚后，妻子拿出奁产供杜衍读书深造、参加科举，杜衍金榜题名，成为北宋有名的"百日宰相"。

杜衍去世后，整个杜家失去了稳定的收入来源，家境日渐困窘。杜衍之妻拿出自己全部的嫁妆补贴家用，"易房服钱二千"，维持着一家人的生计。

光绪元年（1875年），曾国藩幼女曾纪芬嫁入湖南衡山的名门聂家。后来，公爹去世，聂家只有此前因做官而存下的六万金，没有其他产业。回长沙后，由于陆续购置田地、宅院，又置办了三个女儿和两个儿子的婚礼，聂家连应付平日的开支都捉襟见肘了。而其婆母张太夫人存于玉振银号的七千两白银，由于银号经理"以赌博亏空"，也一去不返了。

屋漏偏逢连夜雨，整个家庭不仅陷入了经济危机，还被卷入了"反复涉讼"的旋涡。

面对如此变故，家中众人一时间束手无策，转请曾纪芬裁夺。曾纪芬拿出了嫁妆两千两银子，又向自己的姐姐借了一千两，凑了三千两银子为家里救急。但是她不想让老人家知道这是自掏腰包的钱财，于是她找来余青和郭筠仙二公，以及姐夫陈展堂出面，"假托三中人和息讼事，各出一千两，以求了结"。危机终于得以暂时度过。

操持着一大家子人，曾纪芬一直谨记父亲"吾辈欲为先人留遗泽，为后人惜余福，除却勤俭二字，别无做法"的教诲，身体力行，从未懈怠。

可以说，嫁妆在女性的婚后生活中起着重要作用，既是她们得以施展处理家庭事务之才干的基础，也直接影响着女性的家庭地位。

结语

"嫁妆"二字简单，可其背后的内涵极复杂。

当我们在探讨"古代女子的嫁妆，丈夫能不能动"时，不仅是因好奇而求问一个单纯的家庭财产归属问题，也是试图在错综复杂的社会制度、时代思潮、民俗心理、法制史等众多层面中一探那些普通家庭的往昔。

（北辰）

参考资料：

[1] 毛立平.清代妇女嫁妆支配权的考察 [J].史学月刊，2006（6）：103-108.

[2] 高楠.宋代家庭中的奁产纠纷——以已婚女为例[J].中国社会经济史研究，2004（3）：30-33.

[3] 谢蔚.中国奁产制度的历史演进及其当代价值[J].湖南大学学报（社会科学版），2020（2）：140-145.

小户的妻还是大户的妾，
古代女子怎么做这道单选题？

在中国两千多年的封建社会里，一直采取的是一夫一妻多妾的婚姻制度。民国时期，虽然从法律意义上确立了一夫一妻制，但大户人家纳妾仍然是普遍的社会现象。

所以，对大多数古代女子而言，婚嫁将面临两个选择：一个是做平民妻，另一个是做大户人家妾。毕竟，无论在哪朝哪代，大户人家总归是少数。

做妻还是做妾，看起来似乎相差很大，但从她们在旧社会的最终命运来说，区别并不大。

进门：规格不同

娶妻，在古代是一件极其重要且严肃的事。

首先是要门当户对。古人讲"良贱不婚"，也就是家世清白的人不与从事贱业或被编入"贱籍"的人通婚。男子要娶妻，一般都选择与之般配人家的正经女子。对于这一点，社会地位越高的越讲究。

其次是程序复杂。古人娶妻，须经"六礼"，即纳采、问名、纳吉、纳征、请期、亲迎。其中居于中间的"纳征"，指男方到未来岳父家下聘礼。这笔钱，多被用来筹办女子出嫁时的嫁妆。由于程序过于复杂，到宋代时，民间根据朱熹的《朱文公家礼》，将"六礼"简化为纳采、纳币、亲迎。

最后是举行婚礼仪式，夫家必须明媒正娶，这不光体现了对女方的重视，更是整个社会秩序的客观要求。所谓"婚礼行，而后父子亲，君臣正，故曰，婚礼者，礼之本也，而人伦之所先也"，在强调"君为臣纲、父为子纲、夫为妇纲"的封建时代，婚礼被认为是人伦之本、风教之始，故而极其被重视。

与"妻"不同，"妾"是不能用"娶"这个字的，只能叫作"纳妾"，而且"妾"的出身一般都比较低微。古人纳妾，除了满足自身的欲望之外，还有就是为养育后代，因为"不孝有三，无后为大"。

与娶妻时要讲究严格的仪式不同，纳妾就比较随意，男方可以通过买卖置办，也可与别人互换或者赠送而获得，所谓"妾通买卖"就是这个意思。若买卖成交，一般都要订立契约。下面就是一份明代的买妾文书：

▲ **明代·仇英 《清明上河图》（局部）**

画面中左侧有一家专为人择日合婚的店铺，择日合婚即为六礼中的"请期"做准备，男方如想迎娶新妇，必须事先选择吉期，择定吉期后，男方宴请媒人，用大红纸写上迎娶日期，备上礼品，由媒人送至女家

×里×境×人有诉（亲）生自养女子，立名某娘奴，年已长成。凭某人某氏，议配×境×人为侧室，本日受到聘银若干两。本女即听从择吉过门成亲，熊罴协梦，瓜瓞绵延。本女的系亲生自养女子，并不曾受人财礼，无重叠、来历不明等事。如有此色，及走闪，出自×跟寻送还，倘风水不虞，此乃天命，与银主无干。今欲聘证，故立婚书为照。

虽被称为"婚书"，但称买方为"银主"，且标明了买卖标的、价格、效力，实质就是份买卖合同。尽管有的朝代对男子纳妾有规定，必须年满四十且尚无子嗣方可纳妾，但执行并不严格，尤其是对有钱有势的人家来说，这些规定形同虚设。比如，以奢侈豪华著称的西晋富商石崇，家里就有伎妾千余人，为便于管理，他以数十人一组，佩戴不同的佩饰来编组管理。

由此可见，妻只能有一个，妾则不限，只要男方家养得起就行，仅此一点，就可以看出妻、妾的地位之悬殊。

地位：尊卑有别

明末学者李渔曾就妻妾在家庭中的地位做过形象的比较："娶妻如买田庄，非五谷不殖，非桑麻不树，稍涉游观之物，即拔而去之，以其为衣食所出，地力有限，不能旁及其他也。买姬妾如治园圃，结子之花亦种，不结子之花亦种……以其原为娱情而设，所重在耳目，则口腹有时而轻，不能顾名兼顾实也。"

娶妻是为求其"实"，如持家、生子；纳妾则仅仅为了"娱情"，是求其"名"，所以，清代社会上流传着"娶妻娶德，娶妾娶色"的说法。事实上，存在于妻妾之间森严的等级秩序要远甚于此。

以明代为例，根据礼制，妻子称为"正室"，住正房；妾只能住在偏房，又称侧室。妻子与丈夫一同相处时，妾只能站在一旁伺候着，不能坐。三人同

▲ 洛阳朱村东汉壁墓室内画墓

席时，妾亦无一同入座的权利，只能坐偏席。明代小说《樵史通俗演义》中，有个叫阮大铖的在寓所内与妻妾吃酒听曲，他与大娘，也就是正室坐居中一桌，几个小娘子在旁两桌，东西对面坐。另一部小说《金瓶梅》中亦如此，西门庆家办宴席时，西门庆与正室吴月娘占了上座，其他小妾如李娇儿、孟玉楼、潘金莲等只能在两旁列坐。

这一规矩到清朝时依然如故。雍正时期的权臣尹继善的生母徐氏就是小妾。即便尹继善官至总督，其母在家中仍然不能与尹家的正室同桌吃饭，只能站在一旁伺候着。后来，雍正皇帝看不下去，下旨给徐氏加封，徐氏的地位才得到提高。

除此以外，妻子能参加家族祭祀，死后可葬于夫家祖坟，名字写入夫家族谱。这些待遇，妾一般都享受不到。明末学者顾炎武祖父的两位小妾，死后均"葬于域外"，其父亲的小妾死后，鉴于对顾炎武有养育之恩，他也只是"为位受吊，加于长仪"，也就是在葬礼的规格上提高一些，但依然不允许妾与夫同穴。小说《红楼梦》中，贾琏娶尤二姐做妾时，得到了族长贾珍的同意。尤二姐死后，贾琏本想把她葬入祖坟，但贾母坚决反对，最后只能将其葬在尤三姐旁边。

作为正房，妻子还要负有当家理事的职责。《红楼梦》中王夫人就掌管着整个荣国府，后来精力不济，才请凤姐过来帮忙。其中，就包括对侧室各个妾的管理。

从妻妾关系来说，确实有和谐相处的，甚至有的妻子主动为丈夫纳妾。王安石的夫人在其升职后，眼见周围和其丈夫同样级别的官员家里都是三妻四妾的，她就自作主张，在市场上给王安石买了个妾。王安石在得知此事后，坚决把这个妾给退了，一时传为佳话。但对大多数妻子来说，丈夫置妾后，她对丈夫从过去的"独享"变成"分享"，加之后来者往往在年龄、姿色上更具优势，所以无论是出于嫉妒还是为了保证地位，妻妾关系紧张才是常态。正室往往会利用自身的地位打压妾。而且，这一行为是得到法律认可的。宋代法律规定：丈夫打伤妻子的，比伤常人减罪二等；伤妾的，比伤妻减罪二等；妻伤杀妾的，与丈夫伤杀妻同，而如果能证明是误杀，则可以无罪。明、清代也大致如此。

"弘治十一年，泗州知州许弼妻孙氏，妒妾朱氏有娠，以药毒之，不死，用铁椎击其脑。朱惧，自缢死。复以石压其腹，羊毛塞其口鼻，以棺载出复活。事发，上命杖孙氏八十，离异。"

可见，即使在最为重要的生命权上，妻与妾也是严重不对等的。因此，宋代的很多笔记小说，就有不少以此为题的女鬼故事，讲的就是受迫害致死的妾在死后化作鬼魂向正室报仇的事。

比如《夷坚志》中就讲了这么一个故事，正室常氏因嫉妒丈夫宠幸姜马氏，就趁丈夫外出时将马妾"棰杀之"。后常氏遭马妾冤魂报复，先是难产，又受鞭笞之苦，最终被马氏索命，即使请了道士作法也无济于事。小说终归是小说，现实生活中，妾很难对妻的打压发起反击。归根结底，在家庭中，妻子才是主人，妾不过是奴仆。

不过，妻子在享有权力的同时，也承担着相应的责任。

义务：轻重有异

首先，娶妻是一种联姻行为，也就是夫家与妻家从联姻那一刻开始，就成为一个命运共同体。将来一旦夫家面临祸端，妻家将承担连带责任，如灭三族就是父族、母族和妻族。而妾因为并非明媒正娶，所以一般不会被连坐。明英宗朱祁镇登基后，将手下大臣范广处斩，并将其妻赏赐给了瓦剌人皮儿马黑麻，即为一证。

其次，从服制上，妻子必须为夫五服以内包括父母在内的亲属服丧，而对妾则没这么多要求。

再次，妾在家庭中只有生育的权利，其子女出生后妾既没有抚养也没有管教他们的权利，所有这些责任都归到正室头上。《红楼梦》中，赵姨娘所生的探春、贾环的管教责任主要由王夫人负责。而探春也从来没有叫过赵姨娘"妈"，而是直接叫"姨娘"。

最后，丈夫死后，妻子有为夫守节的义务，很难改嫁。而妾则受此约束较

▲ 南宋·佚名 《女孝经图·事舅姑章》
《事舅姑章》强调女子侍奉公婆要像侍奉自己的父母一样

少，能相对容易地让自己解脱出来。清代小说《孽海花》中，金雯青要作为使臣出洋，其妻张氏由于身体原因不便跟随，便纳了个妾叫傅彩云，令其以妻子身份陪同他出访。之后，有一次二人发生语言冲突——

> 傅彩云：可是我倒要问声老爷，我到底算老爷的正妻呢，还是姨娘？
>
> 雯青道：正妻便怎样？
>
> 彩云忙接口道：我是正妻，今天出了你的丑，坏了你的门风，教从此做不成人、说不响话，那也没别的，就请你赐一把刀，赏一条绳，杀呀、勒呀，但凭老爷处置，我不皱眉。
>
> 雯青道：姨娘呢？
>
> 彩云摇着头道：那可又是一说。你们看着姨娘不过是个玩意儿，好的时候抱在怀里、放在膝上，宝呀贝呀的捧；一不好，赶出的，发配的，送人的，道儿多着呢！……我的出身你该明白了，当初讨我的时候，就没指望我什么三从四德、七贞九烈……

傅彩云所表达的意思就是，作为妾，她不用承担那么多责任。故而，等金雯青死后，傅彩云夜夜不归宿，为此又与张氏发生冲突。

> 张氏道：现在比不得老爷在的时节，可以由着你的性儿闹。你既要守节，就该循规蹈矩，岂可白天未满，整夜在夜，成何体统！
>
> 彩云不等张夫人说完，就转脸冷笑道：什么叫做体统，动不动就抬出体统来吓唬人！你们做大老母的有体统，尽管开口体统、闭口体统。我们既做了小老母早失了体统，哪儿轮得到我们讲体统呢！

傅彩云在做妾前，是一代名妓，结交广泛、见过世面，所以敢硬怼正室，一般的妾是没这个胆量的。金雯青死后，她重操旧业，更名曹梦兰，继续挂牌揽客，社会对此并无异议，一定程度上也说明，大家对妾的要求没那么严。

命运：殊途同归

妻妾之争，根本上来说，是对夫及其背后所代表的利益的争夺。不过，在封建社会男权至上观念的笼罩下，这种争夺的悲剧性在于——没有赢家，无论是妻还是妾，都无法把控自己的命运。

妻虽然是明媒正娶，受法律保护，但地位并不是永无变数的。古人婚姻中，对女方强调从一而终，只有男子才有权休妻。如果妻子犯了"七出"，男方就可以休妻，提出休妻的可以是男方，也可以是男方父母，不用经官府审判。"七出"中的一条就是妻子如果不能生子，丈夫就可以名正言顺地休妻了。女子被休，无论对其本人还是娘家那边来说都是很没面子的事，被休女子往往两边都感受不到温暖，郁郁而终。

比这种"休妻"更为残忍的是"典妻"。"典妻"现象起源于南北朝时期，一直到民国时期依然十分严重。所谓典妻，就是指备价典妻、期满取赎，将妻子典押给他人为妻，换取一笔钱财，到约定时间，拿所约定的钱物赎人。具体期限由双方约定。《华夏婚书婚俗》一书中记载了一份典妻的契约：

> 兹因侯保珍久欠杨玉峰白银肆拾贰两，实无力归还，愿将妻室王氏押于杨某名下为妻三年，所生子女为杨某后代，期满以肆拾两白银赎人，可延期半年，过期不赎，王氏将永远为杨某所有。

显然，典妻行为与封建礼教所强调的女子"从一而终"的理念是冲突的，清朝就在法律中规定"凡将妻妾受财典雇与人为妻妾者，杖八十"，但典妻现象延续上千年，说明整个社会对此是有强烈需求的。从历史考察看，越是社会动荡、税赋繁重的年代，越是交通闭塞、经济落后的地方，典妻现象越严重。所以，"典妻"中所典之妻，主要是平民之妻，这些人往往为了生存，将妻子作为商品进行交换。妻子，在这里最终如同妾一样，被社会物化。

至于妾，地位更不稳固，"夫爱之则留之，夫厌之则遣之"。如果夫君去世，其命运就是被卖给下一家或者赶出门自谋生路。《金瓶梅》中，西门庆死后，吴月娘开始处理潘金莲，"打点与了他两个箱子，一张抽替桌儿，四套衣服，几件钗梳簪环，一床被褥"，便将其赶出家门；另一个妾孟玉楼结局好点，被吴月娘改嫁，而且是坐了大轿出去的。

无论是嫁作平民妻，还是被纳为富人妾，其最终命运如此，首先是因为妇女们在经济上无法独立，只能选择依附于男性。比如苏童的小说《妻妾成群》中，颂莲作为受过高等教育的大学生，在选择婚嫁对象时，依然选的是做大户人家陈佐千的四姨太。其理由是：名分不重要，重要的是物质基础，有稳定富足的生活。

此外还由于法律上男女地位的悬殊。比如，丈夫打妻子，只有打伤了才处刑，而妻子只要殴打丈夫，就处一年刑；离婚问题上，丈夫有休妻的权力，妻妾则都不能"擅去"。即便在比较开明的唐朝，律法也规定，"意在分离，背夫擅行，有怀他志，妻妾合徒二年"，"因擅去而即改嫁者，徒三年"。

男女婚姻上严重不平等的问题，直到中华人民共和国成立后才从法律上彻底解决。1950年5月1日，中华人民共和国第一部《婚姻法》公布施行，仅仅"男女平等、婚姻自由"这两项内容，就把旧有的封建婚姻制度打得粉碎。

能自由选择自己的将来，更能自由决定自己的离开，才是广大女性最好的归宿。

（番茄汁）

参考资料：

　[1] 陈鹏 . 中国婚姻史稿 [M]. 北京：中华书局，1990.

　[2] 陈宝良 . 正侧之别：明代家庭生活伦理中之妻妾关系 [J]. 中国史研究，2008（3）：123-144.

　[3] 张珣 . 浅谈我国古代妻妾的法律地位 [J]. 法制与社会，2012（7）：3-4.

　[4] 王栋亮，康丽滢 . 从《孽海花》看晚清士人婚姻中的妻和妾 [J]. 河北民族师范学院学报，2013（2）：90-92.

　[5] 张文，范梦 . 从女鬼故事看宋代妾婢的人间生活——宋代妻妾关系研究 [J]. 安徽师范大学学报（人文社会科学版），2011（1）：29-34.

作为"最强赘婿"的驸马，
地位为何高开低走？

　　《赘婿》热播时，电视剧中男主角评价当朝驸马为"本朝第一赘婿"，要说把"上门女婿"做到极致的，无疑是娶了皇帝的女儿。

　　那么，为什么皇帝的女婿被称作"驸马"呢？"驸马"的地位为什么越到后来越低呢？

将错就错的"驸马"称谓

　　"驸马"一词最早出自"驸马都尉"，是汉朝负责掌管皇帝出行的一个官职。至于"驸马"成为皇帝女婿专有称呼的过程，词典上是这样解释的：（皇帝的）正车由奉车都尉掌管，副车由驸马都尉掌管。到三国时期，魏国何晏以皇帝女婿的身份授官驸马都尉，以后又有晋代杜预娶晋宣帝司马懿之女安陆公主，王济娶晋文帝司马昭之女常山公主，二人均授驸马都尉。魏晋以后，皇帝女婿照例都加驸马都尉称号，简称"驸马"。

　　这么看，"驸马"这个词竟是后人将错就错的结果。三个例子中，曹操、司马懿、司马昭三人，生前都未篡位，他们的帝位都是子孙身后追认。因此，三个案例中的当事人没有当过一天的帝婿，他们被封的"驸马都尉"和娶了公主只是单纯的巧合。但这三人名声比较响亮，到后来反而成了"驸马"的第一批代言人，也算是将错就错了。

▲《四库全书·论语集解义疏》
开篇提要中有对作者何晏的介绍

　　欧阳修的《归田录》中记载："皇女为公主，其夫必拜驸马都尉，故谓之驸马。宗室女封郡主者，谓其夫为郡马，县主者为县马，不知何义也。"可见，"驸马"这个词在北宋时代已经被广泛接受，在通俗戏曲普及之后更是深入人心，成了皇帝女婿的代名词。而绝大部分人对"驸马"这一群体的了解，甚至最早听说这个称谓本身，则来源于《醉打金枝》《铡美案》这些传统戏曲。

　　在通俗戏曲中，无论是出自将门的郭子仪之子郭暧，还是出身贫寒的陈世美，他们迎娶公主都是莫大的荣耀，大概在这些戏曲的编者看来，是"朝为田舍郎，暮登天子堂"的升级版。那么，在戏曲之外，作为地位最高的赘婿"驸马"，他们真实的婚后生活和地位究竟怎么样呢？

娶公主是权力或地位的体现

　　第一个有较确定记载的"驸马"是"五帝"时代的舜。他迎娶了同为"五帝"之一的尧帝的两个女儿娥皇和女英。但是，不管是禅让佳话，还是《竹书纪年》《韩非子》中的"舜囚尧"的故事，舜能取代尧成为天下之主，都和他娶了尧的女儿无关。几千年后，曹丕在接受汉献帝禅位并娶了他两个女儿后曾经感慨："舜禹之事，吾知之矣。"无论舜继位尧的过程如何，但在舜成为尧的继承人和女婿时，他已经是四方部落首领公认有资格和能力继承尧事业的人，娶尧的两个女儿本身就是他当时权力和地位的体现。

从夏商周到春秋战国的漫长历史中，我们几乎找不到与"驸马"相关的故事。诸侯之间的嫁娶要么讲究地位对等，如秦楚长达数百年的联姻；要么互相有利用价值，如越在吴伐楚时偷袭其后方，缓过来的楚昭王就娶了越王勾践的女儿，他们的儿子成了新一任楚王；要么是大国对小国的拉拢加渗透，如齐经常把女儿嫁给周边小国，卫公子拒婚时还留下了"齐大非偶"的典故。

直到汉朝建立，我们才能找到较多关于驸马的记载。从目前可以看到的两汉驸马清单上看，大部分驸马都是朝臣，尤其是开国功臣的子孙后代。如西汉的许多公主嫁给了曹参、夏侯婴、周勃等开国功臣的后代，东汉的许多公主嫁给了"云台二十八将"的后人。汉代最著名的驸马大概是卫青，功成名就后，他娶了昔日的主人平阳公主，成为汉武帝的姐夫兼小舅子，完成人生的终极逆袭。

如果既不是功臣后代，又没有皇后姐姐，想在两汉时代娶公主只有靠骗了，著名方士栾大靠着自己的忽悠能力，不但让汉武帝相信了他能让人长生不老，还把一个女儿嫁给了他。只是他的好日子没过太久，骗术败露后便被处死。在这个阶段，娶一位汉室公主是非常光彩的事，这说明皇室要么认可了你的家族，要么认可了你的能力。但其实，是男方家族的地位足够高才有可能娶到公主，而不是娶了公主能提升自己的地位。

当然，这时的驸马虽然地位高，但如果夫妻之间真反目，家里的公主仍然是个危险的存在。名将班超之孙班始娶了阴城公主，这位公主婚前婚后都是男人不断，忍无可忍的班始最终杀了阴城公主，随后迎来了全族被诛杀的结局。

贵族世家政治时代的"驸马"

三国两晋南北朝时期的驸马,来源上仍然和两汉相近,但他们的地位却比汉朝的"同行"们更高一些。"驸马"之一的何晏,是服食"玉石散"的首倡者,害人不浅。晋王室驸马王敦、桓温等人,在东晋年间甚至干出了攻进首都、诛杀皇帝心腹或废立皇帝的事情。在这期间,表面上看似"驸马"的地位得到空前提高,实际上是世家大族的地位大大上升。

此时天下动荡,王朝更迭频繁,皇权地位下降,顶级门第如南方王、谢和北方崔、卢等大族,在前朝皇室一次次被推翻时仍能坐看云起。在这种情况下,能迎娶公主的人,要么是皇室想拉拢的,要么他们的地位与皇室地位的差距已经不那么大了。

隋唐时期的驸马基本都是关陇集团出身的高门,其中最有名的是迎娶李渊之女平阳公主的柴绍。柴绍的家族在唐朝建立前的地位虽然不如李渊家族高,但族中从爷爷辈开始就历任高官了。到唐太宗时期,也有把公主赐婚给跟随自己的功臣或功臣之子、投降过来的突厥贵族,这个阶段最有名的驸马是唐太宗的驸马、高阳公主之夫、名臣房玄龄之子房遗爱。

不管这位驸马是否为了自己的政治利益容忍了老婆同和尚辩机的私情,但是,大概就是从房遗爱开始,随着唐朝统治的稳固和世家大族垄断地位的逐步下降,驸马的地位也开始下降,倒是显而易见。

没有最低,只有更低

整个唐朝有出嫁记录的公主有一百多位,但是真正有成就的驸马只有柴绍和《醉打金枝》中驸马原型的郭暧两人,偏偏这两个人的成就主要是继承和发扬了本家族的政治遗产,和娶了公主似乎没什么关系。相反,唐朝的驸马光被处死的就多达二十人,堪称高危身份。

唐朝时,公主拥有开府的权力,而驸马在政治上通常只是公主的附庸。在

▲ 明代·唐寅 《王献之休郗道茂续娶新安公主图》

王献之少负盛名，与郗道茂青梅竹马，为少年夫妻。新安公主对王献之仰慕已久，嫁桓温之次子桓济，后与之和离，逼婚王献之。王献之百般推拒无果，只能忍痛休妻，续娶新安公主，终生内疚于郗道茂

这里，男人往往变成了要遵守"三从四德"的一方，在女方死后还要为其守丧三年。私生活上，公主有一定自由，驸马则丧失了纳妾的权力。

唐朝的某些公主甚至可以强嫁驸马。太平公主嫁给武攸暨前，武攸暨已然娶妻。但武则天毫不犹豫地杀掉武攸暨原配妻子，把女儿嫁给了他。唐朝驸马基本隶属于公主，但对本家族的政治错误毫无豁免权。太平公主的第一任丈夫薛绍因为兄长卷入反武则天叛乱，下狱后被饿死。政治待遇上，皇室会给驸马授予一个闲散的虚职，表面上看品级还不错，实则难以升迁。政治上有追求的人对公主往往会敬而远之。

正因如此，当时迎娶公主的性价比已经变得很差，不再那么有吸引力，甚至让人畏惧。早在薛绍迎娶太平公主前，薛家的恐惧就多于惊喜。唐玄宗时代明文规定："自今以后，诸王、公主、驸马外戚家，除非至亲以外，不得出入门庭，妄说言语。"

▲ 北宋·李公麟 《西园雅集图》（局部）

画面中描绘的是北宋哲宗时期李公麟、苏东坡、黄庭坚、米芾、蔡襄、秦观等众多文人雅士，在驸马都尉王诜府中做客聚会的情景。画中主人王诜（左三）由于与宋英宗之女蜀国公主的婚姻不合等原因而在正史中饱受争议

驸马在家要受公主的气,在外却成了朝廷防备的对象。到唐末唐宣宗时,如何在不激怒皇帝的前提下找借口婉拒赐婚,已成为许多朝臣考虑的话题,且留下了不少故事。在"醉打金枝"故事发生的唐朝,驸马的地位有了本质性的变化,从表面尊崇并有一定权力的皇亲变成了地位低下的公主家奴和大户赘婿。

唐朝之后的一千多年中,除了蒙古人的驸马之位主要用来笼络从蒙古人早期征战时就投靠跟随的弘吉剌、汪古、高丽、畏兀儿等部落,有类似于唐以前的驸马有较高地位之外,无论是汉族的宋明政权还是满族的清政权,驸马低下的地位始终没有质的改变。宋朝虽然尊崇士人,但对驸马却是单独管理,在社交和仕途上都设置了许多限制,不让他们参与任何朝政和军务,甚至不让他们和一般的士人来往。明清时越来越多限制打压女性地位的礼教,放到公主的婚姻上,只对驸马有效。驸马受到了越来越多的限制,对公主需要早请示晚汇报,每天进出家门需要向公主房间方向跪拜,公主吃饭时需要侍立在旁……类此种种完全行的是君臣之礼。

那么,中国历史上有过驸马逆袭的案例吗?还真有一个,他就是割让燕云十六州的石敬瑭。作为后唐李嗣源的女婿,这位驸马实实在在地逆袭成为五代后晋开国之君。但是,这位绝无仅有、实现逆袭的驸马,却因为他的恶劣行径,在历史上遭受了比其他所有驸马加起来都多得多的骂名。

所以,驸马真不好当啊!

(黑色君)

参考资料:

[1] 班固.汉书[M].北京:中华书局,2012.

[2] 刘昫,等.旧唐书[M].北京:中华书局,1975.

[3] 杜佑.通典[M].王文锦,王永兴,刘俊文,等,点校.北京:中华书局,2016.

[4] 欧阳修.归田录[M].上海:上海古籍出版社,2012.

第七章

古人的职场生活

驾部郎、潜火军、五坊使……
你的职业在古代叫什么？

古语有云："三百六十行，行行出状元。"如果较起真来，今天的很多职业都是古已有之，比如：医生可追溯到尝百草的神农氏，木匠的祖师爷是鲁班，我们日常使用的瓷碗陶碟至少有几千年的烧制史……可能有人会说，那程序员古代可没有，但反过来说，诸如古代的补碗匠、货郎担这些职业，今天也几乎再难见到了。所以说，如果你我的职业能够纵贯古今，也不失为一种缘分。

不妨，我们就来说说几种穿越历史的职业。

方志系统从业人员vs太史

首先，就说说这跟"历史"有关的职业。

中国历史悠久不必多说，中国人自古以来更是重视对历史的记录，直到现在，全国各地都有地方志办公室，专门负责整理地方资料，且各个领域都有机构负责编写年鉴。

这些地方志、年鉴的编写者，大概对应的是古代的"太史"。

中国最家喻户晓的"太史"首推司马迁。我们知道司马迁遭遇过宫刑，却不知道，当初其实是让他在罚款、宫刑和自杀三种惩罚中选择一个。司马迁家贫，无法承担巨额罚款数目，但他想坚持写完能成"一家之言"的《史记》，最终只能选择宫刑。

《史记》一直记录到司马迁所生活的年代，他如实记载当时发生的一切，以"君举必书"的态度，令《史记》终成"史家之绝唱，无韵之离骚"。

其实，如果继续追溯司马迁这种精神，则是春秋时期"宁死也要秉笔直书"的史官群体。

《左传·襄公二十五年》记载："太史书曰：崔杼弑其君。崔子杀之。其弟嗣书而死者，二人。其弟又书，乃舍之。"

崔杼是春秋时期的齐国权臣，齐庄公与崔杼的妻子私通，还拿着崔杼的帽子赏赐给其他大臣。崔杼知道后，设计杀了庄公，另立新君。齐国太史在竹简上记下了"崔杼弑其君"五个大字，崔杼就这样被钉在了"弑君"的耻辱柱上。崔杼为了给自己留个好名声，就杀了这位史官，还威胁其继任者。当时，太史这个职业是世袭的，前太史的二弟坚持不改，崔杼又杀之；三弟继续写"崔杼弑其君"，崔杼继续杀；到了四弟，仍在坚持写"崔杼弑其君"……当人连死都不畏惧的时候，还能拿什么威胁他呢？崔杼无奈只能作罢。

齐国史官兄弟四人为坚持记载史实，慷慨赴死的精神，不仅鼓舞了后世诸多史官，更在一定程度上约束了统治者的言行。

从汉代开始，每朝每代都会编修国史，而帝王的起居注就成为修撰国史的基本材料之一。但是，汉朝没有专职人员记录帝王起居，只是宫廷内部自行编撰。从晋朝开始，才任命中书著作郎来编写起居注。后世王朝沿袭前朝制度，设起居舍人等官职，专门记载起居注。由于起居注记载皇帝的一切行为，为了避免因为皇帝看到对自己不好的记载而处罚起居注官，便有了一条"自古人君皆不自阅史"的不成文规定，唐太宗李世民也曾想看史官对他的起居注，但遭到了拒绝。不过，真正能做到的皇帝并不多，甚至有康熙皇帝因记注官欲将谕旨"前后互异之处指出书写"而裁撤起居注馆。

快递员vs驾部郎

如今，快递员在人们生活中越来越重要。信息、物资传递在古代也很重要，周朝就设有邮驿，分步传和马传两种，由夏官大司马管理。为及时传递军事信息，设置烽火台，在历史上还留下了周幽王"烽火戏诸侯"的故事。

汉代邮驿制度更为完备。邮人负责传送文书，驿是为邮人准备马匹的机构，传是给政府官吏或特许之人提供车的地方，驿和传统称为"置"。除了官方快递，私人快递也已经出现。《汉书》记载："旦置驿书，往来相报。"汉武帝幼子刘弗陵在位时，燕王刘旦和朝中重臣上官桀共谋废立之事，当时刘旦住在今天的北京附近，为了和西安的同伙快速传递信息，自己出钱设置了驿书。

唐朝邮驿遍设全国，由兵部、驾部郎掌管。有水、陆两种运输形式，工具有马、驴和船，每日的路程都有规定，"马日七十里，步及驴五十里，车三十里"。除了传递官方文件，还负责运送官物，比如"一骑红尘妃子笑，无人知是荔枝来"。数千里路程，驿夫骑马传送，竟能让唐贵妃吃到新鲜的荔枝，可见唐朝邮驿的发达。

宋代继承了唐代的邮驿制度，进一步细化了速度要求。驿者在传递文书时发檄牌，这牌有金字牌、青字牌、红字牌的区别，其中金字牌要求驿使速度最快，只有传递敕书和军事机密文件才会用它。因此，宋高宗为命岳飞班师，一

▲ 甘肃嘉峪关魏晋墓出土的驿使图画像砖

天之内竟连发十二道金牌，岳飞收到十二道金牌，便明白宋高宗决心已定，乘胜追击已无可能，只得罢兵回朝！

元代疆域最广，因此邮驿制度也最为发达。意大利人马可·波罗记载："皇帝使人自都城出使者，每二十五里必有一驿，每驿有房舍，宏大华丽……于是四方往来之使，止则有馆舍，顿则有帐供，饥渴则有饮食，而梯航毕集，海宇会同，元之天下，视前代为极盛也。"驿站之外还有急递铺，"转送朝廷方面及郡邑文书往来"，铺卒腰穿革带，并系悬铃。所要到铺的铺人听到铃声则出来接文书，然后又辗转以去。政府规定铺人一昼夜要走四百里，勤惰有赏罚。

明代的驿传大体与前代相仿。明末攻破北京、把崇祯皇帝逼得自挂煤山的闯王李自成，在造反之前就在驿站当驿卒。崇祯元年（1628 年）精简驿站，在这裁人的风口浪尖，李自成偏偏弄丢了公文，等于自己砸碎了饭碗，没了工作欠的债也还不起。债主逼债还把他告到官府，县令罚其"械而游于市，将置至死"，好在他被朋友救了出来。李自成因受此奇耻大辱，一怒之下杀了债主，又把与他人通奸的妻子杀了，身背两条人命只得逃到外地投军，结果又因军队欠饷而发动兵变，最后让大明亡了。

消防员vs潜火军

从古至今，火灾都是重大事故。时至今日，仍有消防员为保护人民生命财产安全而奔赴火场，甚至牺牲生命。这还是在有发达的灭火装备的今天。

在古代，防火更是重中之重，早在周代就出现了专业的"消防员"。根据《周礼》记载，周朝管理火政的官员有司烜、司爟和宫正。司烜的职责是在城中用木槌敲大铃，以提醒人们注意防火，与后世更夫的职责相同；到了干燥的仲春，司爟负责传达禁止生火的命令；宫正则负责监督宫中的防火事宜。

汉代负责火政的官员称为"别火""夜士"。别火官主要负责宫廷内治火、改火。夜士是各地方负责巡夜、管控灯火等事宜的人员，他们要禁止百姓夜间随便在街市动火。

唐代在各个坊里都有"武候铺"负责消防，并且有了先进的灭火工具——皮袋、溅筒。《通典》记载："敌若纵火焚楼堞，以粗竹长一丈，镂去节，以生薄皮合缝为袋，贮水三四石，将筒置于袋内，急缚如溅筒。"

宋朝设置了更为严密的防火制度。官府规定，到了半夜要灭掉一切火烛，防止人们在熟睡时发生火灾，如果有人家要在后半夜烧纸钱，必须事先告知负责火禁事宜的官员"厢使"。为了及时消灭火灾，官府还在地势高处修建了望火楼，监察城内起火处。

宋代的消防员叫"防隅军""潜火军"，一旦发生火灾，防隅军便立即携带消防设备扑救灭火。同时军队也参与扑救，各部队密切配合，井井有条，因此"每遇火发扑救，须臾变灭""不劳百姓"。灭火工具也进一步完善，宋仁宗时便有了水袋、水囊、唧筒、麻搭。苏东坡在杭州任通判和太守时，还为潜火军配置了棚索、斧、锯、火笼、火背心等消防装备。

◀ **东汉"东井灭火"井栏陶器**

出土于东汉时期的墓葬，外形是模仿水井之上的井栏形状。前壁图案上的灭火者手持的旗子上写有"灭火"二字。"东井"是二十八星宿中的井宿，象征着丰富的水，将"东井"刻于陶井之上，则是希望该物起到防火的作用

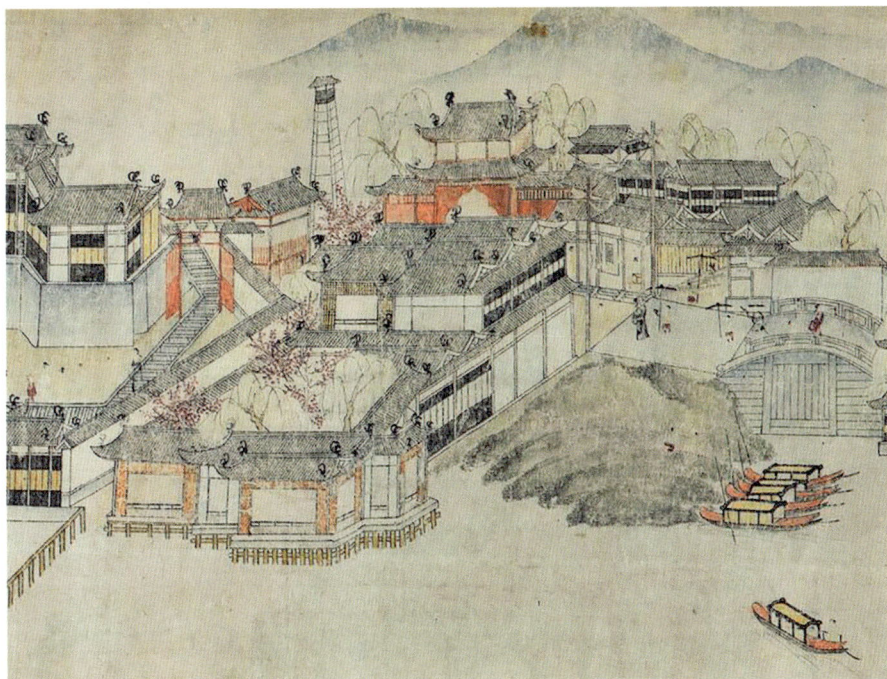

▲ 元明·佚名《西湖清趣图》（局部）
图中左上方所绘高台是杭州"钱塘隅"的望火楼

明朝在京城设有"红铺"一百一十二处，每铺有火丁官军十人，负责京城防火。地方基层政权设有总甲负责火盗，一些城市还组建了专业的消防部队——火兵，配备水桶、藤斗、麻搭、竹梯、斧、锯等救火器具。清朝开设了火班，即机桶处，机桶在当时是十分先进的救火工具，也是消防车的雏形。紫禁城内还放置有机桶、铁水缸，每缸可储水三千多升，以防火灾的发生。20世纪从日本舶来"消防"一词，负责救火的人员也开始被称为"消防员"。

铲屎官vs五坊使

今天，我们称养宠物的人为"铲屎官"，这当然是一种笑谈，但在古代，还真有人专门做这件事。

《左传·闵公二年》记载："卫懿公好鹤，鹤有乘轩者。"春秋时期，卫国的国君卫懿公特别喜欢养鹤，宫廷里专门有领俸禄养鹤的宫人，并且还给鹤定品级和俸禄，甚至让鹤坐着只有大夫才能乘坐的轩车跟他出游。当然，作为一国之君如此放纵自己，必然会带来不好的后果，卫懿公最后因养鹤而亡国身死。

秦汉时期，人们修建了专门供天子游玩射猎的皇家园林——上林苑。《汉书》记载："苑中养百兽，天子春秋射猎苑中，取兽无数。"上林苑中豢养有狗、马、鱼、鸟、大象、白鹿等，还都配备了专人负责喂养，"其没入奴婢，分诸苑养狗马禽兽"。李延年在刚入宫时就是负责给汉武帝养狗的"狗监"；出使匈奴被扣在贝加尔湖边牧羊的苏武也曾担任过"栘中监"，是负责管理鹰犬等动物的官职。

唐朝皇帝喜欢动物。开元年间，唐玄宗设立了"五坊"管理他的爱宠，分别是雕坊、鹘坊、鹞坊、鹰坊、狗坊。唐代中期郑处诲撰写的《明皇杂录》记载了唐玄宗爱宠"雪衣娘"的故事：雪衣娘是岭南进献宫中的一只白鹦鹉，唐玄宗命人教它近代词臣的诗作，它只吟诵几遍便能背诵无误。皇帝跟人下棋，看着快要输的时候，近侍一呼"雪衣娘"，它便飞来搅乱棋盘或者啄伤下棋人的手，帮玄宗作弊。一日它突然被猎鹰袭击，一个回合便一命呜呼，玄宗伤心

▲ 秦始皇帝陵陪葬坑出土彩绘青铜水禽

不已，命厚葬之。

明朝嘉靖皇帝与现代的"猫奴"可为同好，"至于御前又最重猫儿，其为上所怜爱及后妃各宫所畜者，加至管事职衔"。他对喜欢的猫儿都要给个封号，还设置了猫儿房，有三四名近侍专门负责照料御前有名的猫。嘉靖还喜欢给猫儿起名字，"牝者曰某丫头，牡者曰某小厮，若已骟者，则呼曰某老爹。至进而有名封，直谓之某管事，但随内官数内同领赏赐"。有一只猫，全身微青色，只有双眉洁白，取了个好听的名字叫"霜眉"，这只猫善于体察人意，皇上要去哪里，它能预知前导；皇上就寝，它守在榻旁不移。霜眉死后，明世宗"命以金棺葬万岁山，荐以斋醮"。大学士袁炜还为其撰写了悼词，其中有"化狮为龙"之语，颇为嘉靖赏识。嘉靖皇帝对猫的喜爱和厚待真叫人感慨"人不如猫"啊！

当然，随着社会的发展，既有新的行业不断出现，也有旧的行业渐渐消失。

（小黄鱼儿）

参考资料：

[1] 涌泉. 历代起居注浅述 [J]. 历史档案，1983（4）：123-127.

[2] 易伟新. 从驿站到近代邮政制度的演变 [J]. 湖南师范大学社会科学学报，2010（4）：132-135.

[3] 赖晨. 古代消防：唐代用溅筒灭火，清代民间消防组织 [J]. 决策探索，2015（9）：85-87.

[4] 赵晶. 论唐代五坊的渊源与设立 [J]. 首都师范大学学报（社会科学版），2011，S1：42-45.

古代官职标题党:
这些听起来很厉害的称呼实际情况如何?

行走在外,官职和称号往往能让他人很直观地了解和认识,而在众多的称呼中,总有一些听起来很厉害,实际上却虚有其表,其中很多官职的权限还随着时代发展不断减少,但字面上却依然看起来很霸气。

接下来,我们就来讲讲那些名不副实的官职吧。

高官低配

如果在南北朝时期,一个人拥有着"使持节、柱国大将军、录尚书事、大司徒、太傅、广陵王"这么多的显赫官职爵位,在大多数人看来,这人即便不是位高权重,那也应该煊赫一时。

然而在历史上,有一个人——西魏宗室元欣就拥有着上述头衔,可他在孝武帝西奔长安以后都干了些什么?

《北史》中,对于元欣生平的概括与政治毫不相关:"欣好营产业,多所树艺,京师名果皆出其园。所汲引及僚佐咸非长者,为世所鄙。"翻译过来就是,元欣是个宗室,除了喜欢种果树以外没干什么事,在民间名声和口碑还不太好。《周书》关于元欣的记载也是大同小异:"魏广陵王欣,元氏懿戚,从容禁闱而已。"至于为何元欣会如此无所作为,首先要剥开他的种种官职头衔来看。

使持节：使持节为上，持节次之，假节为下。使持节是南北朝时期直接代表皇帝行使地方军政权力的官职。权力次之的又有持节、假节。使持节属"节以专杀"之权，然而使持节在南北朝后期通常与刺史、都督等掌地方军政者同授，元欣的使持节显然是个荣誉称号。而在隋唐之后，使持节、持节也逐渐沦为了例授的虚职。

柱国大将军：位在丞相之上，北魏太武帝时罢，后于北魏末年为尔朱荣重置，为权臣自居，但无实际职权，通常会兼任多个其他职位。

录尚书事：虽然地位显赫，也一度作为权臣标配，但因其拜授无策书（相当于委任状或任命书）且无品秩，在北朝末期录尚书事这一官职已然式微，相当于皇帝的高级顾问，而在之后不久的北周，就通过行《周官》之制，将录尚书事罢除。而自隋朝后，这一官职就彻底退出历史舞台。

广陵王：献文六王爵之一，宗室，但不统兵也不治政。

至于太傅、大司徒等官职，随着北朝末年以三省六部为雏形的分权政治正在慢慢孕育，也逐渐演化为位尊而无实权的虚职。在这种情况下，虽然从官职上看元欣身份地位几乎能与当时最大的权臣宇文泰分庭抗礼，为西魏宗室之首，但除了这些显赫的官位外，元欣并没有常备的兵权和治政权，吉祥物可能是对他最为贴切的描述。

这种位尊而无实权的虚衔制在西魏之后也一直被后世因袭，所谓"生晋太傅，死谥文正"，隋唐以后，"三师"等官职在权力贬值以后成为虚职，并无行政级别和职能，以授予为国家做过重大贡献的臣子的荣誉衔的形式而存在。

到了明代这套头衔已形成完整的体系，以"特进光禄大夫""特进荣禄大夫"等正一品散官头衔为首，下领文、武官员的散官头衔，统分有数十种。而像太师、太傅等职位则作为虚职，以晚明名臣张居正为例，他被授予太师、太傅的官衔，但他的实际职务是建极殿大学士（内阁首辅）兼吏部尚书。

在三省六部制的不断发展完善中，即便理论上的最高官职位、居"三师"之首的太师，也只是位高权轻。

和八十万无关的禁军教头

> ……只听得门首有两个承局叫道："林教头，太尉钧旨，道你买一口好刀，就叫你将去比看，太尉在府里专等。"林冲听得说道："又是甚么多口的报知了。"两个承局催得林冲穿了衣服，拿了那口刀，随这两个承局来。

在《水浒传》的名场面——"误入白虎堂"中，八十万禁军教头林冲被太尉高俅陷害，持刀进入白虎堂，高俅借此指控林冲携刀私入白虎堂，欲行刺自己。林冲百口莫辩。高俅本想置其于死地，但在开封府尹的周旋下，只判了个刺配沧州，让林冲就此过上了颠沛流离的生活。

"八十万禁军教头""太尉""专等"，将这些关键词串联起来，难免会给人一种林冲地位尚可的观感。

不过在水浒世界中，林冲虽然顶着这么一个威风的称呼，但实质上"八十万禁军教头"连个官职都算不上。这个所谓的"八十万禁军教头"并不是管理八十万禁军的老大，而是训练禁军武艺的武术老师。

在《水浒传》中，人们当面都以姓氏加上官职名称呼官员，诸如"杨制使""宋押司"等。而林冲除了"教头"外，也一直被他人称呼为"武师""教师"，这也说明林冲作为老师的工作性质。即便林冲在教头里比较有地位，在开封，最多也就是个武艺不错的名师。

不谈文学，在北宋历史上的教头，地位也并不高。教头一职的出现与名臣范仲淹有关。在宋神宗之前，教头一度连编制都没有。北宋重文轻武，军官的地位本身就不高，教头在北宋禁军中只能算得上军吏，地位可想而知。此外，教头在北宋军中的数量也并不少。

《却扫编》载："每指挥选少壮勇健者二十五人，先教之以弓弩、短兵，俟其技精，则补为教头，每人却俾分教十人，以次相授。"

按北宋制，教头通常从十个士兵中选出一人，继而进入"教头培训班"

步军司训练，完成训练后再分派到各禁军中训练禁军，有时也有训练民兵的任务。

当时，一个教头训练的士兵数量在二十五到两百人不等，即便按照最高标准，一个教头训练两百名士兵来计算，在水浒世界中，八十万禁军就至少有四千名教头。即便"八十万禁军教头"听起来很厉害，但无论在北宋历史或者是水浒世界里，禁军中用一句"教头满地走"来形容并不过分。

大汉"将军"

> 锦衣卫，掌侍卫、缉捕、刑狱之事，恒以勋戚都督领之，恩荫寄禄无常员。凡朝会、巡幸，则具卤簿仪仗，率大汉将军等侍从扈行。
>
> ——《明史·职官志五》

大汉将军虽然名为将军，但并非行军作战的高级将领，而是殿廷卫士，兼事依仗、巡幸、宿卫，隶属于锦衣卫。"大汉将军"虽然和"将军"关系不大，但"大汉"一词却算是实至名归。

生活于元末明初的陶宗仪在《南村辍耕录》中，对"大汉将军"的得名由来做出了解释："国朝镇殿将军，募选身躯长大异常者充，凡有所请给，名曰'大汉衣'。"

而除了名字很强大以外，大汉将军的装束也是相当不错。《明太祖实录》记载："凡早晚朝及宿卫扈驾，俱执金瓜，披铁甲，佩弓矢，冠红缨铁盔帽，列侍左右。"

大汉将军的盔甲依照明朝甲胄的最高规格，身着金甲白盔或者白甲金盔，皆用制作工艺烦琐的山文甲，披挂全套带护臂，戴凤翅盔，簪缨高耸，华丽程度可见一斑。

"大汉将军"一词容易唬人，除了精良的装备以外，也与明初明军的作战体系有关。明初并不仅将"将军"一词作为对将领的称呼、作为一种职衔，"将军"也同时隶属于征战时的行伍官系统、位列于明朝军队的指挥系统。

▲ **明代·佚名 《出警入跸图》（局部）**
画面右侧的卫士中可见手持金瓜锤的大汉将军们

在明初行伍中，存在着这样的行伍序列：

征虏大将军：明初各将领中级别最高，统率全军主力，常作为一场大规模战役的总指挥，在早期对于北元的大规模战争中被任命。

征某将军：比征虏大将军更次一级，负责指挥统筹单独一路的战事。

副将军：作为征某将军的副手，协助指挥战事。

参将：位列将军和副将军之下，是明朝建立伊始参与各类大型战役所设立的辅助将领。

这样的行伍系统，既能保证有效地统辖军队，同时还方便授予人荣誉职衔，不受原本官职的限制。既有徐达、常遇春等开国元勋担任，也有高级卫所军官被选拔，这样的军事体系灵活多变，能适应规模不一的战争，这样的"将军"在明初也颇有地位。

而"大汉将军"，并不属于明初行伍序列，是个最多时足足有一千五百人的团队，既有名头又有卖相，很容易让人们对于名色各异的"将军"产生混淆，也就对大汉将军的职能产生了误解。

如果将明初的大汉将军同当时的文学作品做个类比，和《西游记》里沙僧曾在天庭任职的卷帘大将倒是有异曲同工之妙。

陪都六部：明朝官员"调养院"

> 院在太平门外，惟操江、金院间来同堂。四五御史，雍容礼貌，
> 体统森严，殊无事事。
>
> ——《松窗梦语》

曾在明朝南京工部任职的张瀚，在其著作《松窗梦语》中留下了这段在南京工作时无所事事的感慨。在明朝，南京与北京的官职，即使名号差不多，真正的职权也相差不少。

南京有些官员为什么那么闲，甚至南京六部被后人调侃为"调养院"？

这还要从朱棣迁都北京说起。明成祖朱棣迁都北京时，并没有立马将北京定义为皇帝的常驻地，而仅仅是将其作为"行在"，一直要到明英宗正统年间，北京才正式转正。与此同时，南京首都的地位也并没有被取缔，而是采用了南北两都制，南京六部也因此保留。

南京六部的设置和北京六部区别不大，官员的品秩也是南北如一，南北六部各设有尚书一人（正二品）、左右侍郎各一人（正三品，南京六部无左侍郎），都察院设有左右都御史（正二品，南京无左都御史）、左右副都御史（正三品）、左右全都御史（正四品），下辖十三道监察御史一百一十人。

权力机构设置如此，但因为国家政治中心北迁，南京六部的有些部门，诸如工部、礼部也就开始不怎么管事，而其他部门则要受制于北京的部门。

南京户部：掌管了部分的税收管理以及盐引颁发，负责帝国命脉的漕运事务，在玄武湖附近还保存了全国的黄册（户口档案），但财政要上交北京户部。

▲ **明代·仇英 《南都繁会景物图卷》（局部）**
画面下方皇宫城门楼下"大小文武官员下马"石碑前，聚集了一群在南京任职的官员

南京兵部：负责整个南直隶地区的军务，形成了以守备、参赞、内守备等官组成的权力体系，是南京六部中职权最高的部门，必要时有权力调兵支援北京，但在军力调动上也多受北京掣肘。

南京刑部：在南直隶地区有司法权，职权简单，与都察院等刑名机构少有事务。

南京吏部：掌握了南直隶地区官员考核和七品以下人事任命，但其吏部官员任命和选拔则受北京掌握。

南京工部：主要负责应天府区域内各地的修葺，职务简单。

南京礼部：皇帝很少来南京，即便祭祀也要事先让北京方面同意。

通过上述种种，可见南京六部受到北京六部限制的事在明朝并不鲜见，不少南京官员对此也感觉很憋屈，毕竟虽然名号差不多响亮，但只要加上"南京"二字在前，无论是价值还是职权都要贬抑不少。也因此，南京六部被当成官员的"调养院"，成为在北京仕途不顺或即将致仕官员的一个职业生涯缓冲点。

名不副实的背后

在历史上，各种名不副实的官职或称呼层出不穷，或因王朝更迭、制度嬗变贬值，或因字面意思模糊让人想当然，但在名不副实的背后，纵观历史变迁，其实也蕴含了国家制度、人文思想的变迁。

正如史学家钱穆在《国史大纲》中所说的："惟藉过去乃可认识现在，亦惟对现在有真实之认识，乃能对现在有真实之改进。"

（湘桥蓬蒿人）

参考资料：

[1] 李治安，杜家骥.中国古代官僚政治 [M].北京：书目文献出版社，1993.

[2] 唐长孺.魏晋南北朝隋唐史三论 [M].北京：中华书局，2011.

[3] 陈寅恪.隋唐制度渊源略论稿 [M].北京：团结出版社，2020.

[4] 谈迁.国榷 [M].张宗祥，校.北京：中华书局，1958.

[5] 刘啸.魏晋南北朝九卿研究 [M].上海：华东师范大学，2010:

回到古代，
在基层当捕快是一种什么样的体验？

"捕快"二字一出，相信大家脑海中已经有画面了：

《新白娘子传奇》中一身黑红官服的李公甫（许仙的姐夫）；《武林外传》里诙谐逗趣的老邢和小六；《四大名捕》里明察秋毫的无情、追命。

不过，影视剧中的捕快跟历史上的是一样的吗？在古代当捕快究竟是一种什么样的体验？

捕快那些事

要当捕快，得先弄清捕快的"职位描述""日常工作"和"任职要求"。古代的捕快，属于衙役，是衙门里少不了的跑腿办事的勤杂人员，负责当地行政权力的执行，算是执法和行政的主力。从重要性来看，衙役名列前茅；但从地位来看，衙役基本是地位最低的一群人：没有编制，只算是衙门的编外人员。

宋神宗熙宁三年（1070年）之前，吏、役都是没有工资的，所以容易出现收取贿赂等贪腐之事，有鉴于此，宋神宗认为："吏人及场务、仓库官，当人人赋禄。"他认为发了俸禄也不过是把贪吏之前收受的钱财发给他们供日常生活使用罢了，于是他出台了"仓法"（后来也叫"重禄法"），吏、役才有了微薄的薪资。各种衙役的年薪三到十二两不等，算下来每天两文左右，应该是刚能吃顿饭的钱。

以明清州县衙门为例，衙役分四班，即皂、捕、快、壮班（也有学者称分为三班衙役，不包括捕班，或捕、快合一）。各班都有班头，也叫头役，统领本班。《水浒传》中的武松在阳谷县就是担任班头一职。四班之外，还有零星杂役，包括门子、禁卒、仵作、库丁、仓夫、斗级（收粮掌斗）、轿夫、伞扇夫、鸣锣夫、吹鼓手、灯夫、更夫、伙夫、马夫、铺兵（邮驿）等。

这么多种类的衙役都对应着什么样的工作职责呢？

古代官员往往都是"君子动口不动手"，把要动手的事全交给衙役：皂班的职责是前驱护卫和仪仗，知县升堂办案时执行刑讯拷答；快班分为马快和步快，职责是巡夜、传唤、逮捕，问案时到庭供长官驱使，还会被派出到乡下催征赋税；捕役的职责是侦查案件，缉捕盗贼，也同快班一道巡夜，押运官银时充当护卫；壮班的职责是守卫粮仓、金库和监狱，护送官银或罪囚时，也充当杂差；门子掌管仪门（衙门中正门与正堂之间的门，正官升堂办公，须关闭仪门），叫升堂，喊人犯，掌管发令竹签。

▲ **明代·仇英 《清明上河图》（局部）**
画面中的官员前后跟随的是皂班、伞扇夫、马夫等

其余零散衙役的职责大多从名字就可以判断出来。

了解了捕快的"职位描述"和"日常工作"后，我们来看看衙门对捕快的要求。有的电视剧里，成为捕快要通过严格的考试，但现实中并不是这样，古代生活史专家倪方六曾说："只要是手脚利索、脑子好使的都能当捕快，从目不识丁的农民到有前科的小混混，都能做，因此捕快的素质整体来说是不高的。"

此外，衙役的身份分为两种：良民和贱民。民壮、库丁、斗级、铺兵为良民，皂、快、捕、仵、禁卒、门子为贱民。可以看到，这些身份为贱民的衙役才是我们所认知的捕快主力，所以，捕快一般是由素质不高的贱民担任。而贱民身份的衙役一旦从业，其三代不能参加科举，也不准捐纳买官，所以有些家庭严禁子孙从事衙役。

这样来看，《新白娘子传奇》中许仙的姐夫是捕快，其子许仕林跑去考了功名，两家没分家，好像还算是个漏洞。但是，除了官户和缙绅外，其余百姓都要服役纳税，而衙役可以豁免或逃避徭役，在官府办事还可以照顾本家和三亲六故。

至此，也许你会有个问题——为什么对衙门来说这么重要的职位，要由贱民来做？

因为捕快干的活，在古人看来，是一种得罪人的活计：总是要抓人拿人，总是跟坏人坏事打交道，所以只能让贱民做。

在古代，当捕快大概是一种美梦逐渐破灭的体验吧。没有编制不说，工资还不高；工资不高就算了，虽能庇护家人，但却影响了长远发展，三代人不能入仕。有选择的情况下，大家应该还是会选择科举和从军之路，衙役说到底是无路可走的人去混口饭吃而已。

捕快的生财之道

也许有人会问：捕快的待遇这么差为什么不辞职呢？而且在老百姓眼里他们看起来很厉害，也没那么穷。

▲《明容与堂刻本·水浒传》第二十二回的插图
画面中为"阎婆大闹郓城县"的情节，其中
左右两侧执杖的即是"公人"

那再来说说捕快为什么不辞职。答案其实就在此：他们被百姓畏惧，就可以借机搞自己的生财之道，有钱自然就不愿意辞职了。

为什么老百姓怕他们？那得问问他们的钱怎么来的。对百姓而言，可以不认识远在天边的皇帝，但近在眼前负责日常治安的捕快大家必然都是知道的。

百姓对捕快的感观还来源于其具体职能。皂班负责刑讯拷答；捕役缉捕盗贼的刑罚权力让人们不自觉地畏惧；再者，捕快的整体素质并不高，像无赖一样无常的捕快来负责刑讯和缉捕盗贼，总有种一言不合就会套罪抓人的既视感，老百姓定然也生怕自己触了霉头被抓。

说到捕快怎么获取钱财，其实就是诈百姓、收贿赂。

宋人沈梦溪说："天下吏人，素无常禄，唯以受赇为生。""赇"即为贿赂之意，宋代的时候吏役没有工资，只能靠收受贿赂维持生计。到清朝时，衙役的工资少得可怜，依旧不靠薪水生活，他们的主要收入来自"陋规"。

一般州县认为，衙役办差向当事人收取的车费、驴费、鞋袜费和饭费茶水钱都属于正常收费，只是不准借机勒索敲诈，这说的就是一般的收费由头了，多数衙门的规费，属于书吏和衙役分享。

只要派差，就能得到规费或贿赂。举个例子，一桩杀人案，从勘查现场到审结案件，各种规费可达数万钱。捕役由于发案不规律，没有案件时就没有额外收入，所以主要从娼妓户和宰牲户收取陋规。这样一来，小地方的捕役，缺乏规费来源而生活得像乞丐，而大城市的捕役，则因收费花样繁多而过得十分滋润。有的衙役，陋规收入一年甚至能有成千上万两银子。

再举个例子，清朝方苞在《狱中杂记》中称：同样三个人受刑，一人花了三十两银子，被打伤骨头，躺了一个月才好；另一个人花了六十两银子，打伤的是皮肉，二十多天恢复；第三个人花了一百八十两银子，挨打的当天晚上就能像平常一样散步。方苞问这些衙役：既然都花了钱，为什么挨打轻重不一样？衙役回答说：如果一样，谁还会多给钱？

即使进了班房，有钱和无钱的待遇也大不一样。所以，不管地方政府有什么公务，到衙役手里总能生出捞钱的法子来。可以说，收陋规的方式和理由只有我们想不到没有他们做不到。

此外，衙役之间，或者说是衙门的上下级之间也存在私相授受，毕竟基层贪腐总会有个上下庇护，不然贪污者早就被揭发了。

《历代判例判牍》第三册《四川地方司法档案》中记载了一个普普通通的官场弊案，案子规模不大，案情也不复杂，但正因为太过平常，反而具有普遍意义，成为窥探盛世王朝全貌的青萍之末。案件发生在大明嘉靖年间成都府下辖的彭县，节选的一小部分故事的主角是史和衙役。

先说一下明朝时县衙的组成：县衙里最大的是知县，叫主官；县丞和主簿是他的副手，都是佐贰官，这三位是有品级的官员，他们之下就是不入流、没有品级的人员。三人之下有位首领官，负责办公室典史，是个书吏；再往下就是衙门内最重要的行政机构，三班六房。三班就是指皂班、壮班、快班，有时候还会多一个捕班，和快班合在一起，就是老百姓熟悉的"捕快"；六房对应的是朝廷六部，分为礼、吏、户、工、兵、刑六个部门，各有主管业务。除此之外，还有承发房和架阁库等办公机构。在这些机构里办事的人，统称为吏，也叫"胥吏"或"吏胥"。"胥"这个字，本意是有才干之人，十有二人，后来引申为基层公务员。

故事的开始是一个叫陶成的当地人进入彭县县衙，成为吏房的一位书手。这个职位顾名思义，就是负责各类公文档案的书写、抄录。听起来挺枯燥琐碎，但里面有很大的门道——古代公文全靠手写，状纸、官职申报材料等，他笔一挥、墨一洒，改几个字就会影响别人的命运。

四年之后，陈佐也加入了彭县县衙，他在户房担任算手。户房主管钱粮赋税，和吏房书手差不多，也是只需在账簿上做一点点手脚就能让农户生不如死。比如在纳税时，将田地等级改一改，农户要缴纳的田税就不知道翻了几番，农户想避免这种事，基本只能指望银子。书手和算手都是胥吏的一种，没有官身，工资少得可怜，他们摸清衙门的门道之后，就利用这些见不得光的路子大量敛财。他们作为本地人，比上官更熟悉地方情形和法令文牍，又把持着具体的政务事项，很容易从中做手脚，有时候日子过得比主官还滋润。

两人为了能放心操作，不约而同地拜了县衙的二把手屠主簿当靠山，寻求庇护。之后陈、陶两人很快勾结到一起，"各结揽写法，讨钱使用"。

陈、陶二人是衙门里衙役的上一级"胥吏"，虽然没有编制，但是比较稳定，因为胥吏往往是世代相继的。胥吏索贿就是从金派人员填补役期已满的衙役开始。这个行动由户房负责查询户籍轮值表，确定应役人选；吏房负责登记造册。也就是说工作被交由陶成和陈佐两人完成。

金派名单里有一个叫刘选的平民，他被安排去做快手，就是前面提到过的快班中的一员，巡夜、传唤、逮捕还要去乡下催收赋税的衙役。刘选不想做快手，因为总要奔走太过劳累，但是又不能拒绝服役安排，于是他找到了陶成、陈佐二人想寻求其他解决办法。这基本就是送上门来的索贿人选，陶、陈二人协调后让一个叫刘本敖的闲汉替刘选去做这个差事。作为给刘本敖的报酬，刘选每个月要出三斗米、三钱白银；至于陈、陶二人，虽然没有记载，但可想而知他们一定收了不少贿赂，才会愿意为刘选奔走。

对刘本敖而言，快手是他捞钱的好机会：衙门发现某户人家牵涉官司后会发下牌票——一张写好事由和日期，签好押、印好官印的执法凭证。刘本敖拿着这张牌票，就可以去农户那儿讹诈钱财。

刘本敖还可以勾结陶、陈这样的胥吏，开一张不盖官印的白头牌票，下乡随意找人讹诈。当时老百姓不懂法，很容易就被唬住。《官箴书集成》里的记录更加直白："每一快手一二十两，贿买户书写就。盖快手借票催粮，原非为催粮计，不过借印票在手，无端索害乡人。农民多不识字，又多良善之人，彼即有完票在家，快手欲无端害之，几十里外向谁分诉？一张票，乃一快手几年生活也。"

此案件后续真正的苦主（原告）是一位农民，因其他农户与书吏快手等的私相授受，被坑到一个人承受好几倍的赋税，被逼无奈越级上告县衙的衙役和官员，最后，县衙内的贪污者都被彻查并得到了应有的惩罚。碍于篇幅，不再赘述其情节。

总而言之，在古代，捕快并不是人人向往的职业，甚至还非常讨人嫌，除非是服役需求，否则普通百姓一般都不会去做捕快。如果真要回到古代谋职，考科举做正儿八经的官可比捕快香。说白了，捕快并不是一个实现抱负的好职业。

（李媛）

参考资料：

[1] 赵梦琪. 清代衙役制度研究 [J]. 佳木斯职业学院学报，2017（8）：97.

[2] 倪方六. 真实古代捕快到底长什么样？ [N]. 海南日报，2015-05-07.

[3] 闻华. 漫谈古代的衙役 [J]. 华夏文化，2007（3）：59-61.

[4] 马伯庸. 胥吏的盛宴——彭县小吏舞弊案 [M]// 显微镜下的大明. 长沙：湖南文艺出版社，2019.

[5] 陈朝阳. 从熙宁"仓法"看宋代"加俸养廉"现象 [J]. 洛阳理工学院学报（社会科学版），2011（1）：55-59.

白银时代的工资标准：
普通雇工和官吏的收入差多少？

今天的我们习惯每个月拿工资过日子，那么，古人的收入是什么样子？

远的不说，只说明清时期。当时的职业群体主要分为士、农、工、商："士"的工作最稳定、最体面，虽然抱怨工资低的主要来自这个群体，但看看那么多聪明人皓首穷经去努力就一切了然了；"农"虽然相对稳定，但工作强度大，增长空间有限，是无奈的选择；而谈到工资，主要说的还是"工""商"，这是打工人的主要选择。

明朝的职业和工资

宣德年间，明宣宗在从昌平回宫的路上，远远望见有耕作的农夫，便带了几个随从过去。到了田边，宣宗与老农唠起了嗑。在得知老农全年无休后，宣宗给他提建议：大明朝有"士、农、工、商"，当农民种地这么苦，为什么不考虑其他三种途径？

老农说道："我家几代人都是种地，我们里（村）没有士与工，倒是有经商的，经常外出，利润厚薄不一，风险也大。我这样虽然苦了点，丰年可以攒一年的粮食，一般年份也够吃，天天和家人在一块儿，也知足了，没啥动力换职业。"

这是余继登《典故纪闻》记载的一则史料，透露出几个有价值的信息：明初严格的四民秩序在观念上逐步瓦解，政策上也出现了松弛，但京畿附近村庄读书与做工的人较少，经商还不被广泛接受，可以看出此时民众安土重迁的观念还比较牢固。

随着商品经济的发展，越来越多的人由于失去土地或者其他原因而告别了土地，进入了城市各行各业之中，做家教、进宫当太监或宫女、选择衙门做小吏、去富贵人家做家仆等，总之是在百业中挣扎生活。

万历时期，明朝的社会经济已经非常市场化。官方在用工方面也发生了巨大变化。明朝初年，官方的主要人力需求是通过直接摊派到民间完成，也称役。军户承担军屯与出丁当兵，原则上就不用服官府劳役，但承平日久，各地军人也就成了工程队，尤其是京营，参加各式各样的京师建设；民户的劳役主要承担官府的公共事务，当地政府的勤杂人员就由民户轮流充当，比如皂隶、禁子、库子等；匠户要承担国家匠作的义务。

但这套模式有个问题，那就是忽略了每个人的欲望和社会随着时间而产生的变化，也忽视了法久则弊、国家管理能力逐渐弱化且弊端四出的现实。在货币化的过程中，明王朝逐渐探索出新的管理模式，劳役折钱，用钱雇役，用货币解决问题。

张三也好，李四也罢，参加的各种形式的劳役都可以免了，只要按照一定标准交钱就行，官方再雇人来做这事。

这种情况下，官方用工就会明码标价。比如万历年间，工部公布了用工价格：

营缮司官匠 0.057 两（每日）

三山大石窝夫役长工 0.05 两（每日）、短工 0.04 两（每日）

修仓廒木、石、瓦、搭、桶、箔等匠长工 0.06 两（每日）、短工 0.055 两（每日）

修仓廒供作夫、织箔夫长工 0.04 两（每日）、短工 0.035 两（每日）

琉璃黑窑厂昼夜烧青匠长工 0.07 两（每日）、短工 0.06 两（每日）

琉璃黑窑厂装烧窑匠、做模子木匠长工 0.07 两（每日）

神木厂清脚夯夫 0.04 两（每日）

神木厂雕工匠 0.06 两（每日）

虞衡司北安门搬运土渣厂夫 0.03 两（每日）

从用工价格可以发现，不同工种、不同部门给的工价是不一样的，高的能达到 0.07 两，低的有 0.03 两，平均在 0.05 两上下。如果可以长年给工部做工，一年做到 240 个工，收入应该能达到 12 两上下，如果能当个工头啥的，收入会更好。要是你作为一名京营士兵，家里有房子，因为常年参与京师工程，有技能且有熟人，平时就可以在外面再干点活，至于京营例行点名，雇人报个到就行了，这样的生活还是比较惬意的。

中央朝廷用工价格如此，那么地方衙门呢？号称天下第一县的宛平县（明代北京城内外由两个县构成，宛平县和大兴县）的用工价是：马夫 40 两（年），快手（捕快）20 两（年），书办、御前抬运夫 18 两（年），皂隶 12 两（年），更夫 3.6 两（年）。

▲ 元代·朱玉 《太平风会图》（局部）

绘于 14 世纪元末明初时期，表现了当时的市井生活百态。上图部分为木工与石匠的工作场面，包括锯、刨、雕、加工柱础等各种工序

马夫的收入已经接近县令，初看确实会让人诧异，不过这不是纯收入，他需要负责养马，甚至可能自备马匹，要知道古代养马的成本很高，也很耗精力；捕快、书办、御前抬运夫的收入都还不错；打更的收入就比较低了，工种比较简单且可替代性强。

工资的含金量

也许你会疑惑上面这些价格的可靠性，这就需要提到一个"时估"制度。户部山东、河南两司牵头，九门、盐法以及科道，按照当年的丰歉情况，确定官方的定价，上半年的定价五月确定，下半年的八月确定。这样按照生产情况确定市场大体价格趋势来进行定价，还是有较强科学性的。

这是官方雇工情况，从徐光启、黄省的记载来看，要是民间用工，工价也差不多。参照冯梦龙的小说中的描写，有位卖油翁街头卖一年油，除去一年日用开支，还能剩余银十六两。这个收入是很不错的，不过值得思考的是：如果算上衙门摊派，还会剩这么多吗？

大体而言，万历年间，北京一个壮劳力的月收入大体在一两银子上下，如果是工头、店铺经理人、优秀的个体户收入就比较高了。我们现在来看看，月入一两银子在北京生活的情况。

住

《醒世姻缘传》第五十四回讲到，北京一座三间北房、两间东房、一间西房、两间南房组成的四合院月租金是三两，平均一间接近三钱，这种房子屋内非常整齐，有桌、椅、床、凳，属于拎包入住型。

房价的话，三间房子价值五六十两。如果一个人在北京做工，买这样一间房子约等于两年净收入了，大概别指望了，毕竟在明代，大部分开支都得花在日用上。租房的话，租一间房子对月入一两的人而言也是吃力的，于他们而言，能租通铺就别租单间，能管住就最好将就。

穿

皮毛、丝绸就不用考虑了，大明京师虽然是当时亚洲最大的皮毛中心、北方最大的丝绸消费中心，但这与普通人关联度不强。当时一双草鞋值银 0.03 两，蓑衣和大手巾也是这个价格，斗笠一顶值银 0.05 两，棉布每匹 0.25 两，棉花每斤 0.06 两。一匹棉布可以做五件衣服，1.7 两银子就够一家五口每人一件两斤的棉衣棉裤。草鞋每月一双，蓑衣、大手巾、斗笠两月一换，一个月需要 0.085 两银；按照每人一年两件冬衣、两件单衣来算，折合下来每月需要 0.065 两，合计大约每月需要 0.15 两。

吃

粟米每石约 0.5 两，粳米每石最低 0.6 两，麦子每石 0.7 两，糯米一般每石 1 两，普通白面每斤 0.008 两（上乘白面每斤 0.01 两），小炭篓每个 0.003 两，5 斤鲜鱼 1 尾 0.1 两，小煤块每百斤约 0.13 两，猪肉每斤 0.02 两。如果一个月吃了 5 斤猪肉、10 斤上乘白面、20 升（5 升为 1 石）粟米，使用 100 斤煤，那就花了 2.33 两银子，一个人消费这么多，这确实有点奢侈。

行

坐马车、骡车、轿子的费用是比较高的，官员和富商有这个条件，一般人依靠步行就可以。

普通人的生活品质

在谈一个人的生活时，经常有一个误区，折算为买多少米或者麦，然后按照每天一升的量计算。其实在现实中，作为普通百姓，一天吃不上一升粮并不意外，盐菜配点饭或者吃点粗粮喝点汤就过去了；而且钱不是只用来买粮食的，他得住、得穿衣服、得出行。总之，穷家富路，起码得带个烧饼。

综上，万历年间，一个来京师的年轻人在住、行上基本不花钱，或者少花钱，可以按每月 0.1 两计算，这是极限压缩；加上吃穿用度，每月花费 0.7 两左右。考虑到工作的不确定性，这种开支能给家里留出的积蓄很少，要存积蓄只能在吃上面压缩，如不吃白面、猪肉，大体能压缩到每月 0.5 两左右。如果是本地人日子会好一些。诚如明人所言："百工杂作奔走衣食者尤众……所入仅足以偿其劳，不能得余资以享其逸。"

可以看出，当时的生存状态就是：家里储蓄非常少，终日奔劳，一日不可有病，不可有饥，不可有兵。但是令人觉得幸福一点的就是"归市肴酒，夫妇团醉而后已"，夫妻能一块儿租房子工作，这种情况在江南会多一些，妻子做纺织工作，丈夫做劳力工作，日子过得会比北方好一些。

当时读书人中也有打工的，比如考上秀才后没直接工作一般会做家教，每

▲ **明代·仇英 《清明上河图》（局部）**
画面中河两岸分别有舂米工、船运工、木材搬运工、店小二等不同的工人

月收入也在一两上下，但读书人的基本开支会多一点，所以就更紧张，也就有了"穷秀才"一说。

这样的生活就是通过努力工作并保持低生活水平来实现一些结余，比起官员和富裕阶层的生活差得太远了。都在说明代知县收入低，月俸七石五斗粮米，其实这个收入对于过安稳日子是可以的，朱元璋也是这么想的。但要想过上儒家士大夫的体面生活，确实是不够，这就是明代"薄俸"的底层逻辑。而且知县还有庞大的资源自配，一个县里的附加税、特殊场合的费用、皂隶银都由知县支配。加上衙门管吃管住，出行有保障，最不济看书、写日记、喝茶是没问题的，而且每年还有一定的法定休息时间。至于富裕阶层，生活也是可以过得特别好的，比如徐霞客可以纯粹地旅行、张岱可以游泰山。

话说回来，有一件讽刺的事，大约发生在明朝万历十七年（1589年），魏四拿着家里卖房卖驴凑的二十多两银子在京师做了手术，并康复了。手术后，魏四拿着家里卖地的钱打算进宫谋差事，却没有顺利敲开皇宫的大门。没有收入来源，又不愿且做不了体力工作，在龙华寺一待就是四个月，他全身连一件御寒的衣服都没有。当年腊月十四，魏四拿着卖女儿的钱进入这年最后一次太监遴选，成功在二十多个人中竞争到去前三所倒马桶的岗位。这个魏四就是后来"名满天下"的魏忠贤，他家里对他的支持顶得上中产之家对子弟读书的支持力度，他也好不容易通过"努力"得到这份稳定的工作。

清朝通货膨胀

明朝末年，物价飞涨。崇祯十六年（1643年）陕西华州的物价情况是：稻米、粟米每斗2两3钱，小麦每斗2两1钱，盐每升银9分，清油每斤1钱6分，猪肉每斤1钱8分，棉花每斤3钱2分，梭布每尺5分。这种情况下，普通人就过不下去了，闯王李自成在这一年获得更广泛支持的社会根源之一就在这里。

到了清代，首先是官军的工资基本按照明末辽东军人的标准，实现了翻番。在清初，军人的生活是比较稳定的。之后随着白银大量进入中国，米价在近两百年里涨了 2.5 倍。

传统行业的收入也有一定的提高，比如在晋东南地区，就近出去做工（木匠、土匠、石匠）日收入能达到 7 分银（0.07 两），这个收入还是可以的。不过按照专家统计，从乾隆到道光，晋东南地区的工价变化不大，可见传统农业社会经济发展的天花板已经到了。

然而这种情况在北京会好很多。曾国藩科举成功后，去北京时带了两个仆人，临走前给每人 10000 文安家费（6 两银子），每年的工食银不多，只有500 文，加上赏钱，一年总共就 6 两多。考虑到管吃管住，平时采购物品也有回扣空间，跟着大老爷也有光明未来，到了一定程度也收一点门敬之类。有了对未来的期许，这收入也可以。

咸丰十年（1860 年）后，北京出现了较大的通胀，铜钱贬值很大。李慈铭的家仆铜钱收入高了很多，咸丰二年（1852 年）四月，李慈铭的家仆王福

▲ 清朝末期在街边谋生的百姓

画面中从左至右依次有贩卖肉汤、代书写员、理发师和等待活计的伐木工人

工值银 8000 钱，升儿工值 2000 钱，到了同治十年（1871 年），家仆王福工值银 10000 钱。按照白银折算，收入并未增长多少。好处在于，背靠李慈铭这棵大树还能过上安稳日子。到清末，社会上的长工工资能达到 8 两纹银。

在清代，普通人的收入和官员差距更大。比如曾国藩是七品京官时，正俸 45 两，恩俸 45 两，禄米折 30 两，办公经费 10 两，还有一定的伙食补助（饭银）。好多年里，曾国藩在翰林院很闲，每天主要是看书写文章，按照朝廷体统与士大夫交游确实收支不平衡。不过朝廷事务性工作，朝廷有节假日，短假期是元旦、冬至、万寿三个大节日；长假期是元旦前后，可以休息一个月左右。而且按照季节差异，分早、晚两个小时进署办公，每日两个时辰，工作时间较短。要是家里条件好，那就更惬意了，比如翁同龢在北京住烧酒胡同三间庙宇，觉得条件特别简陋，苦不堪言；到东华门前小酒店，觉得挨着街道影响休息。在家的翁同爵一直写信，冬天要注意取暖，炉火必须时时有；夏天要注意避暑，在檐外搭凉棚，不要心疼钱（切勿惜费）。一言以蔽之，在古代，士是四民之首，不是无缘无故的。

进入白银时代，国家治理方式逐步产生变化，用市场化、社会化的方法进行管理的越来越多，也进一步促进了人口流动。在城市务工，相对于面朝黄土背朝天、一眼望到头的务农，生活上变得更好，在前景上也有更多可能。只是相对于官员而言，差距还是比较大的，当然不排除凤毛麟角的优秀者的生活水平会超过官员。

朱元璋这样形容过做官："守俸如井泉，井虽不满，日汲不竭渊泉。"而且可以"显尔祖宗，荣尔妻子，贵尔本身"。后半句是精神层面，前半句对官员物质生活的描述还是很精确的。这也就解释了为什么那么多人赚了钱后，会鼓励孩子读书做官。

古代中国产业结构单一，除了做官，只有农业和简单的手工业，因此农工商的收入呈现扁平化，对很多人来说，这些职业的收入没有太大差别，所以当官作为最稳定的选择而备受青睐。但随着大航海时代的来临、工业革命的开启，人类的社会组织越来越复杂，越来越多的人离开了自己所掌握的生产资料——农民离开了土地，手工业者离开了织机，他们都被裹挟到工业文明的大生产过程中。在这样一个大环境下，以白银计价的工资发生了天翻地覆的变化，随着金融业的发展、信用体系的建立，纸币开始普及。当然这些已经与本文所说的古代渐行渐远了。

（张磊）

参考资料：

[1] 黄仁宇 . 十六世纪明代中国之财政与税收 [M]. 北京：生活·读书·新知三联书店，2001.

[2] 高寿仙 . 明万历年间北京的物价和工资 [J]. 清华大学学报（哲学社会科学版），2008（3）：45-62+159.

[3] 张德昌 . 清季一个京官的生活 [M]. 香港：香港中文大学出版社，1970.

[4] 彭凯翔 . 近代北京价格与工资的变迁：19 世纪初至 20 世纪初 [J]. 河北大学学报（哲学社会科学版），2013（2）：20-29.

古人如何找工作：
累得想辞职，也只能说说而已

唐德宗贞元年间，在长安任职校书郎的白居易写了一首诗，吐槽起了他校勘典籍的工作日常，诗名就叫《晚归早出》。

> 筋力年年减，风光日日新。
>
> 退衙归逼夜，拜表出侵晨。
>
> 何处台无月，谁家池不春。
>
> 莫言无胜地，自是少闲人。
>
> 坐厌推囚案，行嫌引马尘。
>
> 几时辞府印，却作自由身。

面对繁重的工作，天天早出晚归的白居易甚至有了辞职不干的想法。不过，辞职以后，谋生就成了主要问题。那么，在信息不发达的古代，古人又是通过什么渠道找工作的，又是做何谋生的呢？

仕宦之路：从举孝廉到科举制

白居易出身"世敦儒业"的官宦家庭，对于工作的想法，自然是希望登临仕途，平步青云。当然，这也不单单是白居易自己的想法，在讲究"学而优则

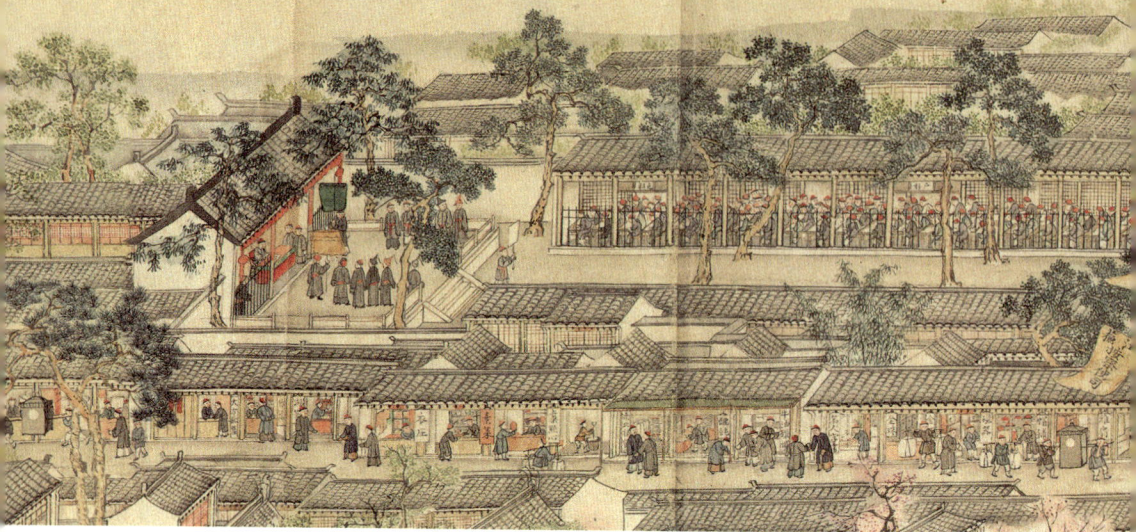

▲ 清代·徐扬 《姑苏繁华图》（局部）
画面中苏州知府衙门正在举行府试，应试考生密密麻麻地挨挤在设于两庑的考场内

仕"的古代，社会各阶层都以谋求公职作为从业的首选。

秦汉时期的人，如果想入仕当官，除了投军以外，一般情况下，有两个渠道可以走。

首先是经常被人误会为是卖官鬻爵的"赀选"制度。所谓"赀选"中的赀，指的是财货、资财。赀选并非是用钱财捐官、买官，而是以财货资产作为衡量，以此选任官吏。赀选这一选任官吏的形式，早在秦时就已出现。《史记·淮阴侯列传》记载，年轻的韩信之所以会落魄潦倒，正是因"贫无行"，而"不得推择为吏"。

提到西汉的赀选制，就不得不提西汉初年的社会环境。西汉初年，百废待兴，但同时也有大片无主的耕地。随着经济的迅速恢复，一批自耕农逐渐富裕起来，成为当时的中产阶层。

作为西汉社会的中坚力量，又有一定的经济实力，这些中产阶级逐渐在地方社会形成势力，左右地方政局。而与地主中产一同兴起的，还有一批号称"素封"（意指无官爵封邑而富比封君）的大工商业者，如曹邴氏、宣曲任氏等商贾，势力强大，除了"因其富厚"，还"交通王侯，力过吏势，以利相倾"。

此种作为，自然为西汉朝廷所不容，为打压大工商业者，西汉朝廷向地主

阶级抛出橄榄枝。但这不代表地主阶层有了赀选制的红利便可一跃成为统治阶级。汉初选官，资产只是准入门槛，其实仍要求参选者德才兼备。

如果一个地主出身的西汉人想要求一份公职，除了在资产上达到十万钱以上（景帝时降为四万钱以上），还要经过引荐人的推举，对其才能进行评估。大名鼎鼎的司马相如、张释之，在当时都是以赀选入仕的。

赀选终究是一种较为落后的选官制度，以资产作为衡量，寒门士子的晋升之路就被拦腰斩断。到了西汉中期，察举制应时而生，这也是当时入仕的另一种渠道。

汉惠帝时，朝廷主张孝悌为先，选任官员时，讲究一个"爵非德不授，禄非功不与"，意思是，没有德行功劳的人，不能被授予爵位、俸禄。有了这种思想的引导，"察举制"从汉惠帝时发轫，并从一种对于"孝悌"的奖励机制，在汉武帝时期成为定制，转变成当时主要的选任官员制度。

所谓"察举"，察的是孝廉，再以孝廉辟，孝举的是民，廉举的是吏。察举制推行早期，西汉的吏民可以通过道德层面的考察，经由引荐出仕。

到了东汉中期，尚书令左雄认为，以往的察举制没有标准化，在当时已经不合时宜，于是，他上言汉顺帝道："请自今孝廉年不满四十，不得察举，皆先诣公府，诸生试家法，文吏课笺奏，副之端门，练其虚实，以观异能，以美风俗。有不承科令者，正其罪法。若有茂才异行，自可不拘年齿。"

经过汉顺帝的同意，左雄开始了察举制的改革。首先，在察举孝廉中加入了考试环节，考试如没通过，则取消孝廉资格，并追究举荐官员的责任；同时还规定参与举孝廉的人员应在四十岁以上。这时，若想通过察举入仕，除非自身惊才绝艳，否则也只能苦苦熬到四十岁以后。

虽然左雄的改革让察举制焕然一新，但随着东汉士族逐渐坐大，东汉末年的战乱以后，察举制被扫入故纸堆。此后取而代之的九品中正制以评选士人的不同品级为衡量，反倒成了士族门阀的天堂，选官任官的权力被士族掌握，各世家之间通过姻亲、拔擢等方式拉拢关系，势力盘根错节，越发根深蒂固，官职任免如同左手倒右手般在各个世家间轮换。

一直到南陈覆灭，隋唐时期的科举制登上历史舞台，士族门阀政治和九品中正制成了风中残烛，在历史的余响中见证了科举制对往后官员选任的主导。

白居易生活的中唐时期，科举制度已经趋于完善。在当时，虽然白居易担任的校书郎工作繁重，却也十分惹人艳羡，个中原因，还得从唐代科举谈起。

唐代科举制度中，常举的考生有两个来源，一个是生徒，一个是乡贡。生徒由京师及州县学馆出身，送往尚书省考试；乡贡则先经过州县考试筛选，及第后再送尚书省考试。由乡贡入京应试者通称举人。州县考试在彼时称作"解试"，尚书省的考试则称作"省试"或"礼部试"。礼部试都在春季举行，故又称"春闱"。能参加春闱，已经是走过了千军万马一拥而上的独木桥。

唐科举还分有岁举和制举，岁举在大体上每年举办一次，如果遇上特殊原因，也偶有暂停一二年的，所以也被称为"常科"。制举，则由皇帝亲自主持考试，选拔主要以应届生和在职公务人员为主，制举考试时间不定，考试内容由皇帝自己决定，因此在士民心中，常举要比制举更加重要。

常举考试的科目并不少，有秀才、明经、进士、俊士、明法、明字、明算等数十种，但主要还以明经、进士两科为重。唐玄宗以后，进士科尤为当时的人所重视。唐中后期的名臣贤相大多为进士出身。

明经、进士两科考试内容最初区别不是很大，主要为试策、经义。试策重视对时务、政治形势的考查，经义的考试内容则主要为儒家经典的释读填空和前人的批注。到后来又逐渐演变为进士重视诗赋，明经重视帖经、墨义。

明经科的经义，只需熟稔掌握经传和注释即可，而进士科的诗赋则需文

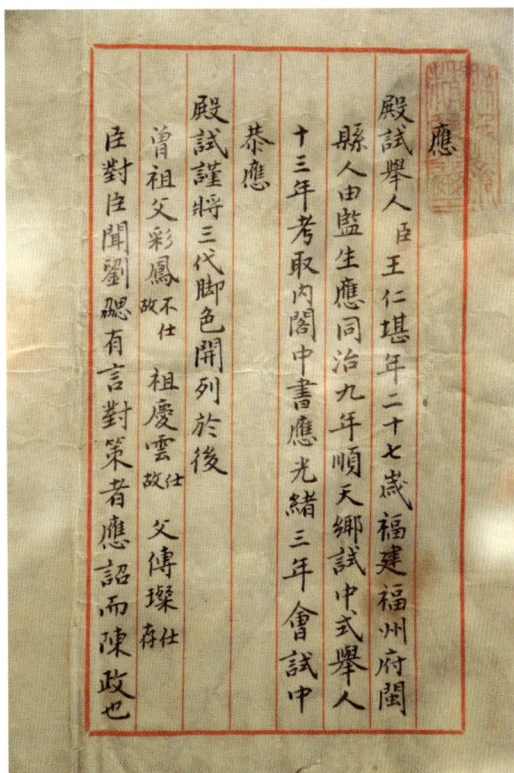

▲ 清光绪三年（1877年）科举状元王仁堪殿试试卷

才，进士科登第也更难，"三十老明经，五十少进士"的说法在当时被唐人口口相传。白居易登第的，正是以难著称的进士科。

像白居易一般，能在而立之年任职校书郎是十分出类拔萃的。在当时，校书郎也被杜牧的祖父、政治家杜佑称之为"美职"，白居易也常常以校书郎作为"公卿之滥觞（起源）"而自矜。因此，白居易吐槽归吐槽，倒不会真的辞职，毕竟以白居易当时的职位，足以让很多应考科举的士子望尘莫及。

隋唐之后，科举制度也为后世封建王朝承袭，一直延续到清末，科举打破了士族门阀对于仕宦的垄断，选官制度更为公正。话虽如此，但科举的道路同样艰辛无比，对志在登第的士人而言，只有在一次又一次的考试中突出重围，才能开始他们的仕宦之路。

▲ 明代·顾鼎臣、顾祖训撰，吴承恩、黄文德刻 《明状元图考》（明崇祯增修本）

此书记载明代自洪武四年（1371 年）至万历三十五年（1607 年）所有七十六位科举状元涉及科考的事迹，上图为状元吴宽正在做自己高中并平步青云的美梦

父子袭替：民户、匠户、军户

在古代，能谋求公职的人员毕竟属于少数，不过，古人倒也不用太为找工作发愁。历史上的很多工作都是父子相承、世袭罔替。一般来说，古人家里祖辈干什么，自己也能干什么。

明代时的户籍划分很好地体现了这一点。明初时，明朝廷将户口划分为民户、军户以及匠户。

民户，除了为政府提供田赋、力役，被视为根本的农民以外，也包括业儒的士子或行医的医户这类城市居民。

明代的军户，除了充任卫所为明帝国戍边服役的军人外，皇帝的侍卫、地方巡察等武装人员，以及大名鼎鼎的锦衣卫同样隶属军籍。对明代隶属军籍的民众来讲，相比民户，在职业的选择上就多了一些限制。

军籍子弟当有一丁继承军职，充任在卫军士，也就是卫所正军，除了他之外，这户军籍人家中的其他男性被叫作"余丁"或者"军余"，选择其他职业或者参加科举不受限，明代有很多高官便是军籍出身。

卫所将官的嫡长子弟则被叫作"应袭舍人"，被视为武职的世袭者。

《万历野获编》卷二十一记载："武职应袭支庶，在卫所亦称舍人，仅供台使监司差遣。既猥贱不足齿，而公侯伯子弟称勋卫者，为带刀散骑舍人，其秩八品，在试百户之下，而出外则皆僭系金带、衣麟蟒，体貌甚盛。"

虽然有应袭制度，但并不代表将官的子嗣可以轻易继承父亲的军职。想要继承职位，首先要经过明朝廷组织的特殊考试。早在洪武年间就有规定，"凡袭替官舍，以骑射试之"，如果"初试不中，袭职署事，食半俸"。不过，在第二年，第一次没合格的应袭舍人们还要再参加一次考试，考中者即袭父职，如果还没有考中，那就只能被充军处理了。

至于匠户，则是被官府组编的民间手工业者，以及长期在政府下属机构从事的铁匠、裁缝、厨子、马夫等。

在当时，政府对于匠籍人员的管理也有类似于军籍的规定，虽然昔日的

▲ 明代彩釉陶将军俑

"匠不离局、匠役永充"现象仍然存在，但却不是被编入匠籍的工匠及家属世代不得脱籍，只是要求家中必须有人习匠。继承家中工匠手艺者，自然不发愁工作问题，而余丁也有其他道路可以选择。

明初对匠户规定，入匠籍者一丁服役，可免家中二丁之役，可以通过科举除籍入仕。而到了明晚期，即便是服役的匠丁，也可以银代役，此时的匠户制度已经名存实亡。直到清中叶以后，匠籍被彻底废止。至于彼时的工匠子弟，子承父业还是另开行当，便是个人选择问题了。

古人的选择

古代人口流动性小，信息传播闭塞，职业的选择范围比起现代人要窄很多，这种情况下，人们要么继承家里的行当，延续着祖辈世代相传的生活方

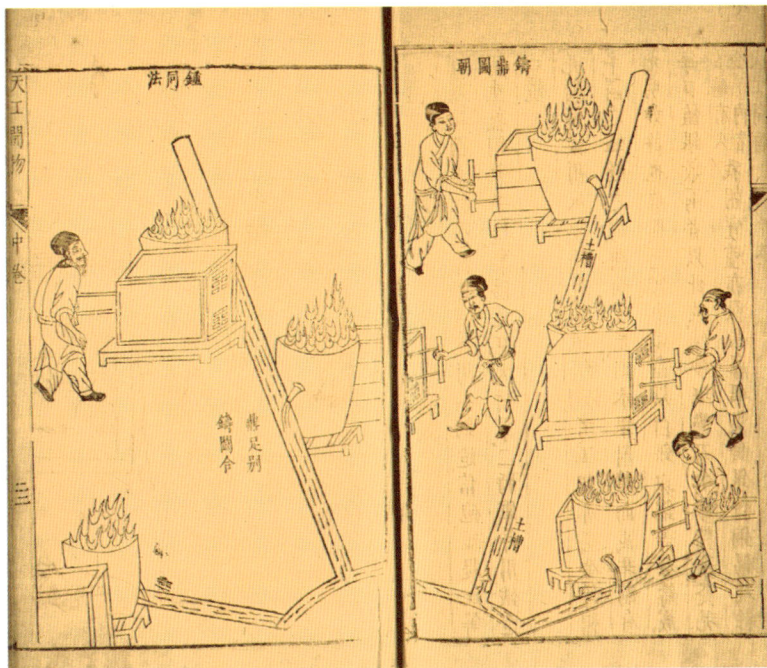

▲ 《天工开物》（明崇祯十年涂绍煃刊本）中铸造千金钟和仙佛像工艺的插图

式；要么一头挤进科举之路，终其一生以暮登天子堂为目标，达则走上仕宦之路，阶级攀升，穷也可以教书业儒为生，不至于穷困潦倒。

受到古代社会环境、思想风气等影响，古人们真正找工作的情景，怕是在服务行业和手工业等聘人外，也没有什么可能性。

而无论从事哪一行当，古人对文化都有着敬畏之心，这种敬畏并不仅仅是对四书五经的推崇，而是千年来不同行业里涵盖的万千知识，各行各业的"祖师爷"也因此备受行业后继者的尊崇。这种令人尊重的特质，也随着时光流转、岁月变迁烙入了民族的血脉中，不断引领着我们向前。

正是"士欲宣其义，必先读其书"。

（湘桥蓬蒿人）

参考资料：

[1] 刘文瑞. 秦汉选官制度杂议 [C]// 王子今. 纪念林剑鸣教授史学论文集. 北京：中国社会科学出版社，2002.

[2] 郭伟玲. 白居易校书郎任职考略 [J]. 兰台世界，2017（4）：87-92.

[3] 黎文丽. 唐代校书郎与文学 [M]. 北京：中国社会科学出版社，2014.

[4] 蒋宏达. 明代军灶籍新证 [J]. 中国经济史研究，2019（6）：58-69.

[5] 郭培贵，孙经纬. 明代军籍进士总数及其时空分布特点与成因考述 [J]. 中国文化研究，2012（1）：32-42.

[6] 李国勇. 明代户籍管理制度视域下的农村社会稳定 [J]. 农业考古，2011（1）：345-347.

[7] 李荣庆. 明代武职袭替制度述论 [J]. 郑州大学学报(哲学社会科学版)，1990(1)：9-15.

[8] 顾诚. 隐匿的疆土：卫所制度与明帝国 [M]. 北京：光明日报出版社，2012.

[9] 申时行，等. 户部七·户口二·黄册 [M]// 明会典：卷20. 北京：中华书局，1989.

三十多年不工作，
徐霞客为何能一辈子都在旅行？

徐霞客，我们都知道。他是明代地理学家，曾经踏遍中国大地，探寻名山大川，写下了《徐霞客游记》。世人多感叹他游历之丰富，感慨他成就之非凡，便把他的名字印在语文课本上，写进景区介绍中……

作为中国"第一代全职驴友"，徐霞客究竟是怎样做到三十多年只旅游，不工作的？

江南有奇人，徐氏子弘祖

在黄仁宇的《万历十五年》中，有这样一句话："1587年，是为万历十五年，岁次丁亥，表面上似乎是四海升平，无事可记，实际上我们的大明帝国却已经走到了它发展的尽头。"

这一年，南直隶江阴县（今江苏省江阴市），一个名叫徐弘祖的孩子呱呱坠地。这个孩子，很会投胎，生在了当地的名门望族——据说这梧塍徐氏，"五世以来，文豪于国，诗震于时"，鼎盛时期曾有十几万亩田产。

他还是个"老来子"，出生的时候，父母都已年过四十。在那个年代，女子四十多岁产子，是一件非常罕见的事，不少人认为这孩子肯定是个"奇人"。他的父亲徐有勉也对他寄予厚望，给他取名为弘祖，字振之，希望他能光耀门楣。

很多人会想，那徐有勉肯定是希望儿子入官场吧？非也，说起来这江阴徐家其实是个非常有意思的家族。

徐家祖上有个叫徐经的人，此人名不见经传，却有一段轰轰烈烈的过往：当年在乡试名列前茅的徐经，交结了几个朋友一起去京城赶考，谈诗论道不亦快哉，未承想考试高中却被人传出行贿考官。徐经是否被冤枉，至今仍有争议。但当年，他不仅自己因为"会试舞弊"的罪责被革除功名，还牵连了一起赶考的兄弟，其中一位叫唐伯虎。两人之后的人生轨迹大不相同，备受打击的徐经郁郁而终，江南才子唐伯虎却过得肆意风流。

此后的徐家，一直时运不济，到徐有勉这一代，已经连续四世没人考中了，甚至因为男丁都执着科考荒废农商，导致家境每况愈下。看到祖辈惨痛的经历，徐有勉对科考都快有阴影了。心灰意冷的他，也不要求儿子必须考取功名。相反，他希望儿子能够找到自己真正的志趣。

这样成长起来的徐弘祖，在崇尚"修身、齐家、治国、平天下"的世人眼中，开始了"离经叛道"：他对出人头地不感兴趣，从小就爱啃一些没用的闲书，长大了也整天不务正业四处晃悠；十几岁时象征性地去参加了一次"童子试"，名落孙山之后就再也不参加科考了……

父亲撒手不管，母亲总该对儿子严加管教吧？非也。徐弘祖的母亲王孺人是儿子的第一位知音。她心胸豁达，"不屑于功名之教，不拘于圣人之言"，认为男儿就应该志在四方，还曾给儿子亲手制作了一顶"远游冠"。徐弘祖每每出游归来，徐母都是他的忠实听众，总是津津有味地听儿子讲述旅途见闻。

"越长越歪"的徐弘祖，还因为太过特立独行，入了一位名士的眼。这位大名士叫陈继儒，是当时著名的文学家和画家，其最著名的作品就是被奉为"处世三大奇书"之一的《小窗幽记》。据说，这陈继儒曾经编纂过一部《奇男子传》，专门用来记录那些时世罕见、颇有古代遗风的奇人。他对于徐弘祖的旅游探险行为非常赞赏，觉得这就是他想要见的"奇男子"，相差近三十岁的两人还因此结为忘年之交。

网上有一种说法，说陈继儒就是给徐弘祖取"霞客"这个别号的人，他见徐霞客眉宇间有烟霞气，出游又经常是朝霞出而晚霞归，所以称他为"霞客"。

其实，"霞客"之称，应该还是与徐弘祖经常游历名山大川的行为有关，古人就常称山林之中的隐士或仙人为"烟霞客""餐霞客"。但不管怎样，因为大名士陈继儒的推扬，"霞客"这个雅号才会广为流传，甚至盖过了他的本名弘祖，成为如今我们最熟悉的称呼。

竹杖芒鞋轻胜马

很多人都有这样一个误解：有钱有闲才能旅游。你看，徐霞客生于地方豪富，难怪有财力支撑他游玩半生呢！

其实，徐霞客是最早的穷游背包客。

之前说到，徐霞客的先辈因为执着于科考，已经把家产花得差不多了。多亏他的父亲徐有勉生性潇洒，淡泊功名，勤力创业，才使得家境有所好转。可是，在徐霞客十八岁的时候，徐父病逝，家中仅靠徐母卖布维生。虽然还算得上是衣食无忧的小康人家，但也很难支持他这个"闲人"长期出游。根据其好友钱谦益所著的《徐霞客传》记载，徐霞客还得"力耕奉母"，可见家道已经中落。年迈的徐母逝世之后，徐霞客也还有几年一直在路上，并未"打工赚钱"。

那么，徐霞客的旅游资金究竟从何而来？

在回答这个问题之前，我们首先要厘清一个事实：徐霞客的人生，有大半都在路上；但他的经历，又可以大致分为两个阶段。

第一个阶段，是他青壮年时期的一些相对较短的旅行。当时徐母健在，给予徐霞客一定的经济支持；徐霞客也秉持"父母在，不远游，游必有方"，旅程一般都在十几天到两三个月，耗资也较少，相关游记只有十七篇，占《徐霞客游记》的四分之一。

第二个阶段，则是他晚年对西南地区的万里遐征。徐母逝世后，没了牵挂的徐霞客远赴西南地区考察，一离家就是数年，跋山涉水，风雨无阻，也是他人生篇章的传奇所在。

我们就以他人生中耗资最巨、最重要的这次出游——"西南遐征"为例。几十年不事生产，在徐霞客远赴西南时，他的经济状况可以说是捉襟见肘。通过《徐霞客游记》的记载，我们可以看到他是如何解决这次出游的旅费问题的。

崇祯九年（1636年）九月十九离家，当月三十入杭州，当日，徐霞客记道："是日复借湛融师银十两，以益游资。"出门刚过十天，他就陷入了要借钱的窘境，可见他提前准备的"旅游经费"相当微薄。这还只是开始，徐霞客的众筹之旅，还在进行中。

崇祯十年（1637年），徐霞客在旅途中遭遇了一次大挫折——湘江遇盗。明朝末年，时局混乱，这年二月十一，徐霞客与静闻和尚泛舟湘江，却遇到盗寇来袭。慌乱之下，徐霞客只能把行李都抛入江中，赤身跳水逃走。劫后余生的他，除了别发的一枚银耳挖，再没有别的财物了。所幸，邻船有个好人戴某，愿意给徐霞客一套衣服，暂解他的燃眉之急。几乎一无所有的徐霞客，只能用银耳挖作为酬谢。

若换作别人，眼见着这趟旅行如此不顺，早就想要打道回府了。可徐霞客实乃奇人，他穿着借来的衣服就直奔附近的衡阳城，找朋友金祥甫借钱去了。谁承想，金家此时也没有余财，他便只能借住在金家想办法——其间还不忘短途出游了几次。知道金祥甫从互济会得到"百余金"，徐霞客才以田租二十亩换到了二十金。不幸的是，静闻和尚因为这次经历忧惧过甚，又没有得到好的休养，不久便病死了。徐霞客只能带着静闻的骨灰继续上路。

当年十月在广西，徐霞客运势终于有所好转——中军唐玉屏"以马牌相畀"。何谓"马牌"？有何作用？原来，这马牌是明代军事人员给驿站出示的信物。拥有马牌者，可以享受驿站提供的食宿和出行。用今天的话来讲，拿上马牌，自费旅游的徐霞客，就可以利用驿站，享受公费出差待遇。此后一段时间，徐霞客就用这张"一卡通"解决了食宿问题。

除了借钱、借马牌，声名渐隆的徐霞客还收获了许多"社会名流"的资助。比如他曾通过好友介绍，认识了昆明名士唐大来，后者为徐霞客的出游提供了很多帮助——不仅自掏腰包资助他旅费，还为他写了不少"介绍信"，把他之后的旅程都安排得妥妥帖帖。

这种环环相扣的"人情帮助"，一直延续到徐霞客旅程的最后一站鸡足山。在鸡足山，徐霞客因为全身发疹块，双足俱废，险些客死他乡。所幸丽江的地

▲ **广西融水县老君洞一景**

　徐霞客曾在此洞住了 13 天，留下了 1 万多字的相关游记

方官一直都很仰慕他，便拿出钱财派人把他护送回家。

　　当然，要想完成一段远途旅行，光"开源"不够，还得"节流"。中国人讲究"穷家富路"，徐霞客的旅行却相当简朴，对于饮食和住宿都没有太高的要求。翻阅《徐霞客游记》可以看到："弘祖出游不饮酒，不食肉"，"因避雨岩间，剖橘柚为午餐"，"虽拥青茅而卧，犹幸得其所矣"，"虽食无盐，卧无草，甚乐也"……

　　由此可见，徐霞客算得上是穷游界的楷模了。比起现在的很多背包客，他的旅途只会更险更艰难。"竹杖芒鞋轻胜马，谁怕？一蓑烟雨任平生"，可以说是他的最佳写照。

硬核版"游山""玩水"

这样特立独行的徐霞客，给我们留下的印象，似乎就是一个风尘仆仆、独自赶路的背影。但其实，徐霞客并不是"一个人在战斗"。

出游时，他经常会做好充分的旅游攻略，带上一两个随从或同伴。早期，江阴徐家还没彻底落败的时候，徐霞客的身边也多有仆从照料，帮忙挑行李。但随着家道中落，徐霞客的旅途也越来越艰苦，同行之人经常因为受不了苦而退缩——在《徐霞客游记》中曾不止一次记载仆人逃跑。

"徐家少爷"徐霞客的旅程，竟然让吃惯了苦的仆从都难以忍受，这究竟是怎样的"魔鬼之旅"呢？

如果不遇上什么大事，他的行程安排是这样的："从一奴或一僧、一仗、一襆被，不治装，不裹粮；能忍饥数日，能遇食即饱，能徒步走数百里……"

但由于明朝末年时局混乱，徐霞客又经常需要经过人迹罕至、尚未开发的自然地带，他一路上还有可能遇到其他危机：据游记记载，他在行旅途中共遭遇过五次强盗、四次断粮，还险些丧生虎口、被巨蟒咬伤、被盗贼砍杀；差点被湍急的水流溺毙，差点从结冰的陡崖上坠落，差点被山洞中浑浊的空气窒息……

正可谓"死亡如风，常伴吾身"，这样的硬核之旅，一般人很难消受。

和世人理解的"游山玩水"相去甚远，说徐霞客是在旅游，不如说是在科考。

游山，不吟风弄月，而是攀高测算。以黄山为例，当年这只是一座人迹罕至的荒山，徐霞客却曾在丙辰年（1616年）二月与戊午年（1618年）九月两次来到这里——如今的景点"光明顶""僧坐石"都是由他第一个发现并记录的。

而关于黄山，一直都有哪个才是第一高峰的争议：海拔1864米的莲花峰，因环绕其周围的玉屏、莲蕊、鳌鱼诸峰海拔均在1700米以上，所以峰高不显。而在其东面的天都峰，虽然海拔没有那么高，但因为四面临空，卓立天表，容易造成视觉差。因而，游人往往以为天都峰最高。诸多山志中，介绍山峰的顺

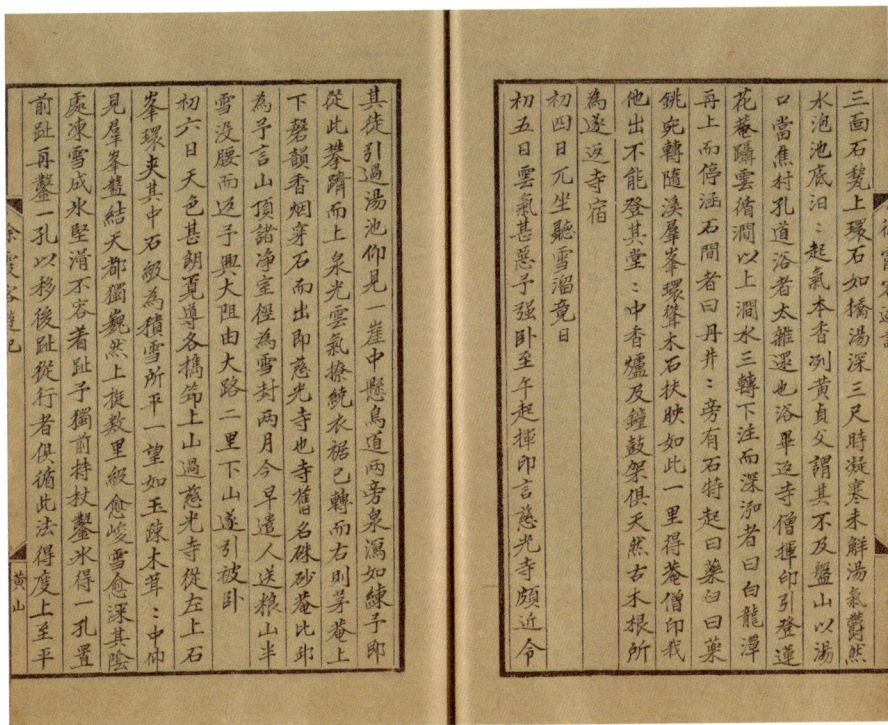

▲ 《徐霞客游记》（清鲍氏知不足斋抄本）中《游黄山日记》部分

序基本都是天都峰排在莲花峰之前。但徐霞客却用目力测算结合脚力验证得出莲花峰才是黄山第一高峰的结论，这一论断与现代科技监测手段得出的结果一致。这在当时，可以说是相当不易。

玩水，不对酒当歌，而是追根溯源。徐霞客曾经纠正过许多史书上记载的河道错误，其中最著名的就是对长江源头的考察。他在《溯江纪源》中这样写道：“故不探江源，不知其大于河；不与河相提而论，不知其源之远。”

《尚书·禹贡》里记载着“岷山导江”的说法，后人将其误解为长江的源头是岷江。但徐霞客却只相信自己走到的和看到的。在没有现代地理学测绘手段的年代，徐霞客“北历三秦，南极五岭，西出石门金沙”，终于勘察出金沙江才是长江的源头，实实在在地推动了中国地理学的发展。1978 年，中国政府派出考察队，确认长江的正源是唐古拉山的主峰格拉丹雪峰发源的沱沱河。

还有"钻洞"，就更为时人所震惊。徐霞客曾经考察过一百多个石灰岩洞，仅凭目测，他的许多记录结果都被证实是基本正确的。通过长期细致观察，他还指出岩洞的出现是因为流水侵蚀，也点明了石钟乳的成因。而在徐霞客去世后一百多年，欧洲人才开始考察石灰岩地貌。法国的洞穴联盟专家让·皮埃尔·巴赫巴瑞曾盛赞徐霞客，称其为早期真正的洞穴专家。

除此之外，徐霞客还积累了许多可靠的地学资料：像是各地的气象物候、云南苍山的雪线、"纯手绘"地图、矿产和岩石形态等。强盗、猛兽、断崖、激流，都挡不住他的前行之路，反而把他锻炼成了一个全能的旅游高手。

山下吵吵闹闹，他在山间听雪

大丈夫当朝碧海而暮苍梧。

徐霞客曾在书信中这样写道："尝恨上无以穷天文之杳渺，下无以研性命之深微，中无以砥世俗之纷沓，惟此高深之间，可以目摄而足析。"他知道自己的志向不在读书，却也不想陷于尘世，一辈子庸庸碌碌。

或许当年曾经有人问他：山高水远，家宅荒废，路途艰险，何苦来哉？

可如果只考虑得失，那"天地何用，不能席被；风月何用，不能饮食"。

徐霞客这样的"奇男子"，并不是为了世俗眼光而活，也不是为了追逐名利而生，只是因为喜欢才坚持。他卧病在床时曾说："张骞凿空，未睹昆仑；唐玄奘、元耶律楚材，衔人主之命，乃得西游。吾以老布衣，孤筇双屦，穷河沙，上昆仑，历西域，题名绝国，与三人而为四，死不恨矣。"

他放弃科考开始游历，并不是国家授命，没有政治目的，也并非经济利益驱使，只是听从了自己想要出发的心声罢了。从二十多岁踌躇满志地出发，到五十多岁悲壮还家，徐霞客用一双脚踩出了自己的瑰丽人生，也找到了自己存在的意义。

他的足迹，东到今浙江的普陀山，西到云南的腾冲，南到广西南宁一带，北至蓟县的盘山，遍及大半个中国。大明十三省，全部走遍；三山五岳、长江大河，全部游历。

而在他死后，他的笔记被后人编成《徐霞客游记》，翻译成十几国语言，在全世界广为流传。他被尊称为"游圣"，被推崇为中国地学的先驱。他所著的游记首篇《游天台山日记》的开篇之日——五月十九日，也被定为中国旅游日。

但对徐霞客来说，后世的人能否记住他，是否在意他，或褒或贬、或夸或骂……这都是太轻太轻的事了。

"初四日，兀坐听雪溜竟日。"山下吵吵闹闹，他却在山上静静听着大雪飘落的声音，凝望着自然美景，恍然不知人世变幻。

（石决明）

参考资料：

[1] 张玮. 历史的温度 4：那些执念和信念、理想与梦想 [M]. 北京：中信出版社，2019.

[2] 黄仁宇. 万历十五年 [M]. 北京：生活·读书·新知三联书店，2015.

[3] 徐弘祖. 徐霞客游记 [M]. 北京：中华书局，2009.

[4] 戴耕玖. 论徐霞客两游黄山的历史影响 [J]. 徽州社会科学，2007（9）.

[5] 央视网. 走！随"中国第一旅游博主"来一场朝碧海而暮苍梧的"霞客行"[EB/OL].（2021-09-05）[2021-09-12].http：//news.southcn.com/china/m/content/2021-09-05/content_192725454.htm.

[6] 辛酉生. 徐霞客穷游的旅费哪里来的？[N]. 中国青年报，2015-01-22.

[7] 中国国家地理. 一张图告诉你，为什么徐霞客是世间少有的探险家 [EB/OL].（2021-05-16）[2021-09-12].https：//mp.weixin.qq.com/s/dicHzMCtES-LOdmZ0Iy9AQ.